語彙力が身につく！

教養の「漢字」2500

西東社編集部 編

西東社

はじめに

日本語において不可欠な漢字。日本人は漢字によって表現力を上げ、知性を高めてきました。漢字は同じ音の語句が多く、似ている漢字も多いため、誤読、誤字、誤用がおこりやすく、使い分けも難しいといわれています。誤って覚えていたり、知っているようでよく知らない漢字はあるものです。

本書では、例文を用いたり、間違えてしまうたとえを入れたりして、自ずと、読んで、書けて、意味を理解し、使える、「漢字力」をアップできるよう工夫しました。

また、漢字の成り立ちや、言葉の意外な語源、納得できる由来などを知ることも大切です。漢字がもっている成り立ちやさまざまな背景なども、楽しく学びながら多様な言葉が身につくように心がけました。

漢字は学べば学ぶほど、知れば知るほどおもしろい。漢字を楽しみながら理解し、知識と語彙力を身につけていただければ幸いです。

教養を深めて、豊かな日々が過ごせることを願って。

西東社編集部

語彙力が身につく！ 教養の「漢字」2500

目次

1章 おもしろい字源の漢字 11〜36

2章 誤字に気をつけたい漢字 37〜76

3章 読み方を確認しておきたい漢字 77〜106

8章 さらりと読めるようにしたい難読漢字 235〜306

9章 使える四字熟語と慣用句 307〜328

特集

コラム

マークについて

例　その語句の用例として文章や会話、またその語句が使われている俳句や短歌などを記しています。

類　類似した意味をもつ語句を表しています。

対　反対の意味をもつ語句を表しています。

※漢字や語句の由来や語源には諸説あるものもあります。

※人物名の敬称は省略しています。

※本書は２０２０年５月31日現在の情報に基づいています。

1章

おもしろい字源の漢字

漢字一文字の成り立ちをよく知ってみると、漢字の理解が一層深まって、使うのが楽しくなるはず。

1 疑問を解決 漢字の成り立ち

虹という字はなぜ虫偏《むしへん》？

「虫」の字は**ヘビの形**からできたもので、マムシという意味がある。空にかかる虹は龍のような形をしており、龍もヘビの仲間だと考えられていた。「工」は貫くという意。「天空を貫く龍」を表している。

酒や酢に入る酉の意味は？

「酉」が入る字には、「酒」「酢」「酎」「配」「酔」など飲食に関係がある字が多い。これは酉が**酒樽や酒壺の形**からできたことから。

鳥と島が似ているのはなぜ？

鳥はその姿から漢字が生まれた象形文字。一方で、島は**渡り鳥が止まる場所**を意味している。だから「鳥」の省略形と「山」を組み合わせて作られた。

鳥から「一」を引くとなぜ烏《からす》？

鳥から引いた「一」は、**鳥の目の部分**を表している。カラスの色は真っ黒で、どこに目があるかわからないことから、抜いて作られた。

鳥の象形文字

目と眼が二種類ある理由は？

どちらも目を表すが、「目」は木目、台風の目など、目のように見えるものにも使われる。「眼」は「肉眼」「眼球」「眼科」など、**体のパーツとして表すため**にできたといわれる。

道にはどうして首があるの？

古代の中国では、国の外に出る道には、異民族の呪術がかかっているとされていた。その道を安全に通るには、異民族の**首をもって歩く**と祓《はら》われるとされたことから。

咲を「えみ」と読むのはなぜ？

咲と笑は、もとは同じ文字。「咲」と書き、口を細めて笑うという意味だった。『万葉集』では花が開くことを「花笑《はなえ》む」と表現したものがある。その後、二つの字は分化して、「咲く」「笑う」と使い分けられるようになったといわれる。

習に羽がついている理由は？

下部の「白」のもとの形は太陽を表す「日」。ひな鳥が、太陽に向かって**羽ばたいて飛ぶ練習**をしているようすから。

ひな鳥が羽を広げて飛ぶ練習をしているさまから「習う」が生まれた。

「新」は何を新しくしたの？

新は「立」「木」に「斤《おの》」を組み合わせたもの。立のもとの漢字は「辛」。辛は入れ墨を入れるための針以外に、林に投げて針が当たった木から位牌《いはい》を作るという「投げ針」も表す。おのはその木を切り出すことを表している。「新」の字は「親のために作る**新しい位牌**」からできた。

親は「子を見守る」からできたの？

「木の上に立ち、子どもを見守る」と習う「親」の字。立と木で構成される偏《へん》は、「新」に例があるように、木で位牌を作ることを表している。つまり、親が子を見ているのではなく、**子が親の位牌を見て拝む**状態。また別の説では、位牌の意味は薄れ、**木を切るようすを近くで見る**ほどに、「近しい」「親しい」ことからともいわれる。

辛は「つらい」と「からい」と読むのはなぜ？

入れ墨をするための針の形から作られた。この**入れ墨を入れるときの「痛さ」**から、「つらい」になった。また、**痛みを味覚に置き換え**て「からい」ともなった。

「辛」は入れ墨を入れるための針から生まれた。

辛の象形文字

「問う」にはなぜ門がつくの？

人の家を訪問したら**門の前で、自分の名前や**

用件を伝える。そのようすを「口」で表したのが「問」という字。その門の中に人がチラリと見えると「閃く《ひらめ》」という字になる。

瓜《うり》にはなぜツメ「、」があるの?

「瓜にツメあり、爪《つめ》にツメなし」という言葉もあるが、「瓜」は象形文字で**ツルに下がっているウリの実**を象《かたど》っている。一方で「爪」は、上から下に向けた手の形。物をつかんでもち上げるところを表現している。たまたま字面が似ていただけで、それぞれの成り立ちにはまったく関係がない。

瓜の象形文字はツルの間に実ったウリから。

爪の象形文字は手を上からかぶせてつまみもつさまから。

木からできている紙がなぜ糸偏?

今では紙の原料は木(パルプ)だが、昔の紙は**麻や使い古しの網を使っていた**。「氏」は鋭い刃物で目をつぶすという象形文字で、繊維の目をつぶした、滑らかな平たい紙を表す。

紙に描く絵もなぜ糸偏なの?

たくさんの糸を使った**織物や、刺繍《ししゅう》を絵と呼んだことから**。

「化ける」の「匕」って何?

「匕」は、**人がひっくり返ったさま**。「化」は人と、人が死んでいる姿。つまり生きていた人が変化し、死んだことを表している。

「積」は何を積んでいる？

旁《つくり》の「責」は租税のこと。「禾」が穀物なので、積の漢字は**穀物で納める税**を表す。ちなみに糸偏がついた績の字になると、織物で租税を納めていることを表現する。なお、「成績」は税金を完納するという意味だった。

占いと漢字が関わっているってほんと!?

漢字は**占いの記録を残すため**にできたといわれる(甲骨《こうこつ》文字)。古い占い方法に、亀の甲羅や獣の骨を焼いて、そこに生じたひび割れで運勢を判断するものがあった。「卜」はこの占いによってあらわれた形を意味し、「口」はその結果を判断していうことを表している。

「外」は何から見て「外」なの？

実は多くの解釈がある漢字。占いを表す「卜」と、時間を表す「夕」の組み合わせで、通常、**昼間に行う占いを夕方に行ったことから**「ほか」になったという説。「夕」を、体を表す偏《へん》のにくづきととらえ「卜」が、亀の甲羅を意味することから、**甲羅の外側**を表現しているという説。さらには「夕」を三日月の姿ととらえ、**欠けずに残った外側の月**を表現しているなど。

「内」はどこの内側のことなの？

「外」に対し、非常に明快。建物を表す「冂《けい》」と「入」を組み合わせて、**家の中に人が入る**ことを表している。

蚊の「文」は何を表している？

蚊が飛ぶ音といえば「ブーン」という耳障りなもの。その音を表している。ちなみに中国では「文」と書いて「ウェン」と読み、蚊の羽音は「ウェン」「ウォン」と表現される。

「騒ぐ」はなぜ馬偏なの？

「騒」の旁は血を吸う「蚤《のみ》」。**蚤に刺されて、痒がった馬**を表している説と、**蚤のように馬が飛び跳ねる**ことを表している説がある。

風の中にある「虫」って何？

古代、大きな鳥の姿をした神様が風を起こすと考えられていた。そこで、**凰《おおとり》が風を表す字**として使われた。やがて「鳥」の部分が簡略化され、虫になった。また、「虫」は**蛇や龍**を表し、風の使いと考えられていた説も。

半という字が分けているものは？

半を分解すると、牛と八に分かれる。八にはものを二つに分けるという意味がある。つまり神に捧げるために**牛を二等分**した。

「義」に正しいという意味があるわけは？

「我」はのこぎりで切るという意味がある。神の前で羊を切ることで**敬虔《けいけん》な気持ち**を表した。また、解体した羊に、**欠陥がなく完璧**であったことを示したから「正しい」という意味をもったという説もある。

「拾う」の字に合が使われるのは？

「合」には、一つにまとめるという意味がある。**まとめたものを手にする**ことから、拾うができたという。ちなみに「捨てる」は諸説あるが、「舎」には、簡易な宿舎に泊まったあとに宿を捨てるという意味があることからといわれている。

手に寺がついて持になるのはなぜ？

「寺」の字は、身分の高い人のそばでじっとしている、留まっているようすを表している。「手」がついて、**留め持つこと**を表した。ちなみに、道を行くことを表す「彳」がつくと、通行をやめてじっとまつという意味の「待」になる。

「私」の漢字って何を表すの？

「禾」は穀物を、「ム」はある範囲を小さく取り囲んでいるさま。つまり、公の土地で農業に携わるのでなく、**私的な場所で農耕を行って収穫し、自分の物にする**ことを表している。

時間を表す「秒」も穀物なの？

秒の漢字は、稲の穂先の、さらにその先にある、細い針のような「芒《のぎ》」を表している。**ごくわずか**ということから、**時間のいちばん小さい単位**に用いられるようになった。

「梅」と「母」の関係って何？

旁《つくり》の「毎」は、母にかんざしをつけた姿で、母がどんどん子を産むようすを示す。**酸っぱい梅が妊婦のつわりに効く**といわれたことと、**梅が多くの実をつける**ことから。

「柿《こけら》」って「柿《かき》」とは違うの？

柿《こけら》は材木を削ったときに出るクズのこと。屋根などに残ったクズを落として、建物は完成する。それが転じて、劇場などの完成後、最初に行う興行を「柿落《こけらおと》し」と呼ぶようになった。「柿《かき》」とよく似ているが、**二つはまったく違う漢字**。柿《こけら》は旁が「一」を書いてから「巾」を書き、柿《かき》は「亠」を書いてから「巾」を書く。市場で売買される果実であることから、この字になった。

こけら
柿

かき
柿

桜の字には「貝」が関係している!?

桜の旧字は「櫻」で「二かいの女がきにかかる」と覚えた人も。並んだ二つの貝は**貝を連ねた首飾り**を表している。**女性の装飾品になるような実がなる木**ということから櫻という字ができたといわれる。この首飾りになるような実とはサクランボのこと。

桃になぜ兆が入っているの？

「兆」の字は、占いで亀の甲羅に表れる割れ目から生まれた。左右対称できれいに**二つに割れるイメージから桃の実を表現**している。「逃」という字にも「兆」が使われているが、これは逃げ道や、分かれて去るようすを表しているといわれる。

2 成り立ちに意味のある漢字

① 名前によく使われている漢字

愛

後ろを振り返ろうとする心

上部の「⺤」は「旡」で人が後ろを向く姿、「心」は心、「夊」は足を表す。つまり、歩きながら、後ろを振り返ろうとする心、気にかける心から、愛という字が生まれた。

香

甘い匂いのする穀物

酒の材料に使われていた「黍《きび》」と、口の中に「一」があり、食べているさまからできた「甘い」という字を組み合わせた。「香」は黍から出る甘い香りを表した。

純

混じりけのないきれいな糸

撚《よ》った糸を表す糸偏《いとへん》と、髪飾りをつけた幼児の姿から混じりけのない美しさを表す「屯《とん》」。ほかの色が混ざっていない糸の束を表す「純」という字になった。

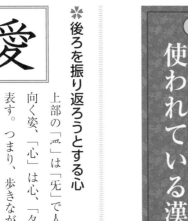

明

✿窓から差し込む月明かり

「囧《けい》＝窓」に「月」を合わせた「朙」から、窓から差し込む月の明るさを表す。また、日と月の明るさを表したともいわれる。

知

✿矢のように、速くまっすぐに

矢のようにまっすぐにいい当てることから。矢のようにすばやく言葉を理解する、矢を神に捧げて祈り神意を知るなどの説もある。

智

✿知るよりも深い知恵を示す

下にある「日」は太陽ではなく、漢文でよくみられる「曰(いわく・のたまう)」。より深く理解したり、発言することを表現している。

直

✿まっすぐこちらを見ている

十の目に「隠れる」を意味する「乚《いん》」を組み合わせ、たくさんの目で隠されたものをまっすぐ見ることを表している。

希

✿細かい織り目の布はめずらしい

「布」と交わる意の「爻」を組み合わせた字。目が細かく隙間のない織り目を表し、そこから、まれという意味になった。

和

✿口調を和らげるようすから

垂れ下がった穂のさまの「禾」と「口」で口調を和らげるという意に。転じて、穏やか、のどか、調和の意味を表すようになった。

裕

たくさん服をもっている

「谷」は多くの物を取り入れる意味から衣服が多いことを表す説のほか、祝詞《のりと》の箱の上に神気が現れたと考える説も。豊かさを表す。

優

やわらかく動く人から

人が憂いていると書く字だが、本来の「憂」は、やわらかく体を動かす、穏やかに歩くという意味だった。もとは豊かさを表した。

彩

色をとって美しく飾る

木の実を手で取ろうとしているさまの「采」が、草木から色を採るという意味をもった。「彡」はきれいに飾ることを表している。

② 人・心に関係している漢字

自

自分を指すときに鼻を指すことから

自分のことを指で指すときには、大抵の場合「鼻」のあたりを指す。本来は、「鼻」を表す漢字であったという。

性

生まれもってきたもの

「忄《りっしんべん》」は心を表す部首。ここに「生」がつくと、生まれつきもっている性質を表現する。「性格」「性別」「個性」など。

命は天からの授かりもの

命

「命」を分解すると「口」と「令」になり、人に命令する、いいつけるという意に。命は天からいいつけられたものと考えたことから。

大きく口を開けるようす

欠

人が口を開けているさまから。のちに欠ける意の「缺《けつ》」と同じ音から同じ意味をもつように。「欠伸《あくび》」はもとの意味からできた漢字。

子どもからつながった関係

孫

「系」は糸でつながったものを表す。そこに子がついて子からつながる関係のこと。系は「子＋糸」から成り「小さな子」という意味も。

長寿の老人を祝う漢字

寿

旧字は「耂」に「𠷎」を組み合わせた「壽」。「𠷎」は、長い道を表し、そこを老人が杖を突いて歩いていくさま。長生きを祝う字に。

よだれを垂らした人

盗

上部は本来「次《えん》」でよだれの意。皿の上の食べ物を見てよだれを垂らしてうらやむようすが、転じて「盗む」となった。

神に扮する人の姿

異

大きな仮面を両手で抱えた人の姿から。仮面で神に扮したと考えられ、人とは違うことから、異なるの意味に。

異の象形文字

心臓の形を表す

心

心の象形文字は心臓の形によく似ている。シンと読むのは「沁《しん》」の血液を沁みわたらせる意から。

心の象形文字

真心を表す場所を示している

忠

「心」に「中」を示し、心の真ん中にある誠実な思いを表現。軍隊の真ん中に立てた旗を表し、中央を意味したという説もある。

行いがまっすぐな人

徳

偏《へん》の「彳」は行いを、「直」と「心」の組み合わせはまっすぐな心を表す。また全体で、祭壇にのぼることを意味しているという説も。

子どものように素直に思う

思

田は頭部を表す文字として用いられる。ここでは、幼児の頭部のすきま(泉門《せんもん》)を表している。頭と心で浮かべることという意味。

より深くじっと思い描く

想

向こう側にある木をじっと見ている、つまりある対象を観察しているようすを表す。そこに「心」が加わり、じっと考えるようすに。

たくさんの人が口にすれば叶う

叶

十の口で、多くの人々が口に出すことが一致すれば、そのとおりになることを表現している。実は「協」の異体字でもある。

③ 儀式などから生まれた漢字

名

神に子の成長を伝えて命名

夕は肉体を表す月の省略形、口は神器とし、子の成長を神に伝え命名した儀式に由来。また夕方、暗闇で名乗ることからという説も。

奏

生贄《いけにえ》を捧げるようす

優雅なイメージの字だが、実は生贄の動物を両手で神に捧げるさまから。音楽も捧げものであった。

奏の象形文字

盟

血によってつながる絆

皿は「血」が転じたもの。神に生贄の血を捧げ、誓いを明らかにするようすを表す。同盟を結ぶ際、互いの血をすすりあったからとも。

告

牛を捧げて祈るさま

神への捧げものとして、牛と祈りを捧げているようすからできた字。祈りは「口」で告げるものであることから。

美

大きくて立派な羊

「羊」に「大」がくっついた「美」の字。羊は神への貴重な捧げもの。そこから大きくて立派な羊は「美しい」となったという。

手で肉をもち神に捧げる祭礼

祭

肉が変形した「月」、手を表す「又」、神台を表す「示」で、手で肉をもち、神に捧げる祭礼のようす。

祭の象形文字

兄が祈って祝う

祝

「兄」がつくのは先祖の霊を祀《まつ》るときに、たいてい長男が祈りの言葉を告げていたから。示偏《しめすへん》は「祈」の省略形。転じて祝うという字に。

稲妻の光から生まれた

神

稲妻の絵から生まれた「申」は、天の支配者を表す。「示」は神や先祖を祀る祭壇。組み合わせて、人間業を超えた働きを表現した。

④ おどろおどろしい由来の漢字

敵兵の耳を奪い取った姿

取

昔は戦で、敵の首の代わりに、耳を切り取ってもち帰り、戦果とした。「又」は人の手を表し、しっかり手にもつことから。

もとは奴隷の意味だった

民

人の目を針か棒でつぶすようすを表す字。目をつぶされているのは奴隷。君主に支配された人々を表した。

民の象形文字

暴

動物の死骸を日にさらす

日の下で毛皮をはいだ動物の死骸を両手にもってさらすようすを表す。白日の下にさらすことから、暴露の意味になった。

鬼

亡霊の姿を描いた漢字

大きな丸い頭の人のようなもの、または顔に大きな面をつけた人の象形からできた字。亡霊、精霊を表している。

死

人は最期に骨になる

「歹」は頭蓋骨や骨の断片を表し、「匕」は「人」が変形した字。つまり、人が死んで骨となったようすを表している。

久

死体を棒で支えている

腰が曲がった老人の死体を、棒で支えているようす。これを木の箱に納めると「柩《ひつぎ》」。「棺《ひつぎ》」はまだ遺体が入っていない状態。

展

伸ばし広げるようすから

部首は「尸《しかばね》」で手足を伸ばした人。「㠭」と「衣」は、重しをのせて衣服を伸ばし広げるようす。おしのばしたり、ひろげる意味に。

報

罪をつぐなうことを意味する

手枷《てかせ》を示す「幸」と人がひざまずくようすの組み合わせ。罪人を裁いたり罰を与えたりして、罪に報いるようすを表現している。

⑤ 自然・生き物から生まれた漢字

地中から芽吹く命の証

生

「生」は、地面に出てきた草の芽を表現した象形文字。草が生えてくるようすが生まれるという意味に。

生の象形文字

土の中に埋まっている宝物

金

金属を示す「八」と、土地の神を祀《まつ》るための柱状に固めた土を表す「全」から、土の中に鉱物が隠れていることを表した。

天から雨粒が降るさま

雨

四つの点は雨粒を表現している。「一」は天を「冂」は雲を表す。「雨」の漢字には「雨《ふら》す」という読み方もある。

くるくるとまわるようすから

雷

下部は「田」ではなく「畾《らい》」の省略形。陰陽の気がくるくるとまわるさま。ゴロゴロという音を表現したという説も。

蕾《つぼみ》の漢字に隠されたエネルギー

蕾

草冠《くさかんむり》の下に「雷」が組み合わさった「蕾」。花が咲く前に、陰陽の気のエネルギーが渦巻いているようすを表現している。

✻三つの星から生まれた漢字

星

三つの星を表す「晶」と「生」を組み合わせた字。「晶」は鉱物の結晶などに使われる字。生き生きと輝くようすを表現している。

✻三日月のようすから

月

三日月を表現した字。偏《へん》としての「月《にくづき》」は、天体の「月」とは無関係で「肉」が変形したもの。成り立ちは異なるが同じ字形に。

✻山から吹き下ろす風

嵐

山の上に立ち込める空気を表す。『百人一首』に「むべ山風を嵐といふらむ」と詠われるが、山から吹く風を嵐と呼ぶのは日本独特。

✻大きな穴と思われていた空

空

空の漢字は穴冠《あなかんむり》に「工」。これは空が昔、大きな一つの穴であると考えられていたため。ウ冠と混同されるが、穴冠が正しい。

✻伸び悩むようすを表現

困

「木」の周りが四角く囲われている。この木は囲いのせいで伸びることができない。転じて「困る」という意味を表した。

✻貝が足を出したようす

辰

二枚貝が、殻から足を出しているようすからできた「辰」。細かく震えるという意味があり、「震」など、震えに関係する字に使われる。

雅

もとはカラスという意味だった

「隹《ふるとり》」は鳥を表す部首。「雅」にはカラスという意味があり、その鳴き声が中国語で「ガア」と発音することから「雅《が》」という音の字に。

象

古代人は象の姿を文字に表した

長い鼻をもつ象の姿から生まれた字。紀元前の遺跡から発掘された文字で、象《ぞう》牙《げ》も見つかっている。

象の
象形文字

菊

まあるい花を表す漢字

下部は、手の中で「米」を丸く握る、包むようすで、まとめることを意味する。草《くさ》冠《かんむり》がつき、花びらが丸く咲く、キクの花を表現した。

⑥ 意外な由来の漢字

求

動物の皮衣を示している

裂き開いた毛皮、または吊り下げた毛皮を形にした「求」。毛皮は体をしっかりと覆っていることから「真ん中に向かう」という意に。

農

貝で土を耕していた

「辰」は「蜃《おおはまぐり》（＝大蛤）」で、「曲」は田んぼ。貝殻をスコップや鍬《くわ》のような道具にして、田を耕していたようすから。

火の粉がふわふわ飛ぶさま

票

火が飛ぶ、舞うという意味の「票」。下部の「示」は、「火」の字が誤って伝わったもの。軽く舞い上がる紙の札が「票」の字に。

似ているが「心」とは無関係

必

「心」に「ノ」が組み合わさったのではなく、「弋《よく》＝くい」にひもの「八」をギュッと括りつけた姿。ずれる余地がなく、必ずの意に。

介護の「介」は鎧《よろい》が由来

介

人が鎧(八)を身につけた「介」。「身を守る」から、もしくは「八」の文字に人が分け入り「仲立ちをする」から、「助ける」の意に。

結婚式は夕暮れに行われていた

婚

女性がひざまずくさまと、「昏」は夕暮れのことで、嫁取りを表す。古代中国の結婚式が、夕暮れに行われていたことからできた。

鋤《すき》をもっている姿

以

「以」のもとの字は「㠯」。人が鋤をもっている姿の象形文字。「人が鋤を使う」が用いることとなり、「もって」という意味になった。

他国へと進撃するようす

正

分解すると「一」は国、「止」は足。他国へと攻めるようすを表す。まっすぐ進むところから、間違いがない、正しいに転じた。

⑦ 状態・形状から生まれた漢字

十字路のようすが漢字に

行

「行」は十字路を上から見たようす。人通りの多い道を進むことから「行く」という意味をもった。

行の象形文字

かがり火で明るく輝く

栄

旧字体は「榮」。木の上に二つの炎が燃え、かがり火を表している。火が焚かれると、木に花が咲いたよう見えることから「栄える」に。

断ち切るものは何か？

断

旧字体「斷」を見てみると、四つの糸と、「斤《おの》」の漢字で作られている。つまり刃物で糸を断ち切るところを表現した漢字。

紙がなかった時代の書物

冊

細長い竹の札を束ねて、ひもで結んだ形を表す字。文章や書物を表す。紙がない時代は、竹や木でできた細長い札を使っていた。

人から人へまわるようす

伝

旧字体は「傳」。旁《つくり》の「専」は糸巻きを手でまわしているところ。ここに「人」を加え、人から人へと物事がまわっていくようすを示した。

貨

お金として使われた貝から

貝は古代の中国でお金として使われていたため、貝が変化してお金になることを意味する。貝が部首の漢字は、金品に関連している。

旅

旗を目印に団体が歩くようす

旗を目印に多くの人が歩いていくようすから。「㫃」が旗を表し、その下の「𠂢」は「从」の変形で「従う」という意味を表している。

郵

国境を越えて届くもの

「阝《おおざと》」のもとは、領地を表す「邑《むら》」で、「垂」は大地の果て。合わせて村のはずれにある宿場を意味し、荷物を送るときの中継地点の意。

役

国境を警備する人

「殳」は矛《ほこ》。武器をもった人が向かう場所は国境で、国境を警備している人のこと。転じて、受けもつ仕事がある「役」の意になった。

暗

目に見えないもの

太陽(日)があっても音しか聞こえないようすを表した説と、音の字が舌を意味し、「口」の中に隠れて見えないからという説がある。

白

さまざまな白いものが由来とされる

由来には白く輝く太陽または月、親指の爪、髑髏《しゃれこうべ》、中身が白いどんぐりなどがあり、どれも似た形。

白の象形文字

二《に》十《じゅう》四《し》節《せっ》気《き》と七《しち》十《じゅう》二《に》候《こう》

春を表す*二十四節気と七十二候。旧暦では立春の前後に元日を迎えたため、年賀状に「迎春」「初春」と書くのはこの名残。

二十四節気	新暦の日付	七十二候と読み方	七十二候の意味
立春《りっしゅん》 一年の始まり。木々の芽吹きも感じるころ。	2月4～7日ごろ	**東風解凍** 【はるかぜこおりをとく】	春風が吹き、氷を解かし始めるころ。
	2月8～12日ごろ	**黄鶯睍睆** 【うぐいすなく】	鶯《うぐいす》が美しい鳴き声で春を告げるころ。
	2月13～17日ごろ	**魚上氷** 【うおこおりをいずる】	割れた氷の間から、魚が跳ね上がるころ。
雨水《うすい》 ぬるんだ雨水が、草木の芽生えを助けるころ。	2月18～22日ごろ	**土脉潤起** 【つちのしょううるおいおこる】	雨が降って大地に潤いをあたえるころ。
	2月23～27日ごろ	**霞始靆** 【かすみはじめてたなびく】	霞が現れ始めて山野の情景に趣が加わるころ。
	2月28～3月4日	**草木萠動** 【そうもくめばえいずる】	草木が芽吹き、新しい命が生まれるころ。
啓蟄《けいちつ》 冬ごもりしていた虫たちが目覚めるころ。	3月5～9日ごろ	**蟄虫啓戸** 【すごもりむしとをひらく】	冬籠りの虫たちが、這《は》い出てくるころ。
	3月10～14日ごろ	**桃始笑** 【ももはじめてさく】	桃の蕾《つぼみ》が開き、花が咲き始めるころ。
	3月15～19日ごろ	**菜虫化蝶** 【なむしちょうとなる】	さなぎが羽化し、蝶へと生まれ変わるころ。

*一年を二十四と七十二に分け、季節の節目を表し指標としたもの。七十二候の名称は気候の変化や動植物のようすが短文で表されている。

4月に入ると燕が南から渡ってきて、巣を作る。そして雁が北へ帰っていく。

二十四節気	新暦の日付	七十二候と読み方	七十二候の意味
春分《しゅんぶん》 彼岸の中日。昼と夜の長さがほぼ同じに。	3月20〜24日ごろ	**雀始巣**【すずめはじめてすくう】	雀《すずめ》が、巣を作り始めるころ。
	3月25〜29日ごろ	**桜始開**【さくらはじめてひらく】	桜の花が、咲き始めるころ。
	3月30〜4月4日ごろ	**雷乃発声**【かみなりすなわちこえをはっす】	恵の雨を呼ぶ雷が、遠くの空で鳴るころ。
清明《せいめい》 春先、花も咲き始め生命力を感じるころ。	4月5〜9日ごろ	**玄鳥至**【つばめきたる】	燕《つばめ》が、南からやってくるころ。
	4月10〜14日ごろ	**鴻雁北**【こうがんきたへかえる】	雁《がん》が、北へ帰っていくころ。
	4月15〜19日ごろ	**虹始見**【にじはじめてあらわる】	雨上がりに虹が見られるころ。
穀雨《こくう》 春の雨が降り、田畑を潤し成長を助ける。	4月20〜24日ごろ	**葭始生**【あしはじめてしょうず】	水辺の葭《あし》が、芽を出し始めるころ。
	4月25〜29日ごろ	**霜止出苗**【しもやみてなえいづる】	霜が終わり、稲の苗がすくすくと育つころ。
	4月30〜5月4日ごろ	**牡丹華**【ぼたんはなさく】	牡丹《ぼたん》の花が、咲き始めるころ。

常用漢字と当用漢字はどう違うの？

❖常用漢字から当用漢字へ

私たちが日常生活で使っている**「常用漢字」**は、現代の国語を書き表す場合の漢字使用の**「目安」**を示すもの。1923（大正12）年に初めて内閣告示された当初は**1962字**だった。戦後の占領下で「日本の漢字は多すぎて複雑なため、識字率が上がらない」と考えられ、簡素化されることに。1946（昭和21）年、漢字使用の**「範囲」**として制定されたのが**「当用漢字表」1850字**だ。いずれ漢字や仮名を廃止しすべてローマ字表記にしようとする動きがあったため、当面の間使ってよい漢字という意味で「当用漢字」と呼ばれた。これに伴い、音読みと訓読みを整理した**「当用漢字音訓表」**と、印刷字体と書写字体をできるだけ一致させるための**「当用漢字字体表」**も内閣から告示された。

❖当用漢字から再び常用漢字へ

その後、1948（昭和23）年に日本人約２万人に行った識字テストで、漢字は**識字率**に影響しないことが証明された。そのため当用漢字は当面の間だけでなく、その後も常用されることに。ようやく1981（昭和56）年に当用漢字表が廃止され、**「常用漢字表」**が制定された。現在の**「改定常用漢字表」**は2010（平成22）年に内閣から告示され、掲載されている漢字は**2136字**だ。漢字を廃止するために制定されたのが「当用漢字」、今後も使用し続けるために制定されたのが「常用漢字」なのである。

2章

誤字に気をつけたい漢字

書き間違いやすい漢字、混同して覚えている漢字、読めても意外と書けない漢字をピックアップ！

1 意外と書き間違いやすい漢字

くじゅうの決断をする

×苦汁　○苦渋

「苦渋」は苦くて渋いものから、物事がうまくいかず、悩んだり苦しんだりすることを表す。「苦汁」は文字どおり苦い汁のこと。

あの人はへんくつな人だ

×変屈　○偏屈

変わり者のニュアンスで「変」の字を使いたくなるが、正しくは偏屈。「偏」は偏る、「屈」は曲がっていてまっすぐ伸びないという意。

子どもをいんそつして電車に乗る

×引卒　○引率

「そつ」といえば卒業の「卒」が思い浮かぶが、「率」が正しい。「率」には、導く、引き連れるなどの意味がある。

いつまできべんを弄《ろう》しているのか

×危弁　○詭弁

道理に合わない弁論、相手を欺いたり困らせる議論のこと。危険な弁ではなく、偽ったり欺いたりする弁。俗に「奇弁」とも書く。

彼の話の**しんぎ**を確かめる

×**真疑**　○**真偽**

——疑いをもって使う場合が多いので「疑」を用いたくなるが間違い。真実か虚偽かという意。

アナウンサーの**かんぺき**な日本語

×**完壁**　○**完璧***

——「璧」は下の部分が「玉」、「壁」は下の部分が「土」。正しくは前者。

とうしん大の人形が展示された

×**頭身**　○**等身**

——高さが人の身長とほぼ同じこと。ひとしいの「等」を使う。

彼女は**てんけい**的な優等生だ

×**典形**　○**典型**

——「型」は決まったやり方、特徴的な形などの意味、「形」は姿、形状といった意味がある。

新しいプロジェクトが**なんこう**している

×**難行**　○**難航**

——従来は困難な航海という意味。比喩的に、障害が多く物事がはかどらないことをいう。

学期末に**せいせき**表をもらう

×**成積**　○**成績**

——「績」には業《わざ》による結果や手柄などの意味がある。

＊中国戦国時代、趙《ちょう》の「和《か》代《し》の璧《へき》」という宝玉を秦《しん》の国王がほしがったが、藺相如《りんしょうじょ》が命がけでもち帰ったという故事から。

借金をかたがわりしてもらった

×方代わり　○肩代わり

――かごを担ぐ人が交代するというのが由来。よって「肩」という字が正しい。

今日はさいしょうげん必要なものを買う

×最少限　○最小限

――迷った場合は対義語を考えてみる。「最小限」の対義語は「最大限」。

クラスで意見が割れてどろじあいになった

×泥試合　○泥仕合

――「試合」はゲームや競技に使う。「仕合」は何かをお互いにする意味の「しあう」に近い。

受け取りにはいにんん状が必要だ

×委人　○委任

――人に委託することなので「委人」と書きたくなるが、「任せる」が正しい。

専門家を呼んでちょうもんかいを開く

×弔問会　○聴聞会

――意見を聞くための会なので「聴聞会」。「弔問」は亡くなった人の家を訪問すること。

京都のめいさつをめぐる旅

×名殺　○名刹

――「刹」は寺や寺院のこと。名高い寺のことを名刹という。「古刹」という言葉もある。

あの人には強力な**うしろだて**がある

×後ろ立て　○後ろ盾

――「盾」は衝撃や攻撃から身を守る防具。「後ろ盾」は後方からの支援や、支援している人。

必要なお金を**くめん**する

×苦面　○工面

――工夫して集めることなので「工面」。苦労して集めるという意味ではない。

クレームばかりで**しょくしょう**気味だ

×食少　○食傷

――同じものばかり続いて飽きることを食傷という。うんざりした気分を表す言葉。

これからも**りじゅん**を追求していく

×利純　○利潤

――純粋に手元に入るお金のことだが、「純」ではなく「潤」のほうを使う。

恐る恐る**しんえん**をのぞく

×深縁　○深淵

――「淵」自体に、水を深くたたえているところという意味がある。

失敗の原因を**せんさく**された

×詮策　○詮索

――「索」には捜索、探索、索引のように、調べ求める、訪ね探すという意味がある。

じょじょに歩みを進める

×除々に　○徐々に

——ゆるやかに進むさま、少しずつ変化するさま。「徐」はゆっくりの意、「除」はのぞくの意。

雨の休日は家で読書ざんまいする

×三味　○三昧

——もとは仏教語で特殊な集中心のこと。サンスクリット語のサマディーの音訳で漢語。

奈良時代には長岡京のせんとがあった

×還都　○遷都

——「遷」は（場所が）うつるという意味。「還」のかえすと意味を混同しやすいので注意。

一度のミスでしつように文句をいわれた

×執擁　○執拗

——「拗」にはねじる、すねるなどのほかに、しつこいという意味もある。

すべて正しいといちがいにはいえない

×一慨　○一概

——どちらも読みは「がい」。「概」はおおむねという意、「慨」はなげく、いきどおるという意。

子どもをらちした犯人がつかまった

×拉緻　○拉致

——「拉」は引いて連れていく、「致」は来させるという意味がある。

知り合いにぐうぜん会った

×遇然　○偶然

――「偶」には思いがけず、たまたまという意味がある。「遇」は人とあうこと。

きんしん期間中はおとなしく家にいた

×勤慎　○謹慎

――言行を「慎(む)」こと。江戸時代の自由刑の一種で、外に出ることを禁止された。

今日は銀座かいわいが賑わっている

×界隅　○界隈

――「隈」と「隅」は形が似ているので注意。「隈」には奥まったところという意味がある。

火事であとかたもなく焼けた

×跡方　○跡形

――何かが過去にあったことを示すしるしのこと。「跡形もない」という言い方が一般的。

よくそうにお湯を張る

×浴曹　○浴槽

――「槽」は「木」と「曹」を組み合わせた漢字で、長方形のおけを意味している。

午後からだとかんちがいして約束に遅れた

×感違い　○勘違い

――頭で考えたり、調べたりするのが「勘」、心で感じるのが「感」。

ダンスの発表会でセンターに**ばってき**された

×抜的　○抜擢

――「擢」の訓読みは「擢《ぬ》く」「擢《ぬき》んでる」で、似た意味の漢字が二つ並んでいる。

二人の力は**きんこう**を保っている

×均衝　○均衡

――字の形は似ているが、「衡」は「こう」ではなく「しょう」と読み、衝突、衝撃などで使う。

郵便物の**あてな**を確認する

×当名　○宛名

――名前だけでなく、住所も含む場合が多い。「宛」はあてる、あてはめるという意。

素足に**ぞうり**で出かけた

×草覆　○草履

――足にはくものに関しては「履」の字を使う。「覆」はおおう、くつがえすという意味。

化学の授業で**けんびきょう**を使う

×顕徴鏡　○顕微鏡

――形が似ているので間違えやすい「微」と「徴」。「微」はごく小さいことを表す。

うーろんちゃを注文する

×鳥龍茶　○烏龍茶

――「鳥《とり》」ではなく「烏《からす》」。茶葉が黒褐色だからこの名がついたという説がある。

駅からあいあい傘で帰る

×愛々　○相合

「合々傘」と間違えることも。「相合」は一緒に物事をすること、共有、共用の意味がある。

パソコンの利用りれきを調べた

×履暦　○履歴

過去に関することでは「歴」を使う。「暦」はこよみや月日のこと。

喉にいわかんを覚える

×異和感　○違和感

なじめないさま。居心地が悪いさま。「違う」と「異なる」は意味が似ているので注意。

個人商店はとうたされ減少した

×淘太　○淘汰

不適当、不必要なものをのぞきよいものを残すという意味。自然淘汰など生物学でも使う。

都合の悪いことはいんぺいしようとする

×陰蔽　○隠蔽

覆い隠して見えなくするという意味なので「隠」を使う。

動物をぎじんかしたイラストを描く

×凝人化　○擬人化

「擬」には真似をすることという意味がある。「凝」はかたまるという意味。

廊下で先生に会ったら**えしゃく**をする

×会酌　○会釈

――会釈は仏教語の「和会通釈《わえつうしゃく》」*の略。会釈には、もてなしや思いやりという意味もある。

お客様がみえたら**おうたい**する

×応待　○応対

――「待」にもてなすの意味があるため間違いやすいが、対峙の「対」が正しい。

あの曲がり角に**ふぜい**のある建物が見える

×風勢　○風情

――従来は人の風貌《ふうぼう》などを表す言葉として中国で使われていた。

ステージで拍手**かっさい**を浴びた

×渇采　○喝采

――「喝」は声が枯れるほどの大声を出すという意味。励ましたり叱ったりする声のこと。

最初は**けぎらい**していたが今は仲がよい

×気嫌い　○毛嫌い

――「毛嫌い」の語源は、動物が相手の毛並みで好き嫌いを判断することからという説がある。

山の中から鳥の**かんだかい**鳴き声が聞こえる

×感高い　○甲高い

――「甲」は音楽で高音を意味する。ちなみに「乙」は甲より一段低い音。

＊和会通釈とは、相違してみえる教説を互いに照合し、意義の通じるようにすること。そこから、状況や事情を考えて理解するという意味になった。

予習をしてきたのでかくしんをもって答えた

×確心　○確信

——かたく信じるという意味。「信じる」ことは心が行うので間違えやすい。

しゅこうを凝らした結婚式で印象に残った

×趣好　○趣向

——趣味や嗜好と混同して「好」の字を使いやすいので注意。

火のしまつをしっかりしてください

×仕末　○始末

——「始末」には物事の始めと終わりの意味があり、「始」という字を使う。

失敗しないよう肝にめいじる

×肝に命じる　○肝に銘じる

——強く心に留めて忘れないようにするという意味。命令するという意味ではない。

引退試合のホームランでゆうしゅうのびを飾った

×優秀の美　○有終の美

——最後までやりとおして、終わりを美しく仕上げること。

姉はさいしょくけんびで昔から有名だった

×才色兼美　○才色兼備

——「才色」は才知と美貌、「兼備」は兼ね備えるということ。

困難な課題を前にごりむちゅうである

×五里夢中　○五里霧中

――五里は距離。五里にもわたる深い霧の中にいるようだということ。

上司がいっとうりょうだんで問題を解決した

×一投両断　○一刀両断

――一太刀《ひとたち》で真っ二つに斬るということから「刀」が正しい。

政府のちょうれいぼかいに国民が怒る

×朝礼暮改　○朝令暮改

――朝の「令（命令）」が夕方に改められる、つまり命令や方針が定まらないこと。

回りくどいわずたんとうちょくにゅうに伝えた

×短刀直入　○単刀直入

――短い刀ではなく、一本の刀で敵に切り込むことを表している。

迷惑をかけたのに謝らないこうがんむちな人

×厚顔無知　○厚顔無恥

――恥知らずという意味を含んでいるので、「恥」を使うのが正しい。

いみしんちょうな笑みが気になる

×意味慎重　○意味深長

――深い意味や含蓄《がんちく》がある状態を指す言葉。言外《げんがい》に意味のあること。

せいてんはくじつが認められ晴れて自由の身に

×晴天白日　○青天白日

――「青天」は青く澄んだ空のことで、「自白」と合わせてやましいことがないという意味。

ぜったいぜつめいの状況から立ち直った

×絶対絶命　○絶体絶命

――「体」も「命」も限界に達するほどの切羽詰まった状態のこと。

やはりういてんぺんは世の習いだ

×有為天変　○有為転変

――常に移り変わるという意味を含むことから「転」の字を使う。仏教の言葉。

せっさたくまして芸を磨く

×切差琢磨　○切磋琢磨

――石や骨を形づくって磨くこと。「磋」にはみがく、はげむ、つとめるという意味がある。

大会で優勝して**きょうきらんぶ**している

×狂気乱舞　○狂喜乱舞

――「狂気」ではなく、「狂ったように大喜びする」という意味で「狂喜」という。

しょうしんしょうめい本物であることを示した

×正真証明　○正真正銘

――嘘偽りがなく本物であるということ。名のある上等なものを「銘」という。

2 読めても書けない漢字 ①人・暮らし

せつじょくを晴らす

【雪辱】

一度は負けた相手に勝ち、受けた恥をそそぐという意。「雪」に洗い清めるという意味がある。

自由に**かっぽ**する

【闊歩】

「闊」は面積や心が広いことを表す。「活」という字を含むため、すんなり読むことはできる。

びんしょうに逃げていった

【敏捷】

動きが早いことだけでなく、判断が早いことなどにも使う。「捷」に獲物を取る意味がある。

けいちょう休暇を申請

【慶弔】

「慶事《けいじ》」と「弔事《ちょうじ》」を合わせた言葉。喜ばしいことと不幸なこと。

悪いイメージを**ふっしょく**

【払拭】

払ったり拭《ぬぐ》ったりしてすっかり取り除くこと。多くは悪いことを取り除く場合に使う。

警察官に**じんもん**される

【尋問】

「尋」はたずねる、問いただすという意味で、「訊」の書き換え文字として用いられる。

遅刻は**ごはっと**だ

【法度】

禁止されていること。江戸幕府による「武家諸《ぶけしょ》法度《はっと》」や「禁中《きんちゅう》並《ならびに》公家《くげ》諸法度《しょはっと》」などは有名。

知り合いと思い**いちべつ**した

【一瞥】

「瞥」一文字でちらっと見るという意味がある。「一瞥」以外にはあまり使われない漢字。

あしかせが多く自由がない

【足枷】

「枷」は罪人にはめて自由を奪う道具。行動を束縛されることとして、比喩的に使う。

酔って**ろれつ**が回らない

【呂律】

中国の雅楽言葉が由来。「呂」と「律」の音階が合わないことを「呂律が回らない」といった。

ふらちな振る舞いをしている

【不埒】

「埒」は「埒が明かない」の「埒」。けじめや範囲を示す。「不」でそれを否定している。

うっそうとした森に入る

【鬱蒼】

草木が青々と茂っているようす。「蒼」は草の青いようすを示す。

庭の草木を**せんていする**

【剪定】

樹形を整えるため枝を切り取ること。「剪」には切る、切りそろえる、はさみの意味がある。

犯人を**いんとく**する

【隠匿】

「隠」にも「匿」にもかくれるという意味があり、重ねて強調している。

いんぼう論が囁かれている

【陰謀】

「謀」は「はか(る)」と読み、くわだてたり考えをめぐらすこと。

部屋で**おえつ**を漏らしていた

【嗚咽】

「嗚」は泣くこと、「咽」はむせぶこと。押し殺そうとしても声が出てしまうような泣き方。

消毒のために**しゃふつ**する

【煮沸】

煮えたたせること。湯が「沸く」と、泉が「湧く」を混同しやすいので注意。

助かるには**こつずい**移植が必要

【骨髄】

「骨」という字を使ってさらに「髄」の中にも骨がある。「髄」には物事の中心の意味がある。

ついに**しゅうえん**を迎える

【終焉】

「焉」は「終焉」以外ではなかなか見かけない漢字。状態を表す形容の語として使う。

がんさくとはいえすばらしい

【贋作】

「贋」は形のいい鳥の「雁」と、お金の意味の「貝」で形よく整った財から、偽物の意味に。

けげんそうにじっと見る

【怪訝】

「怪」にも「訝」にもあやしむという意味がある。「訝」の訓読みは「いぶか(る)」。

正直に話して**ざんげ**する

【懺悔】

「懺」は二十画あり書くのは難しい。「く(いる)」と読み、過ちを悔い改めるという意味。

おとり捜査で証拠をつかむ

【囮】

本来の意味は、鳥獣を捕まえるために、おびき寄せにつないでおく鳥獣のこと。

せいしゅくな会場

【静粛】

静かにしてつつしんでいること。「粛」には恐れつつしむという意味がある。

しこうの幸せを感じた

【至高】

高いところに届くという意味。「至」の字には、このうえもないという意味もある。

ちょうしょうされ不安に

【嘲笑】

「嘲」はあざける、からかうの意味。「嘲笑」はあざけって笑いものにすること。

時代を**したたか**に生きる

【強か】

大きくは強いという意味だが、「したたか」と読むと、粘り強い、しぶといというニュアンスに。

赤いバッグを**たずさえる**

【携える】

手にもったり身につけたりするほか、一緒に行動するという意味もある。

なまりが強い言葉づかい

【訛り】

「方言」は言葉の違い、「訛り」はアクセントやイントネーションの違いを表す。

後ろめたさに話を**そらす**

【逸らす】

「逸走《いっそう》」などというように、「逸」には走って逃げる、取り逃がすなどの意味がある。

自分の行動を**かえりみる**

【省みる】

「省」には「目」が入っており、じっと見る、つまびらかにするという意味を含む。

過去の失敗に**かんがみる**

【鑑みる】

手本などほかのものに照らし合わせて考えること。「監」にかがみの意味がある。

水溜りを**またぐ**

【跨ぐ】

「跨」は足で大股にまたぐという意味。「袴《はかま》」と似ているので注意。

むやみに**わめく**のは逆効果

【喚く】

大声を上げること。熟語では喚起、喚声、喚呼などの使い方がある。

すこやかな成長を願う

【健やか】

「健」には体が丈夫、たくましい、力強いなどの意味がある。

イベントを**もよおす**

【催す】

イベントなどを行うときは「もよおす」。催促の意味で「うながす」とも読む場合もある。

友人に食事を**おごる**

【奢る】

自分のお金で飲食させる意味のほか、身の丈に合わない贅沢な暮らしをするという意味も。

うっとうしい天気が続く

【鬱陶しい】

気分が晴れないことを意味する漢語「鬱陶《うっとう》」が、形容詞に変化した。

来客が多くて**わずらわしい**

【煩わしい】

「火」と「頁」の組み合わせは、熱があって頭痛がするということ。面倒という意味を表す。

うやうやしく頭を下げる

【恭しく】

「共」と「心」からなる漢字。かしこまる、つつしむといった意味がある。

2 読めても書けない漢字②ニュース・ビジネス

条約を**ほご**にする
【反故】
「反」は裏返す、「故」は使用済の紙という意味で、本来は書き損じた紙の意味がある。

隣国の漁船を**だほ**した
【拿捕】
外国や敵国の船をとらえること。「拿」の訓読みは「と（らえる）」「つか（む）」「ひ（く）」。

大臣を**ひめん**する
【罷免】
職（とくに公務員の職）をやめさせること。「罷」には罪人を許すという意味がある。

ご指導ご**べんたつ**
【鞭撻】
鞭《むち》打って強く励ますという意味がある。「鞭」も「撻」もほぼ同じ意味。

こっそりと**わいろ**を渡す
【賄賂】
「賄」にも「賂」にも「貝」が使われており、金品に関することとわかる（⬇P113）。

証人として**しょうかん**される

【召喚】

「召」の中には「口」があり、声を出して呼び寄せる意味がある。「喚」も呼ぶという意味。

れいめい期を迎えた

【黎明】

「黎」には暗い、黒いなどの意味があり、「黎明」で夜明けを意味する。

領空**しんぱん**により緊迫

【侵犯】

他国や他地域の領土や権利をおかすこと。「侵」には、ほかの領分に入り込むという意味がある。

判決が不服で**こうそ**する

【控訴】

「控」はひかえる、さしひくなどの意味もあるが、「控訴」の場合は告げる、うったえる。

時代の**ちょうりゅう**を読む

【潮流】

海の干満による潮の流れのことだが、比喩的に時勢の動きのことをいう。

すいしょうされているOSを使う

【推奨】

「奨」には、大きく伸ばして前進させる意味があり、引き立てる、すすめるという意味に。

ことの**てんまつ**を説明する

【顛末】

「顛」ははじまりのこと、「末」はおわりのこと。はじまりからおわりまで。

2 読めても書けない漢字 ③四字熟語・慣用句

いしょくどうげんを追求

【医食同源】

バランスのとれた食事で病気を予防・治療するという考え方。「源」は物事のおおもと。

むびょうそくさいを祈る

【無病息災】

健康で元気なようすを指す。「息」にはやめる、防ぐという意味がある。

ふわらいどうな人だ

【付和雷同】

自分の意見がなく他人に同調すること。雷が響くと、ほかのものが共鳴することから。

はちめんろっぴの大活躍

【八面六臂】

多方面で活躍することを表している。「面」は顔、「臂」は肘や腕の意味。

うよきょくせつを経て達する

【紆余曲折】

物事がスムーズに進まないこと。「紆曲《うきょく》」は道が曲がりくねってまっすぐではないこと。

見守りつつ**かたずをのむ**

【固唾を呑む】

事の成りゆきを心配して息をこらすさま。「固唾」は緊張時に口の中に溜まる唾。

すでに**もぬけのから**だった

【蛻の殻】

「蛻」は「もぬけ」のほかに「ぬけがら」とも読み、脱皮することも意味する。

ろくでもないことにわずらわされる

【碌でもない】

「碌」は否定を伴って、くだらない、値打ちがないという意に。「碌」は平坦なさま。

いちるののぞみをかける

【一縷の望み】

ごくわずかなことを表す比喩。「一縷」は一本の糸（または糸のように細いもの）のこと。

ざんきにたえないようす

【慚愧に堪えない】

反省の意を表す言葉。「慚愧」は本来仏教語で恥じることを意味する。

また同じ**てつをふむ**

【轍を踏む】

失敗を繰り返すこと。「轍」は通り過ぎた車輪の跡のことで、転じて先人が通った道。

とおりいっぺんの挨拶ですます

【通り一遍】

もとは通りがかりに一度だけ立ち寄ること。表面だけで実意がこもらないこと。

3 日常使いの言葉を漢字で書くと

うやむや→有耶無耶

秋田県の**有耶無耶の関という場所**が語源という説がある。この地域に手長足長という人食い鬼が現れたときには「有や」、現れなかったときには「無や」と、霊鳥である三本足のカラスにいわせていたことから。

ありがとう→有難う

「有り難し」が変化して「有難う」になった。「有る」ことが「難い」、つまり、本来は滅多にない、希少価値があるという意味となる。

てこずる→梃子摺る

語源は諸説あるが、梃子《てこ》の原理の梃子からきている説が有力。梃子で重いものを動かそうとしても**梃子がずれる**ため、手伝うものをわずらわせる→「てこずる」となった。「摺る」は当て字。

わたる→亘る

「長きにわたって」という場合、「渡」ではなく「亘」が正しい。**時間的な移動**の場合、「亘」を使う。

とばっちり→迸り

従来は「とばしり」と読み、**水しぶきのこと**を表す。水しぶきを受ける→巻き添えを食うという意味になった。

てきめん→覿面

効果覿面などの「覿面」で、結果がすぐに現れるという意味。「覿」は会うという意味が転じて、**目の当たりにする**。

ひょうひょう→飄々

とらえどころのないようす。「飄々とした人」などと使う。「飄」は**つむじかぜ、はやて**の意で、風で舞い上がるようすを表す。

いささか→聊か

「聊」は**耳がつかえて音が通らない**ことを表す。そこから、一時しのぎ、とりあえずという意味に。「些か」とも書く。

わざとらしい→態とらしい

能力の「能」に「心」をつけた「態」は、**あることができる心構え**を意味する漢字。一文字でわざと、わざわざという意味がある。

あちこち→彼方此方

いろいろな場所という意味。「あちらこちら」「あっちこっち」「かなたこなた」などと読ませる場合もある。

おおわらわ↓大童

児童、童謡、童顔などの熟語からもわかるように「童」は子どものこと。また、昔は大人は髪を結い、子どもはそのまま垂らしていたことから、**束ねない子どもの髪形**という意味もある。そこから、戦場で兜《かぶと》を脱いだ大人が髪を乱して奮闘することを大童というようになった。

あくせく↓齷齪

あくせく働くなどと使う。「齷齪」は本来は漢語で「あくさく」と読み、いずれも「歯」が入っている。意味は**歯と歯の間が狭いこと**。転じて、心が狭いこと、また休む間もなくせかせか仕事などをする意味に。

もったいない↓勿体ない

「勿体」は重々しいようすや威厳のあるようすを表す言葉。勿体つける、勿体ぶるなどと使うこともある。それを「ない」で否定することにより、**妥当ではない**という意味になる。そこから、自分にはふさわしくないと、おもに謙遜するときに使う言葉となった。ほかに、捨てるのは勿体ないというような意味で使ったり、ありがたいという意味で使うこともある。

つかのま↓束の間

「束」は単位で、**一束が指四本分の幅**。束の間はそのくらい短い幅ということ。転じて時間が短いということ。

よそみ→余所見

「所」を「そ」と読ませるめずらしい例。「余」はほかという意味。つまり、「余所見」で**ほかの場所を見る**ということになる。また、「よそみ」を「他所見」と書く場合もあり、意味は同じ。

うかがう→窺う

相手の出方をうかがう、こっそりようすをうかがうなどという場合の「窺う」。「穴」と「見」が入っており、**のぞく**、**ねらう**といった意味がある。「伺う」のほうが漢字としてはよく使うが、こちらは、目上の人を訪問する、目上の人にものをたずねることで、謙譲語で意味も違う。

さて→扨

別の話題に移るときの接続語。**はさみとる**という意味の「扨」が変化したもの。ほかに「偖」とも書く。

ひとしきり→一頻り

しばらくの間という意味で使うことが多い。「頻」は頻度、頻出《ひんしゅつ》の「ひん」で**しばしば**、**何度も**という意味。

もたれる→凭れる

壁などに**よりかかる**場合に使うが、**胃が重く感じる**ときの「胃が凭れる」も同じ漢字。「靠れる」とも書く。

たむろする→屯する

一か所にたくさん集まる、大勢で寄り集まるという意味がある。駐屯、屯田兵など。「屯する」は「たむろする」のほかに、音読みで「とんする」と読むこともある。「屯」はまだ硬い地上に出たばかりの草の芽を表す象形文字から。

ぼかす→暈す

「暈」は「めまい」とも読み、目がくらむことや、ぼかす、ぼける、ぼかしなどの意味がある。「軍」には戦車を円陣に組むという意味があり、「日」と合わせ、**太陽を囲む**の意味に。「日暈《ひがさ》」は太陽のまわりに現れる薄い光の輪のこと。

すくむ→竦む

驚きや恐れで体がこわばる、萎縮するという意味。「緊張で足が竦む」などと使う。「竦」はほかに、「おそ（れる）」「つつし（む）」「つま（だつ）」「そび（える）」「そび（やかす）」といった訓読みがある。

まつわる→纏わる

「纏」にはまとう、まといつく、からまる、つきまとう、また**付随する、関連する**などの意味がある。よく使うのは、「私に纏わる話」などの場合。なお、「纏《まとい》」は江戸時代、町火消が用いた旗印の一つでもある。上に房飾りがついていて、下の木の棒の柄をもって振りまわす。

きらめく→煌めく

「煌」は**きらきらと光を発し、明るいようす**を表す字。「きら(めく)」のほかに、「かがや(く)」とも読む。

くすぐる→擽る

「擽」はくすぐるのほかに、むちで**打つ、払う、かすめる**という意味もある。

はやる→逸る

はやるといっても、流行することではなく、**待ちきれずに勇むようす**のこと。「逸」は、「兎《うさぎ》」という字を含み、ウサギが逃げる意味を表している。

こじれる→拗れる

関係が拗れる、心が拗れるなどのほか、風邪を拗らせるのように、病気が長引いたり悪化したりすることも表す。

すぼめる→窄める

「窄」には、狭い、心が狭いという意味がある。「窄める」は、**小さくする、狭くする**という意味。

めくる→捲る

「扌」と「巻」からなり、ページを捲るなどのように、**巻くようにして取り除く**ことをいう。「まく(る)」とも読む。

かぐわしい→馨しい

「馨」には**よい香りが遠くまで及ぶ**という意味がある。転じてよい評判、よい影響という意味も。「かおり」「かおる」などと読ませて人名で使われることもある。

ことごとく→悉く

「悉」には**細かに知り尽くす**という意味がある。「つぶさ(に)」とも読む。

こぞって→挙って

動詞は「挙《こぞ》る」。**一人残らず、全員で**という意味。熟語の場合、「挙国」「一挙」「大挙」などと使う。

さながら→宛ら

宛名の「宛」という字。**「さなが(ら)」のほかに「あたか(も)」とも読み**、意味はほぼ同じ。本来の意味は、まがる、かがむ。

わきまえる→弁える

「弁」は「辨」や「瓣」など複数の旧字から置き換えられる新字体。「弁える」は**弁明や弁証の場合と同じ意味**で使う。

ないがしろ→蔑ろ

「蔑」の漢字は、**傷ついてただれた目**を表し、よく見えないことから、目にもとめない、ないがしろにするという意味に。

はかない→儚い

「儚」という字には**頼りにならない、長続きしない**などの意味がある。「はかない」は「果敢ない」とも書く。

ようやく→漸く

しだいに、少しずつ進むという意味。「漸」は川の名前からきており、水が少しずつ進むという意味がある。

やぶさかではない→吝かではない

喜んで～する、～する努力を惜しまないという意味。「吝か」は思い切りが悪いこと。物惜しみすること。

いわんや→況や

強調の助詞。**まして**と同じ意味。「況」は水が増えていくようすを表す漢字。

すこぶる→頗る

たいそう、大いに、予想を超えてという意味。「頗」は顔が斜めに傾いた姿勢を表す漢字で、かたより、またはかたよった意見という意味もある。

あたかも→恰も

まるで、ちょうど、さながら。「心」と「合」からなる漢字で、心に思うところにちょうど合うという意味になる。

ふさふさ→房房

ふさふさとした髪の毛という場合の「ふさふさ」。**房のように多く集まって垂れ下がっているようす**を表す。また、「房房」のほかに、束ねるという意味の「総」で「総総」と書く場合もある。

ぬくぬく→温温

「温」は訓読みでは、「あたた(かい)」と読むことが多いが、「ぬく(い)」「ぬく(める)」などとも読む。**温度が高いだけでなく、おだやか、やさしい、包みこむなどの意味**も。また「温存」のようにしまっておくことも表す。「温」は皿の上にふたをして、熱気をこもらせるという意味。

しかじか→然然

「然」は「しか(り)」と読み、**そのとおり**という意味。「然然」は**わかりきったことをいちいちいわないで省略するとき**に使う言葉で、古くは「しかしか」といった。「斯々然々《かくかくしかじか》」とも。同じ意味、同じ読みで「云々」と書いてもよい。

ほのぼの→仄仄

かすかに明るくなる(仄仄と夜が明ける)、**心がほんのりあたたまる**(仄仄とした心のふれあい)などの意味がある。「仄」は訓読みで、「ほの(か)」「ほの(めく)」と読む。このほか、いやしい、せまいなど、マイナスイメージの意味も。

こつこつ→兀兀

地味に着実に努めるようす。「兀」は頭を突き出しているさまで、そこからほかを抜いてひとりで頑張るさまを表すように。

たまたま→偶偶

偶然の「偶」を重ねた副詞。「偶」という字は本来は連れあいや組という意味で、偶数、配偶などに使われる。

かねがね→予予

以前からという意味。「予」に**前もって準備をする**という意味があり、「あらかじ(め)」「かね(て)」という読み方がある。

それぞれ→夫夫

「夫」は象形文字で男の人を表しているが、**それ、かれ、かななどの意味の助字**として使う場合は、本来の意味は関係ない。「其其」とも書く。ほかに、「個個《ここ》」「各各《おのおの》」など意味が似ている語がある。

おうおう→往往

「そのようなことは往往にしてある」などと使い、意味は**よくあるようす、繰り返し起こるようす**のこと。「往」という字には「王」が使われており、人が手足を広げるようすを表す。転じて、目的地に向かって進んでいく→一定の方向に向かう傾向という意味になった。

4 正しく使い分けたい 似ている漢字

萩　荻

「萩《はぎ》」は秋の七草の一つ。「荻《おぎ》」はススキに似ている植物。「萩」には「秋」の文字が入っているので、秋の七草の一つのハギというと覚えやすい。

侮　悔

「侮る《あなど》」は、人をばかにする、軽く扱うなど人に対する行動なのでにんべん。「悔やむ《く》」は後悔、懺悔《ざんげ》など心の状態を表すのでりっしんべん。

輸　輪

「輸《ゆ》」は車で物を運ぶ意。輸送、輸入など。「輪《りん》」は車の両側にあるわっかを表し、転じて丸い物の意味。車輪など。どちらも「車」に関連するので混同しやすい。

延　廷

「延びる《の》」「延ばす《の》」などと読む「延《えん》」は遠くまで歩いていく、転じてのびるという意味になった。「廷《てい》」は庭の原字。官庁や裁判を行う場所を表す。

衷 衰

「衷《ちゅう》」は「衣」と「中」から構成される字。うち、転じてまごころの意味に。熟語は「和洋折衷」がよく使われる。「衰《すい》」は「衰退」のように、衰えたり勢いがなくなること。

孤 弧

「孤《こ》」には「子」が含まれており、いまは親をなくした子どものこと。はひとりという意味で使うことが多い。一方、「弧《こ》」には「弓」が含まれ、丸い曲線を表している。

墳 憤

「墳《ふん》」は「土」を含んでおり、土を高く盛り上げた墓のこと。古墳、墳墓など。「憤《ふん》」は憤《いきどお》ること。「心」を含み、人の心の状態を表している。

衝 衡

「重」が入っているのが「衝《しょう》」。ぶつかるという意味で、衝突、衝撃など。「角」と「大」が入っているのが「衡《こう》」。はかり、はかるなどの意味で、平衡、均衡など。

微 徴

「微《び》」はこっそり歩くから転じて、かすか、わずか、小さいなどの意味。微生物、微笑など。「徴《ちょう》」はしるし、あらわれなどの意味。特徴、象徴など。

貧 貪

「貧《ひん》」は分と貝で、財産が分散することから、貧しいことを表す。「貪《どん》」は今(=ふた)と貝で、財産をため込むことから、むさぼる、よくばりという意味になった。

栽 裁

「裁《さい》」は裁縫、和裁など「衣」に関連する。また布を断ち切るという意味があり、転じて裁くに。「栽《さい》」は「木」が入っており、盆栽や植栽など。

募 寡

「募《ぼ》」は広く求める意で、募ることを表す。「寡《か》」はウ冠の下は「憂」の省略で、ひとりでうれえる、転じて家族が少ない→少ないという意に。「やもめ」とも読む。

態 熊

「態《たい》」はようすや心構えを表す漢字。状態、態度など。「熊《くま》」は動物のクマ。「能」の下についているのは「炎」の省略形だが、四本脚の熊と覚えるとよい。

綱 網

「綱《つな》」は太くて強いロープのこと。綱引きの綱。「網《あみ》」は魚の網の網。通信網のように、網のように張りめぐらせた組織のことを、比喩的にいう場合もある。

凜 凛

「凜《りん》」が正字で、「凛《りん》」が俗字という違いだけで、読みも意味も同じ。寒い、身が引き締まる、りりしいなどの意味がある。女の子の名前として人気。

楓 颯

「楓《かえで》」は植物のカエデ。「木」が入っているのでわかりやすい。「颯《はやて》」は風の吹くようすやきびきびしたようす、きよらかなようすを表す。颯爽《さっそう》など。

躍　耀

「躍《やく》」は躍動などというように、おどること、とびはねること、すばやいことなどを示す。「耀《よう》」はかがやく、ひかるなどの意味。「光」が入っているので覚えやすい。

戴　載

「戴《たい》」は頭の上に物をのせることから、いただく、ありがたく受けるという意味に。「載《さい》」は車に物をのせることから、のせる、書物にのせて書き記す意味に。

藤　籐

「藤《とう》」はマメ科フジ属のツル性落葉木本。ふじとも読む。「籐《とう》」は熱帯雨林地域に自生するヤシ科の植物で、ラタンと呼ばれ、かごや家具に使用される。

脊　背

「脊《せ》」は背骨のこと。音読みではせきで、脊椎、脊髄など。「背《せ》」はせなか。「背」に含まれる「北」は人と人が背中を合わせている形の象形文字。

洒　酒

「洒《しゃ》」はそそぐ、あらうの意。また、さっぱりしているようすを表し、お洒落などと使う。「酒《しゅ》」はアルコールのさけ。「酉」は壺を表す象形文字で壺に入れる水＝酒に。

斤　斥

「斤《きん》」は草木を刈る「おの」のこと。または重さの単位や食パンを数える単位としても使う。「斥《せき》」は排斥、除斥のように、しりぞけるという意味で使うことが多い。

難漢字の覚え方 

画数が多い漢字や普段あまり書くことがない漢字は、読めてもなかなか書けないもの。語呂合わせで覚えて書いてみよう。

薔薇

ばら

① 土の上に草が生え　芏

② 人がふたり回ったら　嗇

③ 草が一本、真ん中で微笑んだ　薔薇

微の字の真ん中に一が入っている

葡萄

ぶどう

① サクサクと　艹 艹

② 杜甫《とほ》が　甫

③ 缶集め　缶

檸檬

れもん

① 林で丁寧《ていねい》に　檸木

真ん中は四ではなくて皿に注意

② 啓蒙活動《けいもうかつどう》　檸檬

蒟蒻

こんにゃく

① 草に立って文句をいったら

② 草が弱ってななめに倒れた

団欒

だんらん

① 雑技団の人たちが

② 木の上で糸電話で話してる

驚愕

きょうがく

① 小さい子どもが口々に

② 一万円ほしいといったので驚いた

躊躇

ちゅうちょ

① 足軽《あしがる》の武士が

② フエの一寸分を口にした

③ 足軽が著したものは何点？

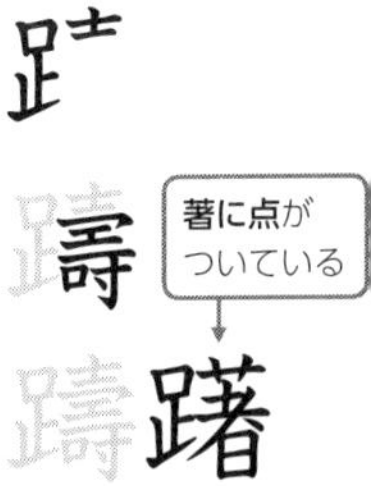

さまざまな仮名遣《かなづか》いと統一まで

仮名遣いの歴史

仮名とはもともと、日本語を発音そのままに書き記すために作られたもの。ところが言葉の発音は時代とともに変化し、仮名の表記と食い違いが生じてきた。その混乱を正すために考え出されたのが**「仮名遣い」**。鎌倉時代には歌人の**藤原定家《ふじわらていか》**が『下官集《げかんしゅう》』で、仮名遣いについてまとめている。この**「定家仮名遣い」**は、「い、ひ、ゐ」「え、へ、ゑ」「お、を」の使い分けを、七十数語分示しただけの単語集であった。江戸時代になって古典研究家の**契沖《けいちゅう》**が、仮名遣いの書き分けを明らかにし『和字《わじ》正濫抄《しょうらんしょう》』を書いた。この**「契沖仮名遣い」**がのちに**「歴史的仮名使い」**と呼ばれ、学校教育にも取り入れられるようになった。

歴史的仮名遣いと現代仮名遣い

明治時代に採用された**「歴史的仮名遣い」**は、本来どう表記されていたかを基準としている。たとえば「蝶々」は「てふてふ」、「今日」は「けふ」と書く。戦後、発音に近い表記をすることになり、1946（昭和21）年**「現代かなづかい」**が内閣告示された。「ゐ、ゑ」は廃止され、「ぢ、づ、じ、ず」の四つの仮名は、「じ、ず」と書くことが原則となった。これらをさらに整理した**「現代仮名遣い」**が1986（昭和61）年に告示され、現在に至る。歴史的仮名遣いでは「愛、藍、相」を「あい、あゐ、あひ」と書くが、現代仮名遣いではすべて「あい」と表記する。

3章

読み方を確認しておきたい漢字

漢字の読み方は多くて複雑。読み間違いが多い漢字、読み方を間違って覚えている漢字などを集めました。

1 意外と読み間違いやすい漢字

彼は**所謂**天才だ
×しょせん　○いわゆる

ご利益があると有名な神社
×ごりえき　○ごりやく

幕間に飲み物を買いに行く
×まくま　○まくあい

奇しくも同じ日に生まれた
×きしくも　○くしくも

彼が彼女のことを**見初めて**結婚した
×みはじめて　○みそめて

市井の人々の意見を聞く
×しい　○しせい

結納の**請書**を用意する
×せいしょ　○うけしょ
引き受けた、承知したという意味で渡す誓約書。

夏が終わり**寂寥**を感じる
×せきじゃく　○せきりょう
物寂しいようす、ひっそりしているようす。

下種な人のいうことだ
×げしゅ　○げす

艶《つや》があって美しい**釉薬**
×しゃくやく　○ゆうやく
素焼きの陶磁器に塗る薬品。

今日は祭りで**香具師**が集まっている
×かぐし　○やし・こうぐし

インフルエンザの**罹患**率をみる
×らかん　○りかん
病気にかかること。

先生の偉業を**礼賛**する
×れいさん　○らいさん

難しい**古文書**を解読する
×こぶんしょ　○こもんじょ

外連味たっぷりの芝居を観た
×げれんみ　○けれんみ
俗受けを狙った演出。早替わりや宙吊り、水芸など。

引っ越した先は**辺陬**な土地だった
×へんぴ　○へんすう
「辺鄙《へんぴ》」と間違いやすい。

難しい課題を**完遂**した
×かんつい　○かんすい

真摯な態度で応じる
×しんげき　○しんし

まだ**端役**しか演じたことがない

×はしゃく　○はやく

安穏とした生活を送っている

×あんいん　○あんのん

今日は雪が降って**極寒**となるらしい

×きょっかん　○ごっかん

緊張しているので**平生**とは違う

×へいせい　○へいぜい

平常、常日頃。平常心というときは「常」を使う。

あの人はすっかり**凋落**してしまった

×しゅうらく　○ちょうらく

月極の駐車場を借りる

×げっきょく　○つきぎめ

戦前は「決める」を「極める」と書いていたことから。

家の近くで**無類**の美人を見かけた

×ぶるい　○むるい

今日の**釣果**を自慢しあう

×つりか　○ちょうか

この辺りは**湖沼**が多く実り豊かだ

×こぬま　○こしょう

鮭がたくましく**遡上**していく

×さくじょう　○そじょう

「朔《さく》」と似ているので読み間違えやすい。

地図の**凡例**を確認する
×ぼんれい　○はんれい
書物の巻頭にある、編集方針や使用法に関する箇条書き。

部外者には**門戸**を閉ざしている
×もんと・もんど　○もんこ

今月の**粗利益**を計算する
×そりえき　○あらりえき

自分が**著した**作品です
×しるした　○あらわした

未曾有の災害からの復興
×みぞゆう　○みぞう

老朽化して人が住める状態ではない
×ろうちくか　○ろうきゅうか

記憶を**手繰り**寄せてつないでいく
×てさぐり　○たぐり
「手探り」と混同しやすいので注意。

柔和な人柄で慕われている
×じゅうわ　○にゅうわ

会場は明るい**雰囲気**に包まれていた
×ふいんき　○ふんいき

やはり**読本**があると勉強しやすい
×どくほん　○とくほん
江戸時代の伝奇小説は「よみほん」という。

言動の**自重**を望む
×じじゅう　○じちょう

汎用性が高い道具を使う
×ぼんよう　○はんよう
一つのものをいろいろな方面に使うこと。

若い人でもかかりやすい**疾病**だ
×しつびょう　○しっぺい

人生の**最期**のときを向かえる
×さいき　○さいご

誠実そうに見えて**狡猾**な人物だ
×こうこつ　○こうかつ

仏教に**帰依**する
×きい　○きえ

食事は**各々**で用意してください
×かくかく　○おのおの

反物を扱う呉服屋へ出向く
×はんもの　○たんもの

猛者として一目置かれている
×もうじゃ　○もさ
「亡者」と混同しやすいので注意。

人生最初で最後の**大舞台**になる
×だいぶたい　○おおぶたい

角地に家を建てる

×かくち　○かどち

忌引のために学校を休んでいる

×いびき　○きびき

今大会では**一矢**報いることができた

×いちや　○いっし

相手の攻撃などに対し、反撃や仕返しをすること。

国が**版図**を広げる

×はんず　○はんと

国家領域のこと。「図版《ずはん》」と混同しやすい。

しっかりと**役務**を果たした

×やくむ　○えきむ

犯罪を犯した人の**巣窟**となっている

×すくつ　○そうくつ

大きなグループで**総帥**と呼ばれている

×そうし　○そうすい

父は黙っていられない**性分**だ

×せいぶん　○しょうぶん

経典をしっかり読んで勉強した

×けいてん　○きょうてん

ここで強気に出ては諸刃《もろは》の**剣**になりかねない

×けん　○つるぎ

「諸刃の」とついている場合はつるぎと読む。

よくない噂が**流布**している

×りゅうふ　○るふ

茨城県出身者で集まった

×いばらぎけん　○いばらきけん

この書類に**押印**してください

×おしいん　○おういん

解熱剤を飲んだのでもう大丈夫

×かいねつ　○げねつ

あの人に向かってそれは**言語道断**だ

×げんごどうだん　○ごんごどうだん

きちんと**言質**をとったので信用できる

×げんしつ　○げんち

あの事件に関しては**嫌悪感**しかない

×けんあくかん　○けんおかん

「険悪《けんあく》」と混同しやすいので注意。

暫時の猶予をもらった

×ぜんじ　○ざんじ

暫時はしばらくという意味。ざんじは漸次（⬇P86）。

その資料は**既出**です

×がいしゅつ　○きしゅつ

「既」と「概」が似ているため間違えやすい。

内輪だけで結婚式を執り行う

×ないりん　○うちわ

至極おいしい料理だった
×しきょく　○しごく

あの店では**一見**の客は断られる
×いっけん　○いちげん
「いっけん」とも読むが意味は異なる。

身体の一部が**壊死**している
×かいし　○えし

舞踊に関しては**一日**の長《ちょう》である
×いちにち　○いちじつ
「一日の長」という場合はいちじつと読む。

愛猫の写真を見せる
×あいねこ　○あいびょう

恩師の**逝去**を知り悲しみに暮れる
×いきょ　○せいきょ

お世話になった方の**訃報**が届く
×とほう　○ふほう

すばらしい演奏が心の**琴線**に触れた
×ことせん　○きんせん
「琴線に触れる」で心の奥まで感動すること。

現金**出納帳**に記載する
×しゅつのうちょう　○すいとうちょう

法令は**遵守**しなければならない
×そんしゅ　○じゅんしゅ

彼女は噂話を**吹聴**してまわった
×すいちょう　○ふいちょう

異形の者が現れて驚く
×いけい　○いぎょう

史跡を**探訪**する
×たんほう　○たんぼう

漸次人口が減り過疎化が進んでいる
×ざんじ　○ぜんじ
漸次はだんだん、次第にという意味。ざんじは暫時（➡P84）。

あいつは腹に**一物**ある男だ
×いちぶつ　○いちもつ
「腹に一物」という場合はいちもつと読む。

屋上まで**一足**飛びに駆け上がる
×ひとあし　○いっそく
「一足飛び」の場合はいっそくと読む。

大臣が地方を**遊説**する
×ゆうぜつ　○ゆうぜい

若者が**健気**に働いている
×けんき　○けなげ

木の陰に**曲者**が潜んでいる
×まがりもの　○くせもの

初穂料は昔はお米のことだった
×しょほりょう　○はつほりょう

政府の対応は**後手**にまわっている

×うしろで　○ごて

彼の人生は常に**順風満帆**だ

×じゅんぷうまんぽ　○じゅんぷうまんぱん

友人と意見を**異にする**

×いにする　○ことにする

「異《い》を唱える」と混同しやすい。

今日は**上期**の決算をする

×じょうき　○かみき

「下期」はしもきと読む。

間違えないよう**過不足**なく説明する

×かぶそく　○かふそく

口直しに**甘味処**に寄る

×かんみどころ　○あまみどころ

「甘味料」の場合はかんみりょうと読む。

鋳型に入れて冷やし固める

×かながた　○いがた

鋳造に利用する型のこと。

プロジェクトリーダーに**抜擢**された

×ばっすい　○ばってき

拾った猫に**愛惜**の情を感じる

×あいしゃく　○あいせき

新鮮な魚介類に**舌鼓**を打つ

×したづつみ　○したつづみ

戦前、**官吏**に任命されていた人物

×かんし　○かんり

母が風邪をひくなんて鬼の**霍乱**だ

×じゃくらん　○かくらん

「霍乱」は日射病などの夏の急な病のこと。

彼は文学に**造詣**が深い

×ぞうし　○ぞうけい

論理が**破綻**しているのに気づいていない

×はじょう　○はたん

近日中に**重版出来**となる

×じゅうはんしゅつらい　○じゅうはんしゅったい

何かが起こるという意味の際はしゅったいと読む。

吉日に**祝言**をあげる

×しゅくげん　○しゅうげん

勾配があるところで渋滞が発生する

×こうはい　○こうばい

同じ兄弟でも**画然**とした差がある

×がぜん　○かくぜん

がぜんの場合は「俄然」と書く。

彼は**虚空**なことばかりいう

×きょくう　○こくう

事実に基づいていないこと。思慮のないさま。

あの人たちの**罵詈雑言**は聞きたくない

×ばりざつごん　○ばりぞうごん

授業中に**欠伸**を我慢した

×けっしん　○あくび

あの人の仕草は**気障**である

×きしょう　○きざ

「気障《きざわ》り」の略できざと読む。

脆弱な土地なので地震が怖い

×きじゃく　○ぜいじゃく

給料は**年俸**制となっている

×ねんぼう　○ねんぽう

「棒」という字と間違えやすい。

直向きに努力している姿を見た

×じかむき　○ひたむき

日本には**八百万**の神がいる

×はっぴゃくまん　○やおよろず

具体的な数字ではなく数が多いことを表す。

大家族の食事はいつも**和洋折衷**だ

×わようせつり　○わようせっちゅう

南の島で**極彩色**の鳥を見た

×ごくさいしょく　○ごくさいしき

味噌汁の**出汁**をとる

×だしじる　○だし

神々しい姿に目を奪われた

×かみがみしい　○こうごうしい

2 慣用読みが認められている漢字

書類に本人との**続柄**を記入する
△ぞくがら　○つづきがら

切手を**貼付**してポストに投函する
△てんぷ　○ちょうふ
「添付《てんぷ》」と間違えやすい。

材料をよく**撹拌**する
△かくはん　○こうはん

町に多くの本を**寄贈**した
△きぞう　○きそう

不注意での事故も**あり得る**ことだ
△ありえる　○ありうる
ありうるが正しいが、口語ではありえるも一般的。

ここ十年間の**出生**率を調べた
△しゅっせい　○しゅっしょう

どうせ**他人事**だと思っている
△たにんごと　○ひとごと

昨日やったところと**重複**している
△じゅうふく　○ちょうふく

△は慣用読みが浸透し、認められてきている読み方。

昔からの職人**気質**を残している
△きしつ　**○かたぎ**
「きしつ」と読む場合は本来は個人の性格を指す。

会が**発足**してから十年たった
△ほっそく　**○はっそく**

由緒正しい家柄だと聞いている
△ゆいしょ　**○ゆうしょ**

昨日は父の**七回忌**だった
△ななかいき　**○しちかいき**
仏教では「しちかいき」という。

選挙区に**刺客**を送り込む
△しきゃく　**○しかく**

王室**御用達**の品々を紹介している
△ごようたつ　**○ごようたし**

河川敷でイベントが開催されている
△かせんじき　**○かせんしき**

声を**荒らげ**て抗議した
△あらげ(る)　**○あららげ(る)**
「あらげる」は「あららげる」の略。

世論では賛成の意見のほうが優勢だ
△よろん　**○せろん**
本来よろんは「輿論」という漢字の読み方。

もしもに備えて**代替**案を用意している
△だいがえ　**○だいたい**

早急に準備して本番に間に合わせる

△そうきゅう　○さっきゅう

「早速」のときの「さっ」の読み方と同じ。

北欧旅行で**白夜**を体験した

△びゃくや　○はくや

今月は**飲み代**を節約している

△のみだい　○のみしろ

先生の**忌諱**に触れたため謝罪した

△きい　○きき

忌諱は忌み嫌うこと、はばかること。

したたる**肉汁**が食欲をそそる

△にくじる　○にくじゅう

ベテラン医師の**施術**だから安心だ

△せじゅつ　○しじゅつ

手術と間違えないようあえて「せじゅつ」と読む。

アルコール**依存症**の心配がある

△いぞんしょう　○いそんしょう

社外秘の情報が**漏洩**しているらしい

△ろうえい　○ろうせつ

豪華な料理を**垂涎**の思いで見る

△すいえん　○すいぜん

「すいせん」とも。よだれを垂らし、ほしがること。

見参することができて光栄だ

△けんざん　○げんざん

目上の人に対面すること。

論文の緒言**を書く**

△ちょげん　○しょげん

前書き、端書き、序言のこと。

密かに**憧憬**の念を抱いている

△どうけい　○しょうけい

憧れること。

小説の**情緒**豊かな表現

△じょうちょ　○じょうしょ

過去五年間の記録に**遡及**する

△さっきゅう　○そきゅう

相殺して債務を帳消しにする

△そうさつ　○そうさい

自分の職業の**矜持**を貫く

△きんじ　○きょうじ

矜恃とも書く。自負や誇りのこと。

仕事が**一段落**した

△ひとだんらく　○いちだんらく

視野が狭く一つの考えに**固執**する

△こしつ　○こしゅう

筋肉が**弛緩**する症状がある

△ちかん　○しかん

間髪を容《い》れずに返事をした

△かんぱつ　○かんはつ

間に髪の毛一本も入る余地がないという意味。

３ いろいろな読み方をする漢字

生

生きる……い(きる)
生まれる……う(まれる)
生える……は(える)
生いたち……お(いたち)
生糸……きいと
生憎……あいにく
芝生……しばふ
生傷……なまきず
生涯……しょうがい
人生……じんせい
生花……いけばな
往生……おうじょう

太

太い……ふと(い)
太刀……たち
太夫……だゆう
太平洋……たいへいよう
太政官……だいじょうかん
太秦……うずまさ

間

間……はざま
間柄……あいだがら
合間……あいま
間接……かんせつ
世間……せけん

人

一般人……いっぱんじん
人間……にんげん
人影……ひとかげ
一人……ひとり
商人……あきんど
玄人……くろうと
防人……さきもり
大人……おとな

日

日傘……ひがさ
二日……ふつか
日曜……にちよう
日光……にっこう
今日……きょう
明日……あす・あした
昔日……せきじつ

若

若者……わかもの
若しくは……も(しくは)
若年……じゃくねん
老若……ろうにゃく

出

出す……だ(す)
人出……ひとで
出現……しゅつげん
出納……すいとう

白

白髪……はくはつ
白檀……びゃくだん
白黒……しろくろ
白波……しらなみ
科白……せりふ
潔白……けっぱく

雨

雨脚……あまあし
雨霰……あめあられ
小雨……こさめ
雨後……うご
梅雨……つゆ
時雨……しぐれ

下

下げる……さ(げる)
下る……くだ(る)
下ろす……お(ろす)
下請……したうけ
足下……あしもと
下座……しもざ
下降……かこう
卑下……ひげ
下手……へた

女

女心……おんなごころ
女神……めがみ
女流……じょりゅう
天女……てんにょ
女房……にょうぼう

男

男性……だんせい
優男……やさおとこ
美男……びなん
男鹿……おが

強

強気……つよき
強者……つわもの
強面……こわもて
強風……きょうふう
強盗……ごうとう

次

次……つぎ
次ぐ……つ(ぐ)
目次……もくじ
次第……しだい

一

一息……ひといき
一夜……いちや
一旦……いったん
同一……どういつ
一日……ついたち
一昨年……おととし

不

不仲……ふなか
不精……ぶしょう
不知火……しらぬい
不味い……まず(い)

神

神主……かんぬし
神々しい……こうごう(しい)
神様……かみさま
神宮……じんぐう
精神……せいしん
神酒……みき
神楽……かぐら
神奈川……かながわ

明

明かり……あ(かり)
明るい……あか(るい)
明らか……あき(らか)
明白……めいはく
明朝体……みんちょうたい
明朝……みょうちょう
明太子……めんたいこ

言

言う……い(う)
言葉……ことば
小言……こごと
格言……かくげん
過言……かごん

流

流す……なが(す)
合流……ごうりゅう
流布……るふ
流石……さすが
流行……はやり

母

母親……ははおや
母性……ぼせい
母屋……おもや
乳母……うば

外

外す……はず(す)
外観……がいかん
外科……げか
外側……そとがわ
外様……とざま
その外……(その)ほか
外郎……ういろう

小

小さい……ちい(さい)
小柄……こがら
小生……しょうせい
小波……さざなみ
小火……ぼや
小川……おがわ
小豆……あずき
小夜……さよ

行

行く……い(く)
行く末……ゆ(く)すえ
行う……おこな(う)*
銀行……ぎんこう
悪行……あくぎょう
行方……ゆくえ
行脚……あんぎゃ
奥行……おくゆき

直

直す……なお(す)
直ちに……ただ(ちに)
硬直……こうちょく
直訴……じきそ
直火……じかび
直向き……ひたむ(き)
直様……すぐさま

平

平ら……たい(ら)
平手……ひらて
平穏……へいおん
平等……びょうどう

初

初め……はじ(め)
出初め……でぞ(め)
初雪……はつゆき
初陣……ういじん
最初……さいしょ

代

代わる……か(わる)
神代……かみよ
苗代……なわしろ
代理……だいり
代謝……たいしゃ

＊行なう…おこ(なう)とも。

4 同じ字でも読みと意味が違う漢字

市場〈❶しじょう ❷いちば

❶財貨やサービスなどを取引する場所。需要と供給の関係全般。❷食料品や日常雑貨を販売する場所。

捻る〈❶ひねる ❷ねじる

❶一方向に軽い力で回す。または、やっつけるという意味で使う場合もある。❷力を入れて無理に回す。逆方向に回す。

目下〈❶めした ❷もっか

❶年齢や地位などが自分よりも下の者。❷眼の前。すぐ近く。当面するこのとき。いま。「目下の課題は～」などと使う。

寒気〈❶さむけ ❷かんき

❶寒いこと。とくに風邪などの病気による不愉快な寒さを表すことが多い。❷冷たい空気。「強い寒気が流れ込む」などと使う。

中間
❶ちゅうかん
❷ちゅうげん

❶物と物、思想と思想などの間。中央や真ん中。❷武士の最下級。鎌倉時代から出現した。

手練
❶てだれ
❷しゅれん

❶腕前が優れていること。❷手際がいいこと。「手練手管」は「てれんてくだ」と読む。

入魂
❶にゅうこん
❷じっこん

❶精神をそそぎこむこと。❷親しくつきあう間柄。懇意にすること。「昵懇《じっこん》」とも書く。

末期
❶まっき
❷まつご

❶終わりの時期。❷臨終。一生の最後。臨終を告げられたあとの儀式を「末期の水」という。

人気
❶にんき
❷じんき

❶気受けや評判。❷その地域の人々の気風。ほかに「ひとけ」という読み方もある。

金星
❶きんぼし
❷きんせい

❶大きな手柄。本来は平幕の力士が横綱を倒したときに使う。❷太陽系の惑星の一つ。

足跡

❶あしあと
❷そくせき

❶人や動物が歩いたあとに実際につく足の跡。
❷誰かがこれまでにたどってきた跡。業績。

一端

❶いったん
❷いっぱし

❶ものの一部、片方の端。❷人並み。一人前。
「一端の口を利いている」などと使う。

変化

❶へんか
❷へんげ

❶ほかの状態に変わること。❷神様や動物が
姿を変えて現れること。「妖怪変化」など。

風車

❶ふうしゃ
❷かざぐるま

❶風を羽車で受けて動力とする装置。❷軸に
羽をつけて回るようにした子どもの玩具。

追従

❶ついじゅう
❷ついしょう

❶他人のあとにつき従うこと。❷こびへつら
うこと。おべっかを使うこと。

一途

❶いちず
❷いっと

❶ひたむきなこと。❷一つの方向。同じ道。
なお、どちらの読みでも一筋という意味がある。

頭数

❶とうすう
❷あたまかず

❶牛や馬、犬などの動物の数。❷人の数。「頭数をそろえる」などと使う。

心中

❶しんちゅう
❷しんじゅう

❶心の中。❷男女が一緒に自殺することで愛を示すこと。二人以上の者がともに死ぬこと。

背筋

❶せすじ
❷はいきん

❶背中の中心線。また、衣服の背中の縫い目のことも「せすじ」という。❷背中の筋肉。

大勢

❶おおぜい
❷たいせい

❶多くの人数。「たいぜい」とも。❷物事の大筋。世の中の成り行き。大きな権勢。

後生

❶ごしょう
❷こうせい

❶仏教語で死後再び生まれ変わること。❷あとから生まれてきた人。後進、後輩。

上手

❶うわて
❷じょうず

❶能力がほかより優れている。❷物事が巧みで手際がよい。ほか、「かみて」という読みも。

振り仮名どおり読まない漢字って？

漢字の読み方どおりではなく、発音するときに変わってしまう熟語がある。どうしてそんなことが起こるのだろうか？

1 長母音の短母音化

「体育」を声に出して読むと「たいく」と発音したのではないだろうか。一方、「体育」に振り仮名を振ると「たいいく」と書く。この音の変化は、長母音と短母音を一体化しても、意味が変わらない場合によく起こる。

日本語は長母音が続くといいにくく、母音の「あいうえお」が続くのを嫌う性質がある。そのため続いた母音の一つが省略されるか、一体化されてしまう（二重母音の長音化）のだ。長母音とは母音を長く伸ばす発音で発音記号では［a:］［i:］［u:］［e:］［o:］。短母音は［a］［i］［u］［e］［o］となる。

例

本当 HONT**OU**
ほんとう → ほんとー、ほんと

学校 GAKK**OU**
がっこう → がっこー

先生 SENS**EI**
せんせい → せんせー

錦織 NISHI**KIO**RI
にしきおり → にしこり

河内 KAW**AU**CHI
かわうち → かわち

有磯 AR**II**SO
ありいそ → ありそ

母音＋「ん」もいいにくい？

「ん」は子音の一つだが、単独では音がない「撥音《はつおん》」である。そして直前に母音を必ず伴う。そのため、母音が続く場合と同様にいいにくく、声に出すと音が簡略化されてしまう。また耳から入った音で振り仮名そのものを間違えて記憶している場合も多い。

例

原因 G**ENIN**
○げんいん → ×げいいん、げーいん

雰囲気 F**UNI**KI
○ふんいき→ ×ふいんき

2 促音化

「学校」は、漢字それぞれに振り仮名を振れば「がく」「こう」なのに、熟語になると「がっこう(がっこー)」に変わる。この現象を促音化と呼ぶ。促音とは「っ」のようにつまる音のこと。「的確」は「てきかく」とも「てっかく」とも発音し、激昂も「げきこう、げっこう」のどちらも聞かれるなど、促音化には個人差があり、振り仮名からは [k] を抜かないことが多い。[k] の音が続くときに促音化が起こりやすいが、液化「えきか」、演劇界「えんげきかい」など、促音化しない場合もある。

例 水族館 SUIZO**KUKAN**
すいぞくかん → すいぞっかん

洗濯機 SENTA**KUKI**
せんたくき → せんたっき

三角形 SANKA**KUKE**I
さんかくけい → さんかっけー

旅客機 RYO**KAKU**KI
りょかくき → りょかっき

勘違いで小さくなった「つ」

「嘗《かつ》て」を「かって」と読む人がいるがこれは間違い。「勝手」や「飼って」などと混同されてしまった、あるいは小さな「っ」の字が現代仮名遣いで新しく作られたとき、たとえば「行つて」と書いていた表記が「行って」に変わったのと同じで、間違えたと考えられている。

外来語の「ウオッカ」や「カムチャッカ」も、小さい「ッ」の表記が誤って広がってしまった例である。

3 拗音《ようおん》の直音化

拗音は小さい「ゃ、ゅ、ょ」を伴う語で曲がった音という意。これに対する語は直音という。とくに「しゅ」の音のあとに [k] [t] がくると発音しにくいため、直音の「し」へと変換されることがある。

例 外出 GAI**SYUT**SU
がいしゅつ → がいしつ

手術 **SYUJYUT**SU
しゅじゅつ → しじつ

出典 **SYUT**TEN
しゅってん → しってん

圧縮 ATT**SYUK**U
あっしゅく → あっしく

出発 **SYUP**PATSU
しゅっぱつ → しっぱつ

古代の文字がいまの書体になったのはいつ？

❖甲骨文字《こうこつもじ》から金文《きんぶん》、篆文《てんぶん》へ

漢字は中国で作られた文字だが、起源ははっきりしていない。最古の文字は紀元前1300年ごろの**「甲骨文字」**。亀の甲羅や牛馬などの骨に刃物で刻み込まれた文字。紀元前1100年ごろには、武器や青銅器に彫られたり鋳《い》込まれたりした**「金文」**がみられ、甲骨文字と比べ、やや肉太で装飾的。その後さまざまな時代を経て、秦《しん》の始皇帝により文字統一が図られたのが**「篆文」**で、いまでも印章などに使われている。

❖五種類の書体が生まれた

漢の時代には、篆文(篆書《てんしょ》)が簡略化された**「隷書《れいしょ》」**に。もっと早く書くために崩したのが**「草書《そうしょ》」**。しかし草書は読み解くのが難しいため、崩し方に一定の決まりがある**「行書《ぎょうしょ》」**が作られた。隷書を崩さずていねいな形に整えたのが**「楷書《かいしょ》」**で、3世紀の中ごろから書かれるようになった。唐の時代(7世紀)に完成された楷書は、現在に引き継がれている。

●さまざまな文字

「書」

甲骨文字　金文　篆文

●五種類の書体

篆書　隷書　楷書　行書　草書

(日本書道協会)

4章

改めて学びたい漢字のルール

漢字の成り立ちや部首、音読みと訓読み、筆順、送り仮名などについてもう一度おさらい。また「国字」も紹介。

1 漢字の成り立ちの種類

成り立ちは六つに分類される

西暦121年、漢の許慎《きょしん》が『説文解字《せつもんかいじ》』という中国で初めての字書を作った。このなかで許慎は漢字を成り立ちや使用法に基づき六種類に分類した。これを「**六書**《りくしょ》」と呼び、**象形**《しょうけい》・**指事**《しじ》・**会意**《かいい》・**形声**《けいせい》が成り立ちにより、**転注**《てんちゅう》・**仮借**《かしゃ》が使用法による分類となっている。

1 象形《しょうけい》

物の形を象《かたど》るという意味で見た目の特徴をとらえ、絵文字のように描き表した。日、手、火、人など。

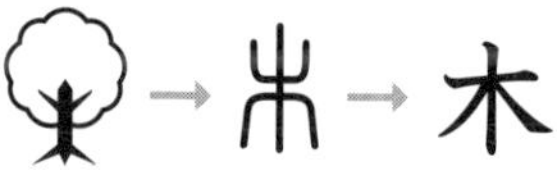

2 指事《しじ》

形のない事柄を字画の組み合わせにより指し示した漢字。たとえば横線の上に点を打ち「上」、下に打てば「下」を表す。二、中、末、天など。

3 会意《かいい》

すでにある漢字を組み合わせて作った漢字*。「田」と「力」を組み合わせて「男」のように、意味も読みも、もとの字とは別のものになる。比、品、位、看、初、鳴く、衆など。

口＋鳥＝鳴

＊躾・働（➡P137）など「国字（➡P132）」には会意が多い。

4 形声《けいせい》

形や意味を表す文字と、発音を示す文字を組み合わせた漢字のこと。漢字全体の八割以上が形成文字だといわれている。「江」という字は、水を表す「さんずい」と「こう」の読み方をする「工」字を合わせて作られた。板、結、絵、格、泳、聞、晴など。

5 転注《てんちゅう》

その文字本来の意味を発展させて、ほかの意味に流用する用字法。「音楽」を表す「楽」の字を「たのしい」という意味で使うことなど。悪、好、長、労など。

6 仮借《かしゃ》

本来の意味とはまったく関係なく、その文字の音だけを借りてほかの意味に用いること。外国語の音訳にも使われる。英吉利《イギリス》、亜細亜《アジア》、巴里《パリ》、釈迦《しゃか》、基督《キリスト》など。

ほんとうは不幸？「幸」の成り立ち

「しあわせ」を意味する「幸」は、手枷《てかせ》をかけられた罪人を象った象形文字。「手枷から逃れられて運がよかった」という意味から、「しあわせ」を表すようになった。

「不幸」の「不」は、花のガクの膨らみの「ふくよかさ」を表す象形文字。しかし「フ」という音をもつことから否定や打ち消しに使われるようになった。

本来はネガティブな「幸」と、ポジティブだった「不」。成り立ちを紐解くと、漢字の別のイメージが浮かび上がってくる。

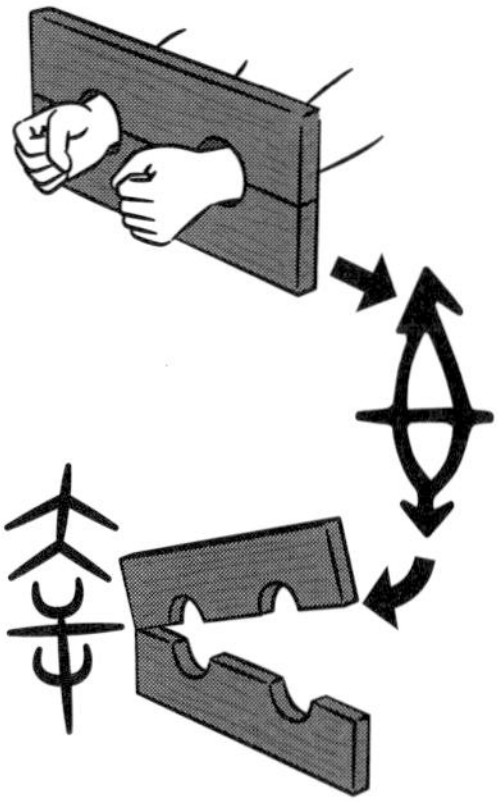

2 漢字の部首に込められた意味

七種類の部首名

①**へん**（偏）

漢字の左側の部分。部首の中でいちばん多い。**さんずい（氵）**、**にんべん（亻）**、**てへん（扌）**など。

②**あし**（脚）

漢字を上下に分けた下側の部分の総称。**れんが（灬）**、**さら（皿）**、**ひとあし（儿）**など。

③**たれ**（垂）

漢字の上部から左下へたれ下がるように置かれた部分。**がんだれ（厂）**、**しかばね（尸）**、**まだれ（广）**など。

④**つくり**（旁）

漢字を左右に分けた右側の部分。**りっとう（刂）**、**おおがい（頁）**、**おおざと（阝）**、**ぼくづくり（攵）**など。

⑤**かんむり**（冠）

漢字を上下に分けた上側の部分の総称。**くさかんむり（艹）**、**あめかんむり（雨）**、**ひとやね（人）**など。

⑥**にょう**（繞）

漢字の左側から下へかけて置かれた部分。**しんにょう（辶）**、**えんにょう（廴）**、**ばくにょう（麦）**など。

⑦**かまえ**（構）

漢字のまわりを外側から囲んでいる部分。**もんがまえ（門）**、**はこがまえ（匚）**、**つつみがまえ（勹）**など。

❶ 多種多様な部首

部首には意味が込められているものがたくさんあり、意味を知ると漢字がもっとおもしろくなる。

冫 にすい

字例 冬、凍、冴、凛、凝

氷や冷気、凍ることに関する漢字に用いられる。水に関する漢字はさんずい(氵)。「**凝**」は氷と人が立ち止まる象形から、水が凍る、固まるという意味になった。

女 おんなへん

字例 姉、好、婚、嫁、嫉

女性や感情、男女関係に関する漢字に。「**嫌**」は二本の稲をもつ象形「**兼**」と合わせ、女性の心が二つにまたがり気をもむさまから、きらう、うたがうの意を表した。

巾 はばへん

字例 帳、帆、幅、帽、幌

布に関する漢字に用いられる。人の頭上に光る火(太陽)の象形「**晃**」と合わせて、太陽の光を防ぐ布として使う「**幌**」という漢字が作られた。

弓 ゆみへん

字例 引、弛、弦、強、張

弓に関する動作や状態を表わす漢字に用いられる。「**弱**」は、たわんだ弓の中に、なよやかな毛の象形が入っており、たわむ、弱いを意味している。

忄 りっしんべん

字例 快、懐、怪、情、悦

「心」の字形から転じており、気持ちや感情を表す漢字に用いられる。「**憎**」の「**曽**」には、ますますという意味があり、重なり積もる憎しみの心を表わしている。

犭 けものへん

字例 犯、独、狩、狼、猿

犬の象形で獣に関する漢字に。「**獄**」は二匹の犬が顔を合わせて、唸り声(言)をあげているさまを表す。転じて、争いに負けたほうが入る牢獄《ろうごく》を指すように。

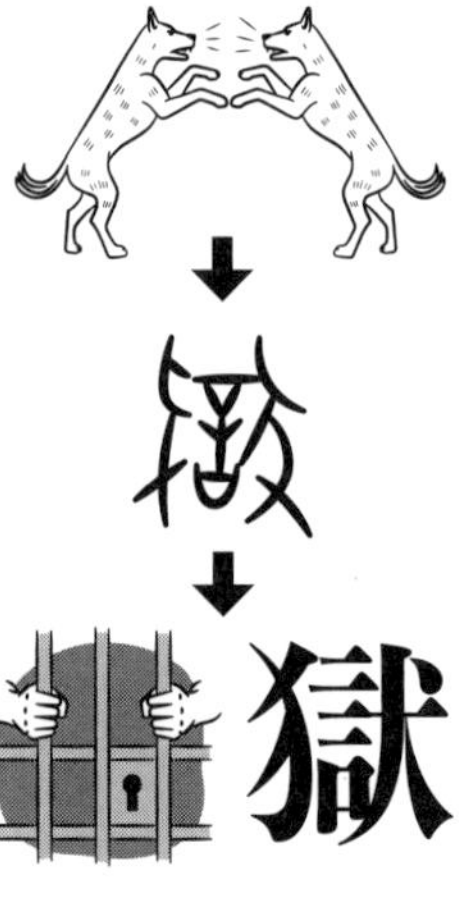

二匹の犬が唸り争うさまから転じて、裁かれ負けたほうが入る牢屋を表す「獄」に。

阝 こざとへん

字例 陸、阪、陵、除、隆

丘を意味する「阜」の字を崩したもの。「**陣**」の「車」は戦車を表しており、こざとへんと合わせて戦車で乗り込むときの軍隊の配置や陣地、軍隊の隊列を表している。

歹 がつへん・かばねへん

字例 列、残、殊、殉、殖

白骨死体の象形で、死に関する漢字に用いられる。「**殖**」はまっすぐに硬直した死体を表し、腐る、伸びる、殖えることを意味する。

牜 うしへん

字例 物、牡、牧、特、犠

牛を表すうしへんと、姿が整っている意の「義」で、神様への供え物を表す「**犠**」になる。生きたままの供え物は「**牲**」。「犠牲」はどちらの字も生贄《いけにえ》の意。

𤣩 たまへん・おうへん

字例 球、珠、理、現、瑠

「玉」が偏《へん》になると「王」の形をとり、宝石に関する漢字に用いられる。「**玩**」は、美しい玉に心をうばわれ手の中でめぐらせているさま。そこから、弄《もてあそ》ぶの意に。

衤

ころもへん

字例　被、袖、襟、袴、裕

衣服やその状態、それに関する動作などを表す漢字に用いられる。動物の皮を手ではぎ取る象形の「皮」と組み合わせ、服を着る意味の「被」の字ができた。

貝

かいへん

字例　貯、賄、贈、敗、賜

子安貝という小さくて美しい貝がお金として使われたため、かいへんはお金に関する漢字に用いられる。「賜」は目上の者が目下に、金品をおしやって与えているようす。

釆

のごめ・のごめへん

字例　釆、釈、釉、釋

「ノ」に「米」と書くので「のごめ」といい、手でより分けるという意味に。「釋（釈）」は釈迦を表し、法名の一番上に入ると、お釈迦様の仏弟子《ぶつでし》ということになる。

豸

むじなへん

字例　貌、貎、豹、貂、貉

獣が背を丸くして獲物に襲いかかる象形から、獣の名前や体つきに関する漢字に用いられる。頭が空白の人を表す「皃」と組み合わせた「貌」は、顔形や外見の意。

金

かねへん

字例　銀、鈴、鐘、鉢、錬

金属に関する漢字に用いられる。お金（貨幣）に関する漢字はかいへん（貝）。「釣」は、「勺」がすくい上げるという意で、かねへんは魚を釣り上げる釣り針を表している。

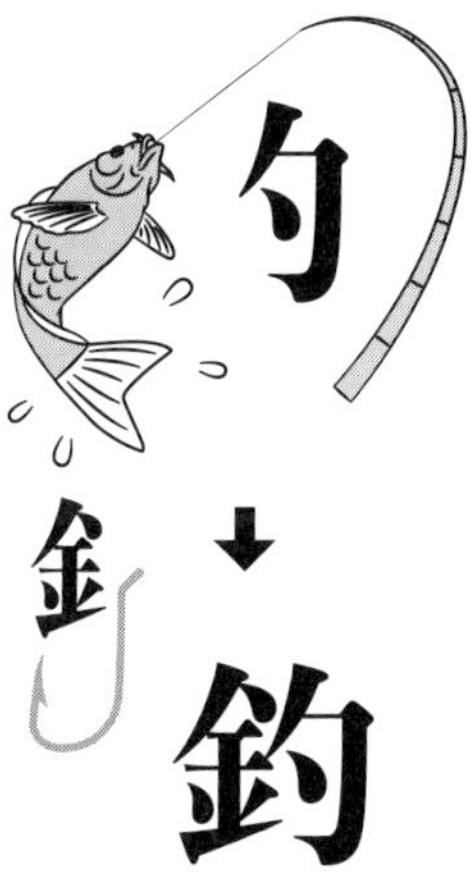

針を使って汲み上げるさまから、「釣」の漢字が生まれた。

儿 ひとあし

字例 児、党、元、先、光

人が歩いている姿から、人に関する漢字に用いられる。「**先**」は、人の頭部より前に踏み出した足跡の象形から、先立って行くことを意味している。

廾 こまぬき

字例 升、弁、弊

捧げることを表す漢字に用いられる。「**升**」は、柄杓《ひしゃく》で物をすくい上げる象形から、上に上げる、また量の単位を意味する漢字になった。

㣺 したごころ

字例 恭、慕

精神や思考に関する漢字に用いられる。「**恭**」は、大きな物を両手で捧げることを示し、神様に物を供えるときの心境から、慎む、恭《うやうや》しいという意味を表すようになった。

灬 れんが・れっか

字例 照、烈、無、煮、然

火や炎に関する漢字に用いられる。「**焦**」は、「尾の短いずんぐりした小鳥」を「燃え立つ炎」であぶるさまから、焦げることを意味している。

火の上で鳥をあぶってこがして焼くことから、「焦げる」ができた。

皿 さら

字例 盆、盤、盛、蓋、監

皿の形から、皿型の器に関する漢字に用いられる。「**益**」は、皿に大きく物を盛り上げたようすから、増す、溢れるという意味を表している。

厂 がんだれ・かりがね

字例 原、厘、厨、厚、厄

崖や石に関する漢字に用いられる。「**反**」は、がけの象形(厂)と手の象形(又)を組み合わせ、のしかかる岩のような重圧を返す、覆《くつがえ》すことを意味する。

尸 しかばね・かばね

字例 尻、尼、居、層、展

しかばね(死体)を意味するが、人の体に関する漢字に用いられることが多い。「**尻**」は、しかばね(尸)と曲がって尽きる象形(九)を合わせて、人体の尻を表した。

广 まだれ

字例 広、床、店、座、廊

家に関する漢字に用いられる。「**店**」は、屋根の象形(广)の中に「占」で、一定の場所を占めて商売を行う店を表している。

疒 やまいだれ

字例 疾、痛、疲、痕、痺

病気や傷、それにともなう感覚などに関する漢字に用いられる。「**疫**」は、やまいだれ(疒)に、つらいつとめを意味する「殳」を合わせ、人を苦しめる「流行病」の意味に。

彡 さんづくり

字例 形、彩、影、彰、彫

飾りや模様に関する漢字に用いられる。「**彫**」は、箱や鐘など一面に彫刻が施されている象形の「周」とさんづくりで、飾りとしての彫刻が行き届くように彫ることを表す。

阝 おおざと

字例 邦、郡、郵、郷、郭

村、里、都などに関する漢字に用いられる。この形が漢字の左にくると「こざとへん」。「**郎**」は当初、よい村を意味していたが、転じて「よい男」を意味するようになった。

攵

ぼくづくり・のぶん

字例 改、数、牧、散、敏

手でボクッと打つ（叩く）という意味があるため「ぼくづくり」といい、叩く動作を表わす漢字に用いられる。うしへんと組み合わせた「牧」は、牛を飼う人を表わす。

欠

あくび・けんづくり

字例 次、欲、歌、歓、欣

口をあける動作に関する漢字に用いられる。「歌」は、口と口の奥の象形「可」を二つ重ね、人が口を開けている象形のあくびを並べ、大きな声で歌うという意味に。

殳

るまた・ほこづくり

字例 段、殴、殺、殿、毅

手で物をもつ形から、手で行う動作を表す漢字に。「段」は、岩石や崖に区切りをつけた象形に、るまたで、崖に区切りをつけて高くのぼる段、階段を意味する。

隹

ふるとり

字例 集、雄、雛、雁、雉

鳥に関する漢字に用いられる。ふるとりは尾の短いずんぐりした鳥を意味する。「集」は鳥が木の上に群がることから。「雛」は小走りする小鳥から。

頁

おおがい・いちのかい

字例 頂、順、額、預、顎

人の頭部に関する漢字に用いられる。「順」は、流れる川の象形とおおがいで、川が流れるように頭を向けて進むことから、素直に従うという意味を表す。

月

つき

字例 朝、朗、期、朔、望

年月に関する漢字に用いられる。さからう、もとへ戻るという意の「屰」につきを合わせて、欠けた月が逆戻りする「ついたち」を意味する「朔」という漢字が作られた。

宀

うかんむり

字例 安、寒、定、宝、宿

屋根の形を表し、家に関する漢字に用いられる。うかんむりの下に、横から見た人と寝具のさまで、屋内にやどるを意味する「**宿**」という漢字が作られた。

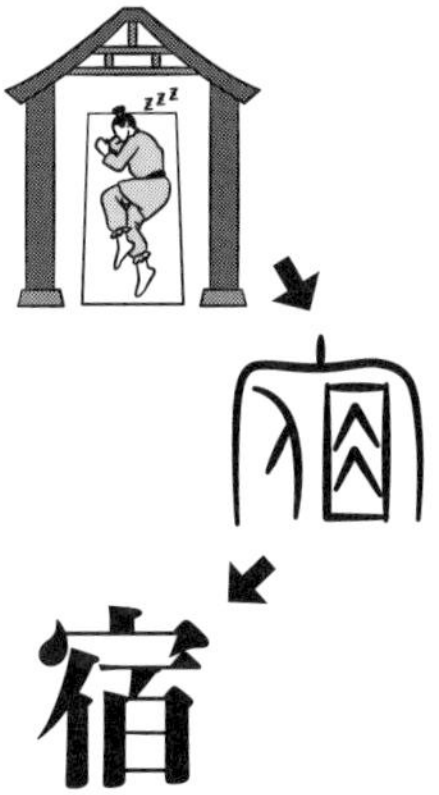

「宿」は屋根の下で人が敷物の上に寝ているようすから生まれた。

耂

おいかんむり

字例 老、考、者

「腰を曲げてつえをつく老人」の象形で、老いに関する漢字に用いられる。「**考**」は老人と曲がりくねる意の「丂《こう》」で、曲がりくねり奥まで思い進むことから、考える意味に。

穴

あなかんむり

字例 空、窓、究、突、穿

穴居住宅の象形から、空間に関する漢字に用いられる。「**突**」は、あなかんむりの下に犬（略字のため点はなし）を入れ、穴から犬が飛び出すさまで突き出るという意に。

罒

あみがしら・あみ・よこめ

字例 置、罰、罪、罵、羅

網に関する漢字に用いられる。「非」には「背く」「過ち」の意味があるので、あみがしらと合わせ、過ちのある人を法の網にかけることを意味する「**罪**」という漢字に。

⻗

あめかんむり

字例 雪、雲、電、霙、霊

雲から雨がしたたり落ちる象形から、気象現象に関する漢字に。神を祀《まつ》るとばりの中で両手で祭具を捧げる象形と合わせ、神の御心、巫女《みこ》を意味する「**霊**」の字に。

廴　えんにょう

字例　建、延、廷、廻、廸

「行」の字の左半分(彳)を引き伸ばし、「長く伸びた道を行く」ことを表す。「**廻**」は、物事が回転する意の「回」と合わせて、「巡り行く」という意味の字になった。

辶　しんにょう・しんにゅう

字例　進、迷、連、通、近

道や歩行に関する漢字に用いられる。しんにょうの点は、常用漢字で二点から一点に簡略化されたが、「**謎**」「**遜**《へりくだ》**る**」「**遡**《さかのぼ》**る**」は、二点しんにょうが採用されている。

走　そうにょう

字例　起、赴、趣、越、超

歩く、走る、行くなどの動作に関する漢字に用いられる。「**趣**」は、指を縮めてつかむ意の「取」と合わせて、時間を縮めてせかせか行くことから、おもむく意味に。

鬼　きにょう

字例　魑、魅、魍、魎、魁

怪物や鬼に関する漢字に用いられる。若い、まだ小さいことを表す「未」と合わせた「**魅**」は、本来「はっきり見ることのできないもののけ(死霊や生霊)」を指す。

麦　ばくにょう

字例　麩、麵、麺、麹、麯

麦に関する漢字に用いられ、旧字体「麥」と新字体「麦」のばくにょうがある。中国語でパンを「面包」と書くので、日本語もそれぞれにばくにょうをつけて「**麺麭**」と書く。

冂　けいがまえ・まきがまえ・えんがまえ

字例　円、冊、内、再

境界や行き止まりなどの意味をもつ。けいがまえは**冂**《けい》の音から、まきがまえは**牧場の柵の形**に似ていることから、えんがまえは**円**の字から。

勹 つつみがまえ・くがまえ

字例 勾、匂、勿、包、旬

人が腕を伸ばして抱え込む象形から、「包む」「抱え込む」を表す漢字に用いられる。「**旬**」は、日（太陽）とつつみがまえで、甲乙丙…の十干（十日間）を表した。

匚 はこがまえ・かくしがまえ

字例 匠、区、医、匡、匣

四角い箱の象形で箱やかくす、しまうことに関する漢字に用いられる。「**匠**」は「匚」が大工道具の差し金、「斤」が手斧を表し、組み合わせて、技術職人を意味している。

囗 くにがまえ

字例 園、囲、圏、困、国

周囲を取り囲む線を表わし、囲むことに関する漢字に用いられる。「**因**」の中の「大」は人で、寝るときの敷物《しとね》に伏しているさまから、たよるという意味になった。

弋 しきがまえ

字例 式、弐、武

「枝のある木に支柱を添えた」象形で、「杭《くい》」を意味する。「**武**」は、しきがまえが矛《ほこ》を、「止」の字が足を意味し、矛をもって戦いに行くことを表す。

气 きがまえ

字例 气、気、氣

きがまえは「**気**」「**氣**」の原字で、湧き上がる雲の象形から水蒸気や雲を表す。「天地の間を満たし、自然現象や生命などのもととなると考えられているもの」の意味。

行 ぎょうがまえ・ゆきがまえ

字例 行、術、衝、街、衛

道を行くことに関する漢字に用いられる。「**術**」は、中の「朮」が「整然と実の並ぶとうもろこし」の象形で、整然と何かを成し遂げるための道や手立てを意味する。

❷ めずらしい部首

中華料理に欠かせない野菜や動物、楽器なども、漢字の部首になっており、中国の文化と歴史が感じられる。

瓜　うり

字例　瓜、瓢、瓣

つるになったうりの象形（⬇P15）で、いろいろな種類の瓜を表す漢字に。「瓢」は、火が細く舞い上がる意の「票」とうりで、細くくびれのある軽い「ひょうたん」を表す。

韭　にら

字例　韭、韮、韱

地面に生えているニラの形から、ニラやそれを使った料理に関する漢字に用いられる。「韮《にら》」は、中国では野菜としても生薬としても欠かせないもので種類も豊富。

麻　あさ

字例　麻、摩、麿、魔、磨

アサの茎を二本並べて、繊維をはぎ取ることを表している。「摩」は、アサに「手」をつけ加えて、「手でこすってすり潰す」ことを表した。

黍　きび

字例　黍、黎、黏、黐

イネ科の植物で、かつては主食だった「きび」を表す。「もちきび」に粘りがあることから、粘るものを表す漢字に用いられる。「黏」は粘るという意味。

黽　べんあし・おおがえる

字例　黾、黽、黿、鼂、鼈

カエルの象形から、カエルやカメなどを表す漢字に用いられる。カエルは中国では人気食材であり、財運向上のシンボル。「鼈」はスッポンで「敝」は平たいという意。

鹿 しか・しかへん

字例 鹿、麒、麟、麓、麗

シカやシカに似た動物に関する漢字に用いられる。「麗」は、シカの角がきれいに二本並んだ象形で、並ぶ、連なる、また、うるわしいという意味も表すように。

鼠 ねずみ・ねずみへん

字例 鼠、鼢、鼫、鼬、鼱

歯をむき出した尾の長いネズミの象形から、ネズミに関する漢字に。中国ではネズミは未来を知る動物といわれた。「鼢」はモグラで土を分けてトンネルを掘るため。

龍 りゅう

字例 竜、龍、龐、龔、儱

頭に冠をかぶって胴体をくねらせた大蛇の形から、龍に関係する漢字に用いられる。「龐」は龍を覆うほど大きいことから、厚みがあって大きいことを表す。

瓦 かわら

字例 瓦、瓶、瓱、甅、瓰

粘土をこねて焼く土器の象形から、土器や陶器類、重さの単位グラムに関する漢字に用いる。「瓶」の「并」は合わせる意で同じ鋳型で作った半分を合わせて作るかめを表す。

黒 くろ・くろへん

字例 黙、黛、點

「煙突にすすが詰まった」と「燃え上がる炎」の象形で、すすの黒い色を表す。黒い色や黒い状態に関する漢字に用いられる。「黛」はまゆずみを表す。

鼓 つづみ

字例 鼓、鼔、鼖、鼞、鼕

たいこと手にばちをもち、打つ象形から、つづみやその音を表す漢字に。「鼖」はおおつづみ、「鼞」はつづみの音、「鼕」は鼕鼕でつづみの鳴り響く音「トウトウ」を表す。

3 漢字と平仮名・片仮名の関係とは

漢字をもとに作られた平仮名と片仮名

もともと日本には、日本語を書き表す独自の文字がなく、奈良時代には中国から伝わった漢字の読み方を日本語の発音にあてた「**万葉仮名**」を使っていた。万葉仮名は漢字をそのまま使い、画数が多く、読むのも書くのも難しい。そこで万葉仮名をもとに作られたのが、平仮名と片仮名だった。もとの万葉仮名が複数あったので、平仮名と片仮名にもいくつもの異字ができた。現在のように字体が統一されたのは、明治時代に入ってから。

漢字と平仮名

平仮名は、万葉仮名をくずした草書体を、簡略化して作った文字。優雅で曲線的で、日本人特有の細やかな感覚を表現するのに適していた。おもに平安時代の女性が使い始めたので、「**女文字**」「**女手**《おんなで》」ともいわれる。

当時の貴族社会では、男性はおおやけに漢字を使い、平仮名は私的な場面で使う正式ではない文字とされていた。それでも手紙や和歌、随筆や物語などで広まっていき、清少納言の『枕草子』、紫式部の『源氏物語』など女流文学が花開くきっかけにもなった。

漢字と片仮名

片仮名は、漢字の一部を抜き出して作られた文字。僧侶たちは漢文の経典を読み解くときに、狭い行間に注釈を書き入れる。万葉仮名では画数が多くて書くのが難しかったため、簡略化したのがはじまり。

僧侶や漢文を学ぶ貴族など、おもに男性の間で使われた片仮名。和歌や美しい物語に使われた平仮名とは異なり、学問や仏教関係など、実用的な文書に漢字と一緒に使われた。

●漢字から平仮名

●漢字から片仮名

聖徳太子は十七条憲法を中国語で書いた？

十七条憲法は、６０４（推古12）年に聖徳太子が制定した日本で最初の憲法。出だしの「一に曰《いわ》く、和をもって貴《とうと》しとし、忤《さから》うことなきを宗《むね》とせよ」は、現代文にすると「一、調和することを尊い目標とし、いさかいを起こさないようにすること」となる。このように、君主に対する家臣や役人の道徳的な規範が、十七条の法文で示されている。

社会科の教科書にも載っていた「一に曰く、和をもって…」が、十七条憲法の原文だと誤解している人も多いようである。しかし、制定されたのは『日本書紀』より前の、万葉仮名も返り点や送り仮名もなかった時代。原文は「一曰、以和爲貴、無忤爲宗」と、すべて漢字で書かれていた。おそらく、読み方も中国語だったのではないかと考えられる。聖徳太子は日本で最初の憲法を、中国語で書き起こしたわけである。

4 漢字の読み方の種類

音読みと訓読み

漢字にはたいてい、音読みと訓読みという二種類の読み方がある。日本に漢字が伝わってきた当時の、中国の発音に近い読み方が「**音読み**」で、中国の漢字に日本の同じ意味の言葉の読みを当てはめたのが「**訓読み**」だ。

たとえば「草」という字を中国では「ソウ」に近い発音で読むので、これが「草」の音読み。この漢字が表すものを日本では「くさ」というので、これが「草」の訓読みとなった。

音読みは聞いただけでは意味がわかりにくく、訓読みだと日本語として通じることが多い。

漢語と和語と混種語

「**漢語**」とは中国から伝わって日本語となった語をいい、音読みされる。「**和語**」は日本固有の語のことで、訓読みされる。

	漢語	和語
色紙	しきし	いろがみ
風車	ふうしゃ	かざぐるま
生物	せいぶつ	なまもの
牧場	ぼくじょう	まきば
年月	ねんげつ	としつき

そのほか音読みと訓読みが混ざっている「**混種語**《こんしゅご》」もあり、混種語は「**重箱**《じゅうばこ》**読み**」と

「湯桶読《ゆとう》み」の二種類に分かれる。重箱読みは「重《じゅう》・箱《ばこ》」のように音と訓を組み合わせた読み方、湯桶読みは「湯《ゆ》・桶《とう》」のように訓と音を組み合わせた読み方をいう。

●重箱読み…台所《だいどころ》、額縁《がくぶち》、団子《だんご》、本屋《ほんや》、残高《ざんだか》、番組《ばんぐみ》、本棚《ほんだな》、頭突《ずつ》き、賃上《ちんあ》げ、路肩《ろかた》など。

●湯桶読み…高台《たかだい》、場所《ばしょ》、見本《みほん》、敷金《しききん》、雨具《あまぐ》、朝晩《あさばん》、油絵《あぶらえ》、梅酒《うめしゅ》、手帳《てちょう》、夕刊《ゆうかん》など。

熟字訓《じゅくじくん》と黙字《もくじ》

一文字一文字ではその読み方をしないが、文字の組み合わせに対して認められる読み方を「**熟字訓**」や「**当て字**」という。たとえば「小」も「豆」も「ア」「アズ」「キ」の読み方はしないが、「小豆」と書いて「アズキ」と読む。土産《みやげ》、一昨日《おととい》、弥生《やよい》、五月雨《さみだれ》、七夕《たなばた》、田舎《いなか》、陽炎《かげろう》、三味線《しゃみせん》など。

熟字訓の中には、実際に読まない字を含むものがあり、その読まない字を「**黙字**」と呼ぶ。たとえば「服部《はっとり》」の「部」、「和泉《いずみ》」の「和」、「他人事《ひとごと》」の「他」、「伊達《だて》」の「伊」、「右衛門《えもん》」の「右」などは黙字である。

名前に用いられる特殊な読み方

「弘」の字は、音が「コウ・グ」、訓は「ひろい・ひろめる」だが、男性の名前として書いてあれば、たいていの人は「ひろし」と読むのではないだろうか。このような名前用の読み方を「名乗り」「人名訓」といい、「朝《とも》美《み》」「晃《あきら》」「乃愛《のあ》」など、さまざまな名前が名乗りに含まれている。

名乗りは厳密には法律で定められていないが、出生届を提出する際、あまりにも本来の意味から逸れていたり、人名に適していないと判断されると、役所で許可されないことがある。

5 筆順のルールと画数の数え方

九つの基本原則がある 漢字の筆順《ひつじゅん》

漢字を書くときの、線や点を書く順序を「筆順」という。筆順には明確なルールがあるわけではなく、時代や国によっても違いがみられる。日本では学習指導で混乱しないよう、筆順をできるだけ統一しようと、1958（昭和33）年に文部省が「**筆順指導の手びき**」を作成した。筆順を守ることで筆の運びに無駄がなくなり、読みやすく整った漢字を書くことができる。また筆順の基本原則を覚えておけば、漢字そのものが覚えやすくなる。

●基本原則①「上から下へ」

上の部分から下の部分へ書いていく。「工」「三」など。

●基本原則②「左から右へ」

左の部分から右の部分へ書いていく。「竹」「川」など。

●基本原則③「横画が先」

横と縦が交わる漢字は、ほとんどの場合、横画を先に書く。「大」「十」など。

例外として、「横画があと」になる漢字に「田」「王」などがある。

●基本原則④「中が先」

真ん中と左右があり、左右が一、二画の場合、真ん中が先。「水」「小」など。

例外として「火」と「りっしん偏《べん》(忄)」がある。

●基本原則⑤「左払いが先」

左払いと右払いが交わる漢字は、左払いを先に書く。「文」「欠」など。

●基本原則⑥「つらぬく縦画は最後」

漢字の真ん中をつらぬく縦画がある場合、それを最後に書く。「中」「車」など。

ただし「里」「重」など上下につきぬけない縦画は上部、縦画、下部の順で書く。

●基本原則⑦「つらぬく横画は最後」

漢字全体を横につらぬく画がある場合、それを最後に書く。「女」「子」など。

●基本原則⑧「横画と左払い」

横画が長く左払いが短い漢字は、左払いを先に書く。「右」「布」など。

反対に横画が短く左払いが長い漢字は、横画が先。「左」「友」「在」など。

「右」と「左」は一画目が異なる。「右」は短い左払いから、「左」は短い横画から書くことで、バランスがとれて美しい字になる。

●基本原則⑨「外側が先」

外側を囲む形の漢字は、囲む画を先に書く。

「内」「四」など

基本原則に当てはまらない漢字

●筆順が二つ以上ある漢字

「上」「耳」「点」「店」「取」「最」「必」「感」「馬」「無」などは、複数の筆順をもつ。

●左払いは筆順が分かれる

「九」「及」は左払いを先に書くが、「力」「刀」「万」「方」は左払いがあと。

間違いやすい筆順の漢字

画数《かくすう》の数え方

筆を下ろして書き始め、筆を上げてできる線や点を「筆画《ひっかく》（字画《じかく》）」と呼ぶ。筆画の数を「画数」といい、一画、二画と数える。

画数はたとえ途中で曲がっても、ひと続きに書かれた線なら一画と数える。たとえば、「弓」の三画目はひと筆で書く。

中国一難解な漢字と日本一画数の多い漢字

総画数五十七の「びゃん」は、陝西省《せんせいしょう》・西安市《せいあんし》あたりの地域限定の文字。「西安八大麺」の一つに数えられている郷土料理「ビャンビャン麺」を書き表すのに使われ、筆順を詩的に表わした「字書き歌」があるという。

日本でいちばん画数の多い漢字といわれる「たいと」は、「雲」と「龍」の組み合わせで、なんと八十四画もある。日本人の名字とされており、数種類の姓氏辞典に掲載されている。しかし、実際にその名字の人がいるのかどうかは不明である。

びゃん

たいと

6 送り仮名のつけ方

漢字の読みを区別し誤読を防ぐ送り仮名

「送り仮名」とは、和語を読みやすくするために、漢字の補助として用いられる仮名のこと。たとえば「全」に送り仮名をつけて、「全《まった》く」「全《すべ》て」と書くことにより、読み方がわかって誤読を防ぐことができる。

はじめはばらばらだった送り仮名だが、明治時代に国語の表記法として「仮名まじり文」が採用され、統一する必要が生じてきた。1973(昭和48)年に内閣告示された「**送り仮名の付け方**」が現在も使われている。

送り仮名の原則

●活用のある語(動詞・形容詞・形容動詞)

①原則として活用語尾を送る。

例「書く」「考える」「濃い」など。

②派生・対応の関係にある語は、活用語尾の前の部分から送る。

例「頼む(動詞)」から派生した「頼もしい(形容詞)」、「当てる(他動詞)」に対応している「当たる(自動詞)」など。

③「しい」で終わる形容詞の場合には、送り仮名「し」で始まる。

例「楽しい」「親しい」「珍しい」など。

④「か」「やか」「らか」で終わる形容動詞は、送り仮名も「か」「やか」「らか」で始まる。

例「静かだ」「華やかだ」「清らかだ」など。

●活用のない語（名詞・副詞・連体詞・接続詞）

①名詞には送り仮名をつけない。

例「光」「話」「係」など。

②活用のある語から転じた名詞は、もとの語の送り方による。

例「代わる（動詞）→代わり（名詞）」など

③副詞・連体詞・接続詞は最後の音節を送る。

例「少し（副詞）」「大きな（連体詞）」など。

送り仮名の例外

●原則に合わないが慣用化している

例「明るい」（原則では「明い」、「明ける」の派生語と考えれば「明かるい」と送るが、「明るい」が一般的になっている）。

例「少《すく》ない」（原則では「少《すくな》い」だが、この送り仮名で打ち消すと「少《すくな》くない」となり、「少くない」を「すくない」と読み間違えられる可能性があるため）。

ふたとおりある送り仮名

●わかりやすくするために、または簡単にするために、どちらも認められている

例「行《おこ》なう・行《おこな》う」「現《あら》われる・現《あらわ》れる」「変《か》わる・変《かわ》る」「断《こと》わる、断《ことわ》る」など。

●読み間違えるおそれのない場合は、省くこともできる

例「田植え・田植」、「預かり金・預り金」、「申し込み・申込み・申込」など。

7 中国由来じゃない 日本製の漢字「国字《こくじ》」

象形文字や指事文字など、すでにある漢字を二つ以上組み合わせて日本人が作った漢字。もともと中国にはない字なので、たいていは音読みがない。

鯏【あさり】【うぐい】

アサリは砂の中に潜っているので、**魚偏《さかなへん》に土を掘り起こす意味の「利」**が旁《つくり》に当てられた。

鱚【きす】

もともとの名は「キスゴ」。魚偏に、**「キ」を表す漢字に、めでたい意味をもつ「喜」を選んだ**とされる。

鰯【いわし】

水揚げすると**弱って傷みやすい**ので鰯に。名前も**「弱《よわ》し」から変化**してイワシになったといわれる。

鯒【こち】

コチは餌の小魚が近づくと、捕食するために**跳ね踊る**ので、**魚偏に「踊」の旁「甬」を当てた。**

鯑【かずのこ】

「希」には「織目が細かい」という意味もあるので、「鰊《にしん》」の**「細かい」卵**という合字ができた。

鮴【ごり】

カジカの別名。川底の岩や小石の下で**じっと休んでいるように見える**ことから、「休」を合わせた。

鱈

【セツ】【たら】

タラといったら「マダラ」を指すことが多く、**身が雪のように白い**ので、魚偏に「雪」を合わせた。

鰰

【はたはた】

「ハタハタ」は、雷が鳴る十一月ごろに取れ始める。**雷のことを「はたがみ」という**ので、旁は「神」。

鮑

【ホウ】【あわび】

楕円の殻で岩にくっつく姿が、**身を包んだように見えるので「包」**。魚偏の鮑も「アワビ」と読む。

鯲

【どじょう】

「於」には「じっとそこにいる」という意味があり、泥の中に棲むドジョウを表している。

鱇

【コウ】【あんこう】

魚偏に、**「コウ」の音を表す「康」の字を旁に当てた。**「あんこう」は二文字で「鮟鱇」とも書かれる。

鯱

【しゃち】

体は魚で頭は虎、尾びれが上を向いている空想上の動物「シャチ」を表した字。「しゃちほこ」とも。

鯰

【ネン】【なまず】

旁の**「念」には「ねばる」という意味**がある。中国ではナマズのことを、「鮎(日本ではアユ)」と書く。

蛯

【えび】

中国から伝わった「蝦」を、**腰の曲がっている老人**にたとえて「海老」と書き、さらに虫偏となった。

簗

【やな】

橋(梁)の形をした竹製の魚を取る仕掛けのことを、「ヤナ」といったことから。

樫

【かし】

ブナ科の常緑高木で、**材質が非常に堅い**ことから、木偏《きへん》に「堅」となった。「橿」とも書く。

榊

【さかき】

モッコク科の常緑《じょうりょく》小高木《しょうこうぼく》で「境木」「繁木」「賢木」とも書く。**神事に使う木**ということから。

凪

【なぎ】
【なぐ】

風がなく、おだやかで波のない海の状態をいう。**風が止まっている状態を、風構に「止」の字で表した。**

栃☆

【とち】

トチノキ科の広葉樹。**十《とお》と千《ち》を掛け算すると「万」になることから、もとの字「杤」**ができた。

笹

【ささ】

竹冠《たけかんむり》の下に**「葉」を省略した「世」**を合わせて、**「小さな竹」**を意味する「ササ」の字が作られた。

颪

【おろし】

「下」と「風」を組み合わせて、山や丘の頂上から**吹き下ろす冬の強くて冷たい風を表している。**

椛

【もみじ】
【かば】

樺の**「華」を「花」に変えて生まれたが、**木の葉が花のように色づく「もみじ」も表すようになった。

凩

【こがらし】

「木枯らし」のこと。冬の初めに**吹く冷たい北風を、風構《かぜがまえ》の中に木の字を入れて表した。**

雫

【ダ】
【しずく】

雨が下にしたたり落ちるようすを、雨冠と「下」を組み合わせて表した。「滴」とも書く。

☆は常用漢字を表す。

峠☆【とうげ】

山を上り詰めて、そこから先は下りになる地点を表す字を、「山」「上」「下」を組み合わせて作った。

腺☆【セン】

肉月に「泉」を組み合わせ、**肉体の中で水分がたまる部分**（乳腺、涙腺など）を意味する字を作った。

襷【たすき】

衣偏に**「擧《あ》げる」を当てて、和服の袖や袂《たもと》をたくしあげる**ために使うひものことを表している。

梺【ふもと】

山裾《やますそ》のことで、「麓」とも書く。**山林の下のほうという意味**なので、「林」と「下」を合わせた。

綛【かすり】【かせ】

「忍」は全部を表さないで隠すことを意味し、かすれた文様の織物を表している。

畩【けさ】

昔の僧侶の袈裟《けさ》は**継ぎはぎで作られて、水田のように見えた**ので、「田」と「衣」を合わせた字となった。

膵【スイ】

膵臓を表すためにで作った字*。**肉《にく》月《づき》に「集める」の意の「萃」**を組み合わせた。

裃【かみしも】

武士の中礼服で**肩衣《かたぎぬ》という袖なしの上衣と下衣の**袴の組み合わせ。はじめは「上下《かみしも》」と書かれていた。

畑☆【はた】【はたけ】

火偏に「田」で、**焼畑を行う農地**を表した。現代では水田以外の農地一般を指すことがほとんど。

＊1805年、宇田川玄真《うだがわげんしん》が『医範提綱《いはんていこう》』において創作した文字といわれる。

喰

【くう】【くらう】

「口」の象形と「食器に食べ物を盛ってふたをした」象形から、「食べ物を食べる」を表している。

搾

【サク】【しぼる】

せばめる意の「窄」に手偏《てへん》で、圧力をかけて水分を出すことを表す。ひねって出すのは「絞る」。

鋲

【ビョウ】

頭の大きな釘のこと。金属でできているので金偏に、**「ビョウ」の読みをもつ「兵」の字**を合わせた。

糀

【こうじ】

酒・味噌・醤油《しょうゆ》などを作るのに使う「麹」と同じ。**米に花が咲いたように生えるコウジカビ**から。

轌

【そり】

ソリは、**雪や氷の上を滑らせて走る乗り物**なので、車偏に「雪」を合わせた。舟偏で「艝」とも書く。

錻

【ブ】【ブリキ】

錫《すず》をメッキした金属「ブリキ」に由来し、「錻力」とも書く。**「ブ」の読みを表す「武」**を当てた。

匂☆

【におう】

包構《つつみがまえ》に**「にほひ」の「ヒ」の字を入れて、よい香りの意味**とした。嫌なにおいは「臭《しゅう》」。

凧

【たこ】

「風」の省略形の「几」と、布きれの「巾」から、**風をはらむ布**として、たこを表した。

塀☆

【ヘイ】

衝立《ついたて》や囲いの意味をもつ「屏」の字に土偏を合わせて、土で造った「ヘイ」を表している。

枠☆

【わく】

木製の囲いのこと。**卒の略字「卆」には、「締めくくってまとめる」の意**もあり、木偏と合わせた。

働☆

【ドウ】【はたらく】

「人」が「動いて」仕事をする意。頭脳労働で「考える」仕事を表した「侤く」も、「はたらく」と読む。

俤

【おもかげ】

「面影」とも書く。他人の顔や姿を見て、**似ている弟を思い浮かべるようす**から作られたという。

簓

【ささら】

竹の先を細かく割って束ねた民族芸能用の楽器。打ち合わせると、「さらさら」という音を立てる。

込☆

【こむ】【こめる】

進む意の之繞に「入」で、**入口に入り込むこと**を表す。転じて「詰める」「混む」の意でも使う。

躾

【しつけ】

「仕付け」のこと。礼節を重んじる武家社会のなかで作られた字で、**「身を美しく飾る」の意**を込めた。

辻

【つじ】

之繞《しんにょう》には「分かれ道」の意味があるので、**「十」の字形に交差する地点**を表わす。十字路のこと。

毟

【むしる】

「毛」を「少なく」することを表した字。そこから「つかんで引き抜く」ことを意味するように。

噺

【はなし】

一般的には「落語」を指す。古いネタだけでなく、**新しい話も口にする**ので、「口」と「新」を合わせた。

二《に》十《じゅう》四《し》節《せっ》気《き》と七《しち》十《じゅう》二《に》候《こう》 夏

夏を表す二十四節気と七十二候（➡ P34）。暦の上では５月から夏の始まり。草木が成長し、虫たちも活動を始め、梅雨を迎える。

二十四節気	新暦の日付	七十二候と読み方	七十二候の意味
立夏《りっか》 夏が始まる。野山の新緑がまぶしいころ。	5月5～9日ごろ	**蛙始鳴** 【かわずはじめてなく】	蛙《かえる》が活動し、鳴き始めるころ。
	5月10～15日ごろ	**蚯蚓出** 【みみずいずる】	蚯蚓《みみず》が土の中から這《は》い出てくるころ。
	5月16～20日ごろ	**竹笋生** 【たけのこしょうず】	タケノコがひょっこり顔を出すころ。
小満《しょうまん》 生き物が盛んに成長し梅雨も間近なころ。	5月21～25日ごろ	**蚕起食桑** 【かいこおきてくわをはむ】	蚕《かいこ》が桑の葉をたくさん食べて成長するころ。
	5月26～30日ごろ	**紅花栄** 【べにばなさかう】	紅花《べにばな》の花が、盛んに咲くころ。
	5月31～6月4日ごろ	**麦秋至** 【むぎのときいたる】	麦が熟し、金色の穂をつけるころ。
芒種《ぼうしゅ》 田植えどき。梅雨に入るか入らないかのころ。	6月5～10日ごろ	**螳螂生** 【かまきりしょうず】	卵から蟷螂《かまきり》が生まれ出るころ。
	6月11～15日ごろ	**腐草為蛍** 【くされたるくさほたるとなる】	腐った草の間から、蛍が光を放ち飛び交うころ。
	6月16～20日ごろ	**梅子黄** 【うめのみきばむ】	梅の実が熟し、薄黄色に色づくころ。

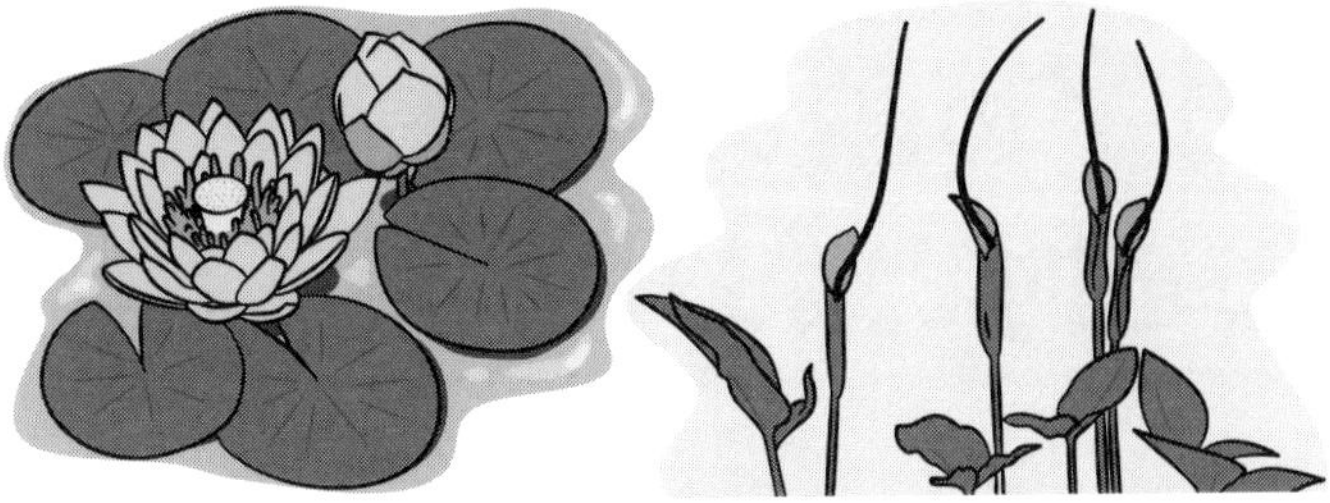

7月にはカラスビシャク（烏柄杓）が生え、そのあとに蓮の花が咲く。烏柄杓の由来は仏像の光背の仏炎苞《ぶつえんほう》に似ており、これを柄杓にたとえ、烏が使うくらいの大きさであることから。

二十四節気	新暦の日付	七十二候と読み方	七十二候の意味
夏至《げし》 梅雨の盛り。一年で昼がもっとも長い日。	6月21～25日ごろ	**乃東枯** 【なつかれくさかるる】	靫草《うつぼぐさ》が、枯れていくころ。
	6月26～7月1日ごろ	**菖蒲華** 【あやめはなさく】	菖蒲《あやめ》の花が咲くころ。
	7月2～6日ごろ	**半夏生** 【はんげしょうず】	カラスビシャク（半夏）が生え始めるころ。
小暑《しょうしょ》 梅雨明け間近。暑中見舞いを出せるころ。	7月7～11日ごろ	**温風至** 【あつかぜいたる】	日差しがだんだんと強くなり、暖かい風が吹くころ。
	7月12～16日ごろ	**蓮始開** 【はすはじめてひらく】	蓮が蕾《つぼみ》をほどき、花を咲かせるころ。
	7月17～22日ごろ	**鷹乃学習** 【たかすなわちわざをならう】	鷹の雛が飛び方を覚え、巣立ちの準備をするころ。
大暑《たいしょ》 梅雨明けし、夏真っ盛りというころ。	7月23～27日ごろ	**桐始結花** 【きりはじめてはなをむすぶ】	桐の花が、卵形の実をつけるころ。
	7月28～8月1日ごろ	**土潤溽暑** 【つちうるおうてむしあつし】	土がじっとり湿って、蒸し暑くなるころ。
	8月2～6日ごろ	**大雨時行** 【たいうときどきにふる】	夕立や台風など、夏の雨が激しく降るころ。

漢字の読み方は、なぜ何とおりもあるの？

❖呉音《ごおん》、漢音《かんおん》、唐音《とうおん》の読み方

漢字は中国のいろいろな地方から、いろいろな時代に伝わってきた。そのため日本に伝来したときの音読みに違いが生じ、呉音、漢音、唐音ができた。**「呉音」**は、４世紀後半から６世紀にかけて揚子江下流の発音で伝わってきた音読み。菩提《ぼだい》、修行《しゅぎょう》、読経《どきょう》、解脱《げだつ》などの仏教語をはじめ、天然《てんねん》、人間《にんげん》、黄金《おうごん》などは呉音である。**「漢音」**は遣唐使や留学僧がもち帰った７世紀から９世紀後半の読み。長安を中心とする中国の標準語の発音だったので、自然《しぜん》、献金《けんきん》、会社《かいしゃ》、家庭《かてい》、文化《ぶんか》、初期《しょき》など、現在使われている漢字は、この漢音がもっとも多い。**「唐音」**は11世紀以降、禅僧や商人などが中国と往来して伝えた、宋、元、明の音である。道具などの読みで、行灯《あんどん》、風鈴《ふうりん》、花瓶《かびん》、杏子《あんず》、椅子《いす》など数としては極めて少ない。「行」の字を例にとると「行列《ぎょうれつ》」が呉音、「行進《こうしん》」が漢音、「行脚《あんぎゃ》」が唐音である。

❖読み方が定着してしまったものも

呉音、漢音、唐音以外に、使われているうちに定着した発音の読みがあり、これを**「慣用音《かんようおん》」**という。「女」の呉音は「ニョ」だが、「女房《にょうぼう》」は誤って「ニョウ」の読みが定着してしまったものと考えられている。「情緒」も、「ジョウショ」とは読まず「ジョウチョ」と読むのが一般的となっている。ほかには、格子《こうし》、暴露《ばくろ》、信仰《しんこう》、留守《るす》、掃除《そうじ》なども慣用音である。

5章

意味をしっかりと理解したい漢字

意外と意味を間違えて使っている言葉はあるものです。また慣用の意味が浸透している言葉もピクアップ。

1 意味を間違えて使っていない？

彼は破天荒《はてんこう》な人物だ

○未曽有《みぞう》のことを成し遂げる

×無鉄砲で、型破り

解説 高官採用試験に合格者が一人も出ず、「天荒＝天地未開の混沌《こんとん》たるさま」に、とうとう合格者が出て「**天荒を破った**」という、中国の故事から。

事業計画を済《な》し崩しに進めた

○物事を少しずつ片づける

×なかったことにする

解説 本来は**借金を少しずつ減らしていく**こと。そこから物事を少しずつ片づけていくことに。「曖昧になかったことにしてしまう」というのは誤用。

今夜の宴会は無礼講《ぶれいこう》だ

○身分や地位を無視して行う宴

×目上に無礼を働いても許される

解説 神事で礼講*が終わり、人間だけで行う和やかな宴が語源。礼講との区別のために生まれた言葉。**無礼な振る舞いが許されるわけではない。**

恣意的《しいてき》な人事はしない

○勝手気まま、思いつき

×わざとそうする、意図的

解説 恣意とは「**ほしいままにする心、自分勝手な考え**」という意味。論理的な必然性はなく偶発的なこと。意図的、作為的とは異なる。

＊礼講とは祭礼の際、お神酒（みき）を神様から身分の高い人から順にいただく儀式。

逆恨《さかうら》みによって苦しめられた

○恨みに思う人から逆に恨まれること

×恨まれる筋合いのない人が恨まれる

解説 被害者なのに加害者から恨まれること。**忠告したことを悪くとられ、逆に恨まれる**場合にも使う。

悪運が強い人物だ

○悪行を働いても報いを受けない

×不運な目にあっても被害を受けない

解説 **強運の持ち主という使い方は誤用。** 悪いことをしたにもかかわらず、咎《とが》められないという意味。

なかでも**圧巻**だったのはあの場面だ

○全体の中でもっとも優れた部分

×全体的に優れたことを表現する

解説 「巻」は答案。古代中国では**優れた答案を一番上に置いた**。「圧」は残りの答案を押さえるさま。

外向的な性格をした人

○興味、関心が自分の外部に向かう

×誰とでも積極的につきあえる

解説 「社交的」とは異なる。心の働きが外界に対し積極的、実践的。**自分を外に向け表現したがる。**

この度の結果について**遺憾**に思う

○残念に思うこと

×申しわけなく思うこと

解説 釈明の場で使われるが、**謝罪の意味はない。**「憾（＝心）」を「遺す」で心残りを表す言葉がもと。

圧倒的な差で勝利を収めた

○比較にならないほど勝っている

×相手と大差がついている

解説 **段違いで優れている**ことを表すので、「圧倒的な負け」などマイナスには使わない。

須《すべから》く、努力している

○**当然。是非とも**

×**みんな、すべて**

解説 すべてという誤用が多いが、**当然であるという**意味が正しい。「すべきであること」のク語法*。

あの人の態度を諫《いさ》めた

○**目下の人が注意する**

×**目上の人が注意する**

解説 誤りやよくない点を、忠告することを表す動詞だが、**目下から目上に対して使う**のが正しい。

弥《いや》が上にも盛り上がる

○**いっそう。なお**

×**有無をいわせず。無理やり**

解説 「弥」には「**ますます**」の意味がある。「有無をいわせず」は「否《いや》が応《おう》にも」で混同しやすい。

とても慇懃《いんぎん》な挨拶だった

○**真心がこもった。礼儀正しい**

×**尊大な。見下した**

解説 ていねいすぎてかえって無礼という「慇懃無礼」と混同しやすい。「慇懃」は**ていねい**なさま。

穿《うが》った見方をする

○**物事の本質を的確に言い表す**

×**疑ってかかるような見方をする**

解説 「穿つ」は穴を掘るようす。**物事の見えない部分まで、掘り下げて真の姿を見つける**ということ。

彼は嘯《うそぶ》くばかりで役に立たない

○**とぼける**

×**嘘をつく**

解説 **平然としていう、偉そうに大きなことをいう**場合にも使う。語源は嘘とは無関係。

＊活用語の語尾に「く」をつけ、「〜(する)こと、ところ、もの」が名詞化されること。「〜体(てい)たり」→「体たらく」、「いうこと」→「いわく」など。

その結果を聞いて**浮足立**った

○不安を感じて逃げ腰になる

×期待してそわそわする

解説 足の爪先だけが地面について、**十分に地を踏んでいない**ことを表現。楽しみな状況では使わない。

海《うみ》**千**《せん》**山**《やま》**千**《せん》な人物だ

○したたか、**老獪**《ろうかい》な

×物事をよく知っている

解説 世知がらい世の中の「**裏も表も知っている**」という意味。褒め言葉には使用しないほうがよい。

友人の振る舞いを**他山の石**とする

○他人の誤った言動を自分の参考にする

×他人のよい行いから学ぶ

解説 「**人の振り見てわが振り直せ**」が類似の意味。目上の人には用いないように注意したい。

学問に**王道**なし

○安易な道

×正攻法、正しい道

解説 royal roadの和訳で**王のために作られた易しい道はない**。仁徳*な**政治のやり方**を示す言葉だった。

その金額ですめば**御**《おん》**の字**《じ》だ

○大変ありがたい。非常に満足

×間に合わせ。一応、納得できる

解説 「**御の字をつけたいほどのもの**」だから、大いに満足していることが正しい使い方である。

物語が**佳境**《かきょう》に入った

○興味深い部分、とてもよい場面

×最終段階

解説 **景色のよいところ**という意味も。「もっとも忙しい」「まもなく終わり」という使い方は誤用。

＊仁徳とは、他人を慈しみ、愛する徳のこと。

紙面の都合により割愛《かつあい》します

○惜しいと思いながら省略する

×無駄なので省く

解説 **惜しみながら**、というのがポイント。不必要なものを切り捨てる、省略するという意味ではない。

あの人は**奇特**な人だ

○心がけや行動が優れている

×奇妙で変わっている

解説 **特別に優れている**という意味で使う。「奇怪」「怪奇」などから悪い意味と勘違いされることが多い。

気が置けない仲間と過ごした

○気づかいしなくてよい

×気配りや遠慮をしなくてはならない

解説 **緊張しない相手**という意味。「気を許せない」との混同から、注意する相手と使われるが誤用。

押《お》っ取《と》り刀《がたな》で駆けつけた

○急いで向かうこと

×のんびりと向かうこと

解説 **刀を腰に差す間もなく、手にもったまま**の状態のこと。押っ取りが「ゆっくり」と誤解された例。

私でも**枯れ木も山の賑わい**だ

○つまらないものでもないよりはまし

×人が集まれば、にぎやかになる

解説 「枯れ木も山の賑わいだから参加してほしい」と相手に対し使うと失礼な表現になるので注意。

草葉《くさば》の陰《かげ》から見守っている

○あの世

×陰ながら

解説 草の葉の下、すなわち「**墓の中**」のこと。生きている人に使うのは間違い。

上司の**逆鱗**《げきりん》に触れてしまった

○目上の人を怒らせる

×他人を極度に怒らせる

解説 竜の顎《あご》の下にある逆さの鱗《うろこ》を触ると怒って殺されるという故事から。**目上の存在の怒り**を指す。

下世話《げせわ》なことをいうが…

○庶民的な話

×下品な話、低俗な話

解説 **世間の噂、よく世間で口にされる言葉や話**を指す。ゲの音から「下品」などの意味での誤用が多い。

突然の知らせに彼女は**号泣**した

○大きな声を上げて泣き叫ぶ

×激しく泣く、涙を大量に流して泣く

解説 「号」に**大声を上げる**意味がある。大粒の涙を流しても声を押し殺していたら号泣ではない。

大臣を**更迭**《こうてつ》した

○役目を別の人に代えること

×責任を取らされクビになること

解説 **異動**のこと。不祥事の責任を取らせ、辞めさせるは誤用。公職者のクビには「罷免《ひめん》」を用いる。

姑息《こそく》な手段を使った

○その場逃れ。一時的

×卑怯《ひきょう》

解説 「**その場の間に合わせ**」が本来の意。正しくないやり方ということから卑怯につながったようだ。

この楽曲の**触り**を聞かせる

○聞かせどころ、もっともよいところ

×冒頭部分。どこか一部分

解説 ＊義太夫《ぎだゆう》で、他流の**よい曲節《きょくせつ》を取り入れた（=触った）部分**が、聞きどころとされたことから。

＊義太夫とは、浄瑠璃の一派。物語の筋や台詞《せりふ》に三味線の伴奏で節をつけ、語るもの。

どうやら**知恵熱**が出たようだ

○乳幼児期に突然出る熱

×頭を使ったときに出る熱

解説 **知恵がつくころに出る熱**。赤ん坊のようだと揶《や》揄《ゆ》したことからできた言葉と推測される。

商品を発表するなら、今が**潮時**《しおどき》だ

○物事をするのにちょうどよい時期

×物事を切り上げるタイミング

解説 漁師が漁に出るときに、**船を出すよいタイミングを、潮の状況で判断していた**ことから。

彼は**辛党**だからお土産《みやげ》はこれがいい

○甘い物よりお酒が好き

×からい食べ物が好き

解説 もとは塩からいものが好きな人で、そこから**酒好きな人**という意味に。激から好きとは異なる。

失敗してしまい、**忸怩**《じくじ》たる思いだ

○(自分の行いを)深く恥じ入った

×悔しい、腹立たしい

解説 **とても恥ずかしい**という意味だが、自分ではどうにもできず悔しいなどの誤用がみられる。

あの二人は日本画の**双璧**《そうへき》をなす

○二つの優れたもの

×悪者、立ちはだかる敵

解説 「璧」は玉を表し、「双璧」で**一対の宝石**。「完璧」の「璧」と同様で、「壁《かべ》」ではない。

彼の回答に思わず**失笑**《しっしょう》した

○こらえきれず、吹き出した

×あきれて笑った。あざ笑った

解説 「失」に過ちの意もあり、**過って笑ってしまうこと**。失笑を買うは愚かな言動を笑われること。

あの人は**世間擦《せけんず》れ**している

○**世を渡って、ずる賢くなっている**

×**世間と考え方が外れている**

解説 「世間離れ」との混同がみられる。**社会にもまれ純粋さを失い**、「擦れて」しまったという意味。

人生の**黄昏《たそがれ》**どきを迎えたと感じている

○**盛りを過ぎて衰える**

×**物思いに耽《ふけ》る**

解説 夕暮れから転じて、**物事が終わりに近づくこと**を意味する。ボーッとするという意味はない。

彼は**粗忽《そこつ》**な人物だ

○**軽はずみ。そそっかしい**

×**乱暴**

解説 **粗忽者といえば慌て者**のこと。そそっかしい人同士が大騒ぎする「粗忽長屋」という落語が有名。

陳腐《ちんぷ》な表現が多い小説

○**ありふれている。使い古されている**

×**安っぽい。ばかげている**

解説 「陳」の漢字には、**古くなる**という意味がある。陳腐な台詞《せりふ》、陳腐な趣向などと使う。

あの人はけちな**性癖《せいへき》**がある

○**生まれもった性質、癖**

×**性的な嗜好**

解説 **性質の片寄《かたよ》り**。癖といっても個人の特性、気質を表す際に用い、ネガティブ要素の場合が多い。

手を拱《こまね》いて待つしかない

○**何もできずに傍観する**

×**準備して待ち構える**

解説 「拱く」は**腕を胸の前で組んでいる動作**を表す。×の意は、「手薬煉《てぐすね》を引く（⬇P349）」。

その行為は**天に唾**《つば》**する**ようなものだった

○人に害を与えようとして自分に返る

×目上に歯向かう。顔をつぶす

解説 **上を向いて唾を吐けば自分にかかる。**「天」とあるが、目上の人、上位の存在の意味はない。

社長が**檄**《げき》**を飛ばした**

○考えを広く知らせ同意を求める

×発破をかける。叱咤激励する

解説 「檄」は戦いのときに送る公文書。本来は**自分の主張を強く訴える**の意。「激」と間違いやすい。

流れに棹《さお》**さす**発言だった

○勢いをつける

×勢いを止める

解説 船頭が船を漕ぐとき、**棹をさして流れに乗せて進める**ことから。「水を差す」と混同しやすい。

議論が**煮詰まった**

○議論しつくし、結論を出す段階

×問題が行き詰まっている状態

解説 **結論が出る状態**のことだが、「行き詰まる」の影響を受け、真逆の意味での誤用がみられる。

そのミスが**発覚**した

○陰謀、隠しごとが表れること

×事実が明らかになること

解説 **不正など、悪いことが明らかになる**場合に使う。単に明らかになるなら「判明」を用いる。

今日は**小春日和**《こはるびより》の暖かな日ですね

○十一月ごろの暖かな日

×二月〜三月の暖かな日

解説 小春は旧暦十月（現在の十一月）の異称。**春のような暖かな陽気**のことを表している。

餞《はなむけ》の言葉を贈る

○旅立ちや門出を祝して贈るもの

×歓迎して贈るもの

解説 旅に出る人の安全を願い、「**馬の鼻先を行く先に向ける**」習慣が語源。餞別の意味でも用いる。

その話は**噴飯**《ふんぱん》ものだった

○思わず吹き出してしまう

×腹立たしくて仕方ない

解説 思わず口の中のご飯を吹き出すほど、**おかしいこと**。吹き出して笑ってしまうこと。

その発表に、**憮然**《ぶぜん》として立ちつくした

○驚いてぼんやりとしたようす

×腹を立てているようす

解説 **失望した、むなしくやり切れないさま**の意。不機嫌なさまでよく使われるが、誤用である。

間違いを指摘しても**悪怯れる**《わるび》ようすはない

○気後れして卑屈なようす

×ふてくされる、開き直る

解説 「悪怯れもせず」「悪怯れず」など否定形で使われることが多く、**おどおどしない**の意になる。

この仕事は彼には**役不足**《やくぶそく》だ

○能力に対し、役目が軽いこと

×能力が不足していること

解説 例は、彼は**優れているのに、それに見合った仕事ではない**という意味に。×の意は「力不足」。

老骨《ろうこつ》**に鞭打**《むちう》**って**その職務を全うする

○自分の老体を励まし奮い立たせる

×年配者を励まし、努力してもらう

解説 老骨は、年を取って衰えた自分の体のこと。**自分自身で用いる謙遜表現**。他者に使うのは失礼。

2 慣用の意味が認められている漢字

あれは**確信犯**に違いない

○自らの行為を正しいと確信して犯罪をする

△悪いと知りつつ、わざと行為をすること

解説 本来は**政治的や思想的、宗教的信念に基づいて「正しい」と信じてなされる犯罪行為**のことを指す言葉。政治犯や思想犯。

その話には**鳥肌が立った**

○恐怖や恐れで寒気がすること

△感動すること

解説 感情を激しく揺さぶられたときに用いる人が増えている。本来は、**恐怖心や興奮などの強い刺激から肌が粟立つ**ことをいう。

その人物は**斜**《しゃ》**に構えた**

○身構える。改まった態度をとる

△皮肉で不真面目な態度をとる

解説 剣道では**刀を斜めに構える**。そこから**物事に身構えること**を表す。ただし、現在では、物事に正対しない、からかう態度でも用いられる。

微妙な色彩のバランスだった

○何ともいえず優れている

△何ともいい表しようがない

解説 本来は、美しさや味わいが、何ともいえずよく、**趣深く、繊細であること**。意味や味が細かく、表現しにくいことから、**断定できないさまに**。

△は慣用の意味が浸透し、認められてきている意味。

気持ちのよい五月晴れ《さつきばれ》となった

○梅雨の晴れ間

△五月の晴れの日

解説 旧暦五月、現在の**六月の梅雨の時期の晴れ間**を指したが、五月に使うことも認められている。

その話は**全然**、聞いたことがない

○少しも、まるで

△非常に、とても

解説 本来は、**打ち消しを伴う否定表現**であったが、肯定を強める言葉としても俗に使われている。

彼の態度が豹変《ひょうへん》した

○過ちを一気に正すこと

△悪いほうに突然、変化すること

解説 もとは君子が「**過ちを改め一新すること**」を指していた。最近は**悪く変貌する**意味で使われる。

先生の家を訪れるのは敷居《しきい》が高い

○不義理をして行きづらい

△気軽には行けない

解説 **不面目があり、心理的に行きにくい**こと。高級さや格式の高さで「入りにくい」とも使われる。

弱冠○歳の男性が成し遂げた

○二十歳の男性を指す異称

△性別関係なく若い者に用いる

解説 古代中国で**二十歳男子**を「弱」といい、元服し冠をかぶったことから。最近は**若い人**にも使う。

その男は若気《にやけ》ていた

○なよなよしている

△薄笑いを浮かべる

解説 男性が**女性のように色っぽい**ようすを表す。「にやにやする」と結びついて**薄笑い**になったという。

中国と日本で意味が違う漢字

漢字の多くは中国から入ってきたのだから、意味も同じだと思ったら大間違い。中国と日本ではまったく違う意味になる漢字がある。

同じ漢字で意味が違う原因は「誤訳」？

漢字が伝わってきたのは、紀元前一世紀ごろ。『魏志倭人伝《ぎしわじんでん》』に、中国との交流が記されていることから紀元三世紀には、漢字が言語として使われていたのは確実だと考えられている。さて、それから四百年たった紀元七世紀に、中国に派遣された遣隋使を例にすると、当時、隋の都まで往復するには1年もかかったらしい。もし、それよりも前に日本に伝わった漢字が、日本国内で誤った意味で広まっていたとしても、中国の人が誤訳に気づき、正しい意味に訂正するのは至難の業であっただろう。

日本独自の漢字や意味が生まれた

漢字文化が定着すると、日本でも独自の漢字である「国字《こくじ》（➡P132）」が生まれた。国字には、すでにある漢字を組み合わせ、それぞれの意味を取り入れながら新しく作られたもの（会意《かいい》文字）や熟語がある。逆に同じ漢字の組み合わせで、中国で作られた語が、文化の違いなどの影響によって異なった意味をもってしまったものも出てきた。ちなみに中国の漢語を真似て、日本で作られた単語は和製漢語と呼ぶ。これは、明治時代に多く作られ、中国に逆輸入もされた。「中華人民共和国」の国名にある「人民」と「共和国」は、なんと和製漢語である。

●中国と日本で意味が違う漢字の例

漢字	中国の意味	日本の意味
猪	ブタ	イノシシ
湯	スープ	お湯
娘	お母さん	(親からみて)女の子ども、未婚女性
走	歩く	走る
聞	におい	聞く
机	機械	机
汽車	自動車	列車
切手	手を切る	郵便切手
野菜	山菜	野菜
発火	立腹	燃え出す、火を発する
丈夫	夫	丈夫
外人	家族や親戚以外の人	外国人
愛人	恋人、配偶者	不倫関係にある相手
小人	卑しい人、地位の低い人	子ども、小児
可憐	かわいそうな	かわいらしい、いじらしい
工作	仕事	物を作る、計画的な働きかけ
手紙	トイレットペーパー	手紙、書状
勉強	無理をする	学問や技術に励む、勉強
床屋	ベッドのある部屋	理容室
新聞	ニュース	新聞
怪我	自分を責める	ケガ
大家	みなさん	家主
礼拝	日曜日	神仏を拝むこと
看病	診察	病人を介抱すること
東洋	日本	アジア、またはアジアの東のほう

漢字マメ知識 1

◇「大坂」が「大阪」になったわけ

大阪は、かつて「大坂」と表記されていたのだが、江戸時代の後半に「坂」の字は「土に返る」と読めるため縁起が悪いとされ、「阪」を用いる風潮となっていった。明治になり大阪府が設置され「阪」を使うのが正式となった。

◇甲子園球場の甲子って何？

阪神甲子園球場の名前は、球場が完成した大正十三年の干支にちなんだもの。この年は十干《じっかん》十二支《じゅうにし》(➡P304)のそれぞれ最初の「甲《きのえ》」と「子《ね》」が六十年ぶりに出合う年で、縁起がよいことから「甲子園」と名づけられた。

◇小石川後楽園の後楽とはどういう意味？

小石川後楽園の名は、中国・北宋の范仲淹《はんちゅうえん》が著した『岳陽《がくよう》楼記《ろうき》』の一節で「先憂後楽《せんゆうこうらく》」に由来する。「天下を治める者は、人々よりも先に国のことを心配し、人々が楽しむのを見届けたあとに自身が楽しむべきだ」という意味。もとは、政治に携わる者の心得を説いたものだが、今日ではより広くリーダーの指針となる言葉になっている。

◇お金を扱っているのになぜ銀行というの？

「銀行」は、明治時代に「bank」を訳したもの。中国語で店を意味する「行」を用い、金銀を扱う店という意味で「銀行」とした。「金行」という案もあったが、語呂のよい「銀行」が採用されたといわれている。

6章

正確に使い分けたい漢字

似ている言葉や同音異義語（発音が同じで意味が異なる語）の使い分けはさらりとできるようにしたいもの。

1 似ている熟語、意味の違いわかる?

【素足《すあし》】【裸足《はだし》】

素足▼靴下を履いていない足のことで「素足にサンダルを履く」などと使う。**裸足**▼靴を履いていない足のこと。「靴が壊れて裸足で帰った」。

【省略《しょうりゃく》】【割愛《かつあい》】

省略▼省くこと。**割愛**▼惜しみながら省くこと。本来は仏教語で、出家の際、愛する人と別れることを意味した。「時間の関係で省略します」より「時間の関係で割愛します」のほうがていねい。

【素朴《そぼく》】【純真《じゅんしん》】

素朴▼飾り気がなく、ありのままであること。自然の状態に近いこと。**純真**▼邪念や穢《けが》れのない心。偽りのない純粋で清らかな心。

【該当《がいとう》】【当該《とうがい》】

該当▼条件などに当てはまること。「この物件が該当します」。**当該**▼そのことに当たるという意味。その受け持ち。たとえば、話題になっていう事柄に当たること。「当該地域はこちらです」。

【仮名《かめい》】【偽名《ぎめい》】【芸名《げいめい》】

仮名▼本名を伏せて一時的につける名前。インタビューに答える人に配慮する場合などにみられる。**偽名**▼故意に偽った名前のこと。たとえば「詐欺師は偽名を使っていた」など。**芸名**▼芸能人などが活動をするうえで使う名前。

【集中《しゅうちゅう》】【没頭《ぼっとう》】【専念《せんねん》】

集中▼一か所に集めること。「精神を集中させる」。**没頭**▼ほかのことは忘れて一つのことに熱中する。「好きなことに没頭する」。**専念**▼一つのことに集中する。そのことだけにかかりきりになる。「いまは仕事に専念する」。

【御社《おんしゃ》】【貴社《きしゃ》】

御社▼相手の会社をていねいにいう敬語。話し言葉で使う。**貴社**▼メールや手紙など文書の場合はこちらを使う。ちなみに学校に対する御校、貴校でも同じ。

【元旦《がんたん》】【元日《がんじつ》】

元旦▼一月一日の朝。「旦」の字は日の出を表している。**元日**▼一月一日のその日、つまり一日中。

【昨年《さくねん》】【去年《きょねん》】

昨年▼去年とまったく同じ意味だが、少しかしこまった言い方。年賀状などの文章に用いる。**去年**▼昨年よりもくだけた言い方。

【学生《がくせい》】【生徒《せいと》】【児童《じどう》】

学生▼高等教育（大学、大学院、短期大学、高等専門学校）の在籍者。**生徒**▼中等教育（中学校、高等学校、専門学校）の在籍者。**児童**▼初等教育（小学校）の在籍者。学校教育法による。

【使用《しよう》】【利用《りよう》】【活用《かつよう》】

使用▼場所や物、また人などを使うこと。「空き室を使用する許可」。**利用**▼場所や物、また人などを役立つようにうまく使うこと。「コネを利用してのし上がる」。**活用**▼場所や物、また人などをその真価を生かしてうまく使うこと。「人材活用をする」。

【無事《ぶじ》】【平安《へいあん》】【安泰《あんたい》】

無事▼普段と変わったことのないこと。事故や災害などが起こらないこと。**平安**▼無事で穏やかなこと。安らかで変わったことのないこと。「平安な日々を送る」。**安泰**▼無事で安全で危険がないこと。安らかで無事なこと。「これでしばらくは安泰だ」。

【長所《ちょうしょ》】【美点《びてん》】

長所▼優れている性質や性能。よいところや取り柄。抜きん出て優れているところ。「自分の長所と短所をみつめる」。**美点**▼優れている点。よいところ。美しいところ。「彼女の美点は素直さだ」。

【看護《かんご》】【介護《かいご》】

看護▼けがをした人や病人などを手当てしたり世話すること。看病すること。**介護**▼高齢者や障害のある人を世話したり、生活支援すること。

【真心《まごころ》】【誠意《せいい》】

真心▼真実の心。偽りや虚飾のない心。他人のために尽くそうという気持ち「真心をこめて歌う」。**誠意**▼私利私欲のない、正直な心。「誠意を尽くす」。

【大雨《おおあめ》】【豪雨《ごうう》】

大雨▼大量に降る雨。**豪雨**▼激しい勢いで大量に降る雨。とくに著しい災害が発生した顕著な大雨現象のこと。

【給料《きゅうりょう》】【給与《きゅうよ》】【賃金《ちんぎん》】

給料▼基本給のこと。**給与**▼基本給に残業手当など各手当を加えたもの。「与」という字のとおり支払う側が使う言葉。「給与をもらう」とは言わない。**賃金**▼勤労に対して支払われるすべてのもの。もらう側が使う言葉。

【事実《じじつ》】【真実《しんじつ》】【真相《しんそう》】

事実▼実際に起こった事柄、存在する事柄。**真実**▼嘘、偽りがまったくない本当のこと。ありのままのようす。絶対の真理。究極のもの。**真相**▼ある物事の真実の姿、実態。事件などの本当の事情、ありさま、全容。

【留意《りゅうい》】【注意《ちゅうい》】【用心《ようじん》】

留意▼心に留めること。気をつけること。「健康に留意して過ごす」。**注意**▼留意より程度が強い。悪い事態にならないよう警戒すること。「車に注意して渡る」。**用心**▼困ったことにならないよう注意すること。万一に備えること。「火の用心」など、注意よりポイントを絞った言い方。

【激怒《げきど》】【憤慨《ふんがい》】

激怒▼激しく怒ること。またその怒りそのもの。「まわりが驚くほど激怒していた」。**憤慨**▼怒り嘆くこと。ひどく腹を立てること。「彼があまりにもわがままで憤慨した」。

【天気《てんき》】【天候《てんこう》】【気候《きこう》】

天気▼数時間から数日程度の気象状態。「今日はいい天気だ」。**天候**▼天気よりも長期の気象状態。せいぜい一か月程度。「来週の天候は荒れ模様らしい」。**気候***▼さらに長期の一か月以上の気象状態。「冬でも温暖な気候」。

【快活《かいかつ》】【陽気《ようき》】

快活▼明るくて元気がよく、活発なようす。そのような性質。「クラスでいちばん快活な女の子」。**陽気**▼明るい性質。晴れ晴れしいさま。ほがらかなさま。また「春らしい陽気が戻ってきた」など気候を表すこともある。

＊気候は、二十四節気（➡P34）の「気」と七十二候の「候」から生まれた言葉だといわれている。

【満足《まんぞく》】【満喫《まんきつ》】【満悦《まんえつ》】

満足▼完全。十分。望みが満ち足りていること。「足」がなぜ「足《た》りる」という意味なのかは諸説あるが、足は本体に「つけたす」ものなので、そこから「たす」↓「たりる」となったという説がある。「満足な一日だった」。**満喫**▼十分に飲み食いすること。転じて、十分に望みが満たされ満足すること。堪能《たんのう》。「旅行を満喫した」。**満悦**▼十分に満足して喜ぶこと。「悦」はわだかまりが抜けて楽しいという意味を表す。「ずっと望んでいたことがかなってご満悦である」。

【安眠《あんみん》】【快眠《かいみん》】【熟睡《じゅくすい》】

安眠▼ぐっすり安らかに眠ること。騒音や心配事のない状態の眠り。「自分のベッドで安眠できた」。**快眠**▼ぐっすりと心地よく眠ること。心身ともに良質な眠り。「体調がよく毎日快眠です」。**熟睡**▼ぐっすり眠ること。「疲れが溜まっていたので熟睡した」。

【窃取《せっしゅ》】【窃盗《せっとう》】【盗難《とうなん》】

窃取▼こっそり盗み取ること。「窃」の旧字は、穴にしまった米を取るという意味を表していた。**窃盗**▼他人の金品をこっそり盗むこと。**盗難**▼金品を盗まれること。「盗難事件が発生した」。

【利子《りし》】【利息《りそく》】【金利《きんり》】

利子▼借りたお金に上乗せして支払うお金のこと。借りた側からいう言葉。「利子をつけてお返しします」。**利息**▼上乗せしたお金を貸した側からいう言葉。「利息をつけて請求する」。**金利**▼「金利○%」などというように、借りたお金に上乗せして支払うお金のこと。「住宅ローンの金利を計算する」。

【重宝《ちょうほう》】【便利《べんり》】

重宝▼使って便利なこと。便利でよく使うこと。珍重すること。または大切な宝物。**便利**▼あることをするのに役に立つこと。都合のよいこと。

【極意《ごくい》】【秘訣《ひけつ》】

極意▼核心となる大切な事柄や到達するのが難しい事柄。奥義、とくに学問や芸事に関すること。「弟子に芸の極意を伝授する」。**秘訣**▼あることを行う際のとっておきの手段。もっとも効果的な方法。うまくやるコツ。「百歳のおじいさんに長生きの秘訣を聞いてみた」。

【寄宿《きしゅく》】【下宿《げしゅく》】

寄宿▼他人の家や学校・会社の宿舎などに住むこと。**下宿**▼他人の家に住むこと。学生が親元を離れてアパートなどに住むことを下宿という場合もある。

調整《ちょうせい》　調節《ちょうせつ》

調整▼悪い状態のものをよい方向へ整えること。悪いところを整えて全体のバランスをよくすること。「スケジュールを調整する」。**調節**▼物事を具合よくすること。とくによりよくする場合。「音量を調節する」。

安易《あんい》　安直《あんちょく》

安易▼努力しないで簡単にできること。のんきなこと。いい加減なこと。「安易にやるから失敗したのだと思う」。**安直**▼気軽、気楽に行うこと。お金をかけないなど手軽なようす。「真摯に取り組まず安直な方法に逃げた」。

養育《よういく》　養護《ようご》

養育▼子どもを養って育てること。「養育費を払っている」。**養護**▼保護して育てること。特別な保護のもとに助けること。「社会的養護が必要な子ども」。

基礎《きそ》　基本《きほん》　根底《こんてい》

基礎▼物事を成り立たせる大もとの部分。「基礎体力をつけることが大事」。**基本**▼物事の軸になるもの。基礎の上にあるもの。中心にあり正しいもの。「まずは食事マナーの基本を覚えてからだ」。**根底**▼物事や考え方の土台となるもの。「育ってきた環境がこの考えの根底にある」。

【目的《もくてき》】【目標《もくひょう》】

目的▼最終的なゴール。「目的地に到着した」。**目標**▼目的を達成するための目印。「まず目標を立てて行動する」。

【出生《しゅっしょう》】【新生《しんせい》】【生誕《せいたん》】【誕生《たんじょう》】

出生▼人が生まれること。「過去最低の出生率」。**新生**▼新しく生まれること。生まれ変わった気持ちで再出発すること。生まれ変わること。信仰により気持ちが変わることも表す。「会社を新生させる」。**生誕**▼偉人などが生まれること。「生誕二百年の記念イヤー」。**誕生**▼人に限らず、動物、物などが生まれること。「新しい命が誕生した」。

【威勢《いせい》】【権勢《けんい》】【勢威《せいい》】

威勢▼活気にあふれ元気がいいこと。または人を威圧するような勢い。「神輿《みこし》を担ぐときの威勢のいいかけ声」。**権勢**▼権力をもっていて勢いがあること。「権勢を振るう」。**勢威**▼人をおそれ従わせる勢い。権勢で威圧すること。「大国の勢威を示す」。

【封鎖《ふうさ》】【閉鎖《へいさ》】

封鎖▼出入りができないよう封じ込めること。道路などのアクセスを遮断すること。「国境を封鎖する」。**閉鎖**▼閉じること。閉ざすこと。活動をやめること。「インフルエンザによる学級閉鎖」。

【傑作《けっさく》】【名作《めいさく》】

傑作▼非常に優れた作品。「先日公開された映画は傑作だった」。**名作**▼傑作と同様に優れた作品だが、有名な作品という意味も加わる。「昭和の名作シリーズ」。

【永久《えいきゅう》】【永遠《えいえん》】【永劫《えいごう》】【永代《えいたい》】

永久▼果てしなく続くこと。物が対象になることが多い。「半永久保証の道具を買った」。**永遠**▼時間を超えて果てしなく続くこと。「永遠の愛を誓う」。**永劫**▼年月が無限に続くこと。極めて長い年月。「未来永劫留《とど》めておきたい瞬間」。**永代**▼何代も先まで。「永代供養をお願いする」。

【原因《げんいん》】【要因《よういん》】【起因《きいん》】

原因▼物事が発生したり状態が変化することを引き起こすもとになった事柄。「原」はみなもとという意味。「故障の原因を追求する」。**要因**▼物事が発生したり成立する際に、その原因や条件となった要素。「成功の要因を分析する」。**起因**▼物事が起こることになった原因。「小さなミスが事故の起因となった」。

【検証《けんしょう》】【検分《けんぶん》】

検証▼実際に物事にあたって調べること。「仮説を検証する」。**検分**▼その場に立ち会って調べること。調べ見届けること。「実地検分を行う」。

【納得《なっとく》】【合点《がてん》】

納得▼ほかの人の考えや行動などを十分に理解し、認めたり同意すること。「彼の説明でようやく納得できた」。**合点**▼理解すること。承知・同意すること。和歌などの優れた作品につけた符号が由来。「彼女のミスの原因がわかり合点がいった」。

【億劫《おっくう》】【大儀《たいぎ》】

億劫▼面倒くさくて気が進まないこと。気乗りしないこと。「出かけるのは億劫」。語源は➡P357。**大義**▼骨が折れること。面倒なこと。くたびれてだるくなること。「大儀そうに体を動かす」。

【範疇《はんちゅう》】【範囲《はんい》】

範疇▼同じ性質のものがまとまった範囲。分類などを支える根本的な枠組み。「疇」は等しい、同類などの意味を表す。「理解できる範疇を超えている」。**範囲**▼特定の広がり。囲い、区域。「想定の範囲内だった」。

【失望《しつぼう》】【落胆《らくたん》】

失望▼期待がはずれて、がっかりすること。希望を失うこと。「信頼していたのに裏切られ失望した」。**落胆**▼期待や希望どおりにならず、がっかりすること。力を落とすこと。「厳しい現実を知って落胆する」。

【習得《しゅうとく》】【会得《えとく》】

習得▼技術や知識を習って身につけること。**会得**▼意味をよく理解して、自分のものにすること。「会」には悟る(理解する)という意味がある。

【威嚇《いかく》】【恐喝《きょうかつ》】【脅迫《きょうはく》】

威嚇▼威力をみせつけて脅すこと。実際には攻撃せず自分の力を誇示する。**恐喝**▼相手の弱みにつけ込んで脅すこと。また相手を脅して金品をゆすり取ること。「スキャンダルをネタに恐喝する」。**脅迫**▼脅していうことをきかせる。ちなみに、害を加えると告知して脅すだけでも脅迫罪は成立する。

【永眠《えいみん》】【他界《たかい》】

永眠▼永い眠りにつくこと。死去すること。「父は先ほど永眠した」。**他界**▼死後の世界へ旅立つこと。死去すること。とくに貴人の死を指す。「先生は一年前に他界して、おそらく私たちの成長を見守ってくれているはずだ」。

【克明《こくめい》】【丹念《たんねん》】

克明▼細かなところまで念を入れてあること。実直なこと。非常に明らかなこと。「当時のようすが克明に記録されたノート」。**丹念**▼細かい点にまで注意を払うこと。ていねいに扱うこと。「丹念な仕事ぶりに感心する」。

混迷《こんめい》 迷走《めいそう》 躊躇《ちゅうちょ》 葛藤《かっとう》 悶着《もんちゃく》

混迷▼混乱し迷うこと。複雑に入り混じって見通しが立たないこと。「意見がばらばらで混迷を深めている」。**迷走**▼定まった道ではなく不規則に走ること。予想される道を大きくはずれて進むこと。**躊躇**▼決心できず行動に移せないこと。ためらい。**葛藤**▼相反する感情や意思などがあり、どちらを取るか迷うこと。その狭間で揺れ動くこと。いざこざ。もつれ。**悶着**▼乱れもつれること。感情や意見の食い違いから起こる争いやもめごと。紛争。「発言をめぐりひと悶着あった」。

神妙《しんみょう》 殊勝《しゅしょう》

神妙▼心がけや行いが立派で、感心なこと。いつもと違って素直でおとなしいこと。「叱られて神妙な面持ちをしていた」。**殊勝**▼年齢などの割に心がけや行動が立派で、感心なこと。ほめるに値すること。健気なさま。「若いのに殊勝な心がけだ」。

醜聞《しゅうぶん》 汚名《おめい》

醜聞▼名誉や人格を傷つけるよくない噂や風評。聞き苦しい噂。スキャンダル。「彼の醜聞を流したのはライバルの男だった」。**汚名**▼悪い評判。不名誉な評判。「裏切り者の汚名を着せられる」。

【迂闊《うかつ》】【粗相《そそう》】【油断《ゆだん》】

迂闊▼「迂」は曲がりくねって遠い、「闊」は遠回しという意。うっかりする、不注意。「迂闊にも別の書類をもってきてしまった」。**粗相**▼軽率さから間違ったり不適切な振る舞をすること。「クライアントの前で粗相のないようにした」。**油断**▼高をくくって気を緩めること。「油断大敵」。語源は⬇P359。

【遺体《いたい》】【死体《したい》】

遺体▼おもに人の場合に使う。「ご遺体」と「ご」をつけることで、よりていねいな言い方になる。**死体**▼人でもほかの生き物でも使う。

【木材《もくざい》】【材木《ざいもく》】

木材▼材料として用いるために伐採された木のこと。「山から木材を運び出す」。**材木**▼製品の材料として木材を加工したもの。「建築現場に材木を運び込む」。

【算段《さんだん》】【捻出《ねんしゅつ》】

算段▼よりよい方法や手段を考え出したり、工夫したりすること。とくにあれこれ苦心して金銭を工面すること。「ほかを削って修繕費用の算段がついた」。**捻出**▼ひねり出すこと。知恵を絞って考え出すこと。金銭や時間をやりくりしてつくること。「節約してなんとか旅費を捻出した」。

【怠惰《たいだ》】【横着《おうちゃく》】【無精《ぶしょう》】

怠惰▼しなくてはならないのに、怠けてだらしないこと。「怠惰だから期限に間に合わない」。**横着**▼するべきことを怠けること。楽をしてすませようとすること。「横着しないで着替えたほうがいい」。**無精**▼精を出さないこと。面倒くさがること。「無精ひげを剃《そ》る」。

【情熱《じょうねつ》】【熱意《ねつい》】

情熱▼その物事に対して激しく燃え上がる感情。「情熱的な恋をした」。**熱意**▼物事に対する意気込み。熱心な気持ち。「彼の熱意に応えて採用を決めた」。

【経緯《けいい》】【顛末《てんまつ》】

経緯▼物事の筋道。物事の入り組んだ事情。織物の経糸《たていと》と緯糸《よこいと》。「いきさつ」とも読む。「トラブルの経緯を説明した」。**顛末**▼顛《いただき》から末《すえ》まで。転じて物事の最初から最後までの事情。「事の顛末を詳細に説明する」。

【憂鬱《ゆううつ》】【陰鬱《いんうつ》】【鬱屈《うっくつ》】

憂鬱▼気分が落ち込んでいる状態。気がふさぐこと。「憂鬱な日」。**陰鬱**▼気分が沈み晴れ晴れしないこと。うっとうしいようす。「雨続きで陰鬱な気分だ」。**鬱屈**▼気分が晴れずふさぎこむこと。「鬱屈した表情」。

潤沢《じゅんたく》
豊潤《ほうじゅん》
豊富《ほうふ》

潤沢▼物などが豊富にあるようす。潤い、ゆとり、儲け。「資金が潤沢なので余裕がある」。**豊潤**▼豊かで潤いがあること。「バイオリンの豊潤な音色」のように、楽器の音色などについて使うことがある。**豊富**▼たくさんあること。「種類が豊富にそろっている」。

高慢《こうまん》
傲慢《ごうまん》

高慢▼うぬぼれて高ぶっていること。「高慢ちきな態度が気に入らない」。**傲慢**▼人をあなどったり見下したりして失礼なこと。自信過剰なこと。「あの人は傲慢で人の意見を聞かない」。

関心《かんしん》
興味《きょうみ》

関心▼ある物事に対する積極的な感情や心構え。興味をもったり、注意を払ったりすること。気にかけること。「関」にはかかわる、つなぎとめるという意味がある。「相手の関心事をさぐる」。**興味**▼ある物事に引きつけられること。感じさせるおもしろみ。「彼の経歴を知って、俄然《がぜん》、興味が湧いた」。

復活《ふっかつ》
回復《かいふく》

復活▼生き返る。一度やめたことをまたやる。「サッカー熱が復活した」。**回復**▼もとどおりになる。「入院してすっかり体が回復した」。

2 同じ言葉なのに違う漢字

【たまご】
卵
玉子

「カエルの卵」というように生物学上のたまごは**卵**。「玉子焼きを食べる」など食材の場合は**玉子**。ただし、食材でも魚の場合は卵を使うなど例外もある。

【しょくりょう】
食糧
食料

食糧は主食のこと。つまり国や地域によって何を指すかが違っていて日本の場合は米と麦がメイン。**食料**は米はもちろん、肉や野菜など食べ物全般のこと。

【あたたかい】
暖かい
温かい

暖かいは「寒い」の対義語で、気温など体全体で感じる温度に使う。**温かい**は「冷たい」の対義語で、たとえばお湯で手を洗ったときなど体の一部で感じる温度に使う。

【そっこう】
即効
速効

どちらも効き目がすぐに現れるという意味。**即効**は一般的に使われるが、**速効**は医学や農業で専門的に使われる。たとえば農業分野の「速効性肥料」など。

【あし】

足 脚

足首からつま先が**足**。「足のサイズを測る」など。骨盤から足首が**脚**。「あの俳優は脚が長い」など。ただし「足が早い」「足が棒になる」など比喩的に使う場合は**足**。テーブルや椅子の場合は**脚**を使う。

【まち】

街 町

街も**町**も人が集まっている場所。**街**は賑やかで都会的なところ。たとえば、商業地域、繁華街など。**町**は、区画された田畑の象形文字がルーツで、いろいろな生活区域を含む。もちろん、日本の基礎自治体の一種としての町もあり、「ちょう」と読むことも。

【とる】

捕る 採る

追いかけてとらえる場合は**捕る**、植物などを採取する場合は**採る**を使うが、昆虫採集というように、昆虫に**採る**を使う場合もある。

【うた】

歌 唄

歌、**唄**ともにメロディーやリズムをつけて声に出すもの。ポピュラーソングなど、普段耳にするのは**歌**。民謡や伝統的な邦楽は、多くの場合、**唄**と書く。なお、これとは別に、**歌**は和歌や短歌を表すこともある。ちなみに、「詩」も「うた」と読ませることがあるが、こちらは「うたう」ものではない。

【かわ】

皮 革

革は動物の皮を加工したもの。「牛革の靴」「革製品」など。**皮**は動植物の表面を覆っている膜。「リンゴの皮」「面の皮」など。また包む、覆う意味もあり、「饅頭《まんじゅう》の皮」など。ちなみに「皮革《ひかく》」はなま皮となめし革で革類の総称、レザーのこと。

【のびる】

伸びる
延びる

伸びるも**延びる**も長さや高さが増すという意味だが、**延びる**は、時刻や期日が決められたときより遅れる場合に使う。また、「バスの路線が延びる」などつなげて長くなる場合（延長）にも使う。

【とり】

鳥 鶏 酉

鳥は鳥類の総称。**鶏**は「にわとり」とも読み、意味もニワトリのこと。**酉**は十二支の酉年の酉。この酉だけは、鳥とも鶏とも関係なく、方位では西、時刻では午後六時の前後二時間を表す（⬇P304）。ただし、十二支はそのままでは覚えにくいので、動物を当てはめた。

【かわ】

川 河

一般的には**川**。ただし、とくに大きな**川**を表す場合に**河**と表記することがある。「運河」「銀河」「大河」などはその一例。また、中国で**河**といえば「黄河」のことを指す。

【ぎょかいるい】

魚介類　魚貝類

魚介類の「介」は鎧《よろい》をつけた人の形を表し、転じて甲羅をもつ貝、エビ、カニなどを表すようになった。さらに広がって海産物全般を**魚介類**と呼ぶように。**魚貝類**は本来、魚貝を「ぎょばい」と読み、魚や貝のことだったが、魚介類と混同され、同じ読みで**魚貝類**というようになった。意味もほぼ同じである。

【はね】

羽　羽根

羽は、「鳥が**羽**を広げた」というように、鳥や昆虫の体についた状態のハネ。**羽根**は「羽子板の**羽根**」のように、作られたり体から離れたもの。

【あぶら】

油　脂

油はサラダ油、ゴマ油のような液体のもの。**脂**は固体で、人間や動物の肉の中にある脂肪のこと。人間の皮膚から出る分泌物には**脂**を使い、脂汗、脂ぎる、などという。

【みち】

道　路　通

道も**路**も人や車が通るみちのことで、意味としては同じ。

道は道徳などというように社会のルールを守る、道理をわきまえるという意味もある。

路は移動のための通路を指し、たくさんの人が行き交う通路のイメージ。一方、**通**は大通りなどというように、大きく整備されたみちを表す。

【とし】 歳　年

歳も**年**も、暦の一年間や年齢を表す。「としをとる」という場合、**歳**を使うと老いていく経過の意味合いが強く、**年**を使うと年齢を数える意味が強くなる。なお、一歳、二歳というときは**歳**を使うのが正式。「才」は歳の代わりに用いられる。

【かげ】 影　陰

影は人の影や影絵のように、光を当てた反対側にできるはっきり形のある暗い部分のこと。**陰**は光が差し込まない場所や、陰口などというように見えないところなどの意味がある。

【すし】 鮨　鮓　寿司

鮨と**鮓**は昔からある言葉で、いずれも本来は淡水魚の保存食のこと。**鮨**は塩辛のようなもの、**鮓**は発酵させた米に魚を漬け込んだ食品のことを指した。**寿司**は「寿《ことぶき》を司《つかさど》る」という縁起をかついだ当て字という説があり、江戸時代に登場している。

【おじ】 伯父　叔父

伯父は父・母の兄。**叔父**は父・母の弟。**伯**には伯爵のように統率するという意味があり、転じて年上の人を表す。**叔**には若いという意味がある。もちろん、伯母と叔母の使い分けも同じ。

【かみがた】
髪型
髪形

髪型の「型」は鋳型の意味があり、フォーマットのようなもの。「和装のための髪型」などというように様式や基準を表す。**髪形**の「形」は本来美しさの表現。「今日の髪形はかわいい」などと使う。

【あう】
会う
逢う

人と人が一緒になるという意味なのは同じ。「知り合いに会う」などの場合は**会う**だが、もっと思い入れをもって使う場合は**逢う**がふさわしい。たとえば、「遭いたくてたまらなかった人にやっと遭えた」などというときには、**逢う**を使う。

【あお】
青
蒼
碧

青はもっとも一般的で、信号の青なども含めて青系の総称。**蒼**は深い海の色やアンティークなものなど、深い色味。草の色。また顔面蒼白のように、あおざめているさま。**碧**はあおみどり色。川の水の色などを表すことがある。

【みたす】
満たす
充たす

満たすは「満杯」というように、それ以上入らないところまでいっぱいにする、ギリギリまで達するという意味がある。**充たす**は「欠員を充たす」などのように、不足のところを埋めるという意味。どちらも**満たす**を使ってもよい。

3 正しく使い分けたい同音異義語

彼の身元を**ほしょう**する

○保証　×補償　×保障

保証は確かであると請けおうこと。**補償**は損失を埋め合わせること。**保障**は悪い状態にならないよう保護すること。

美しい庭園を**かんしょう**した

○観賞　×鑑賞

観賞は風景や植物など美しいものを見て楽しむこと。**鑑賞**は芸術作品のよさを味わったり良し悪しを見分けること。

きょくち的に雨が降る

○局地　×極地

局地は限られた地域。**極地**は最果ての地。たとえば、北極や南極のこと。職人技の極地など、比喩的にも使う。

ふしんな人物に警官が声をかけた

○不審　×不信　×不振

不審は疑わしいこと。不安に思うこと。**不信**は信じないこと、信用しないこと。**不振**は勢いが振るわないこと。

春の人事**いどう**が発表された

○異動　×移動

異動は概念的に場所を変えること。**移動**は物理的に場所を変えること。

会社に改善策を**ていげん**した

○提言　×定言

提言は考えて意見を提出すること。**定言**は仮定せず断定すること。

裁判所で**こうとう**弁論を行う

○口頭　×口答

口頭は口で述べること。口さき。**口答**は口で答えること。

あの夫婦は似たもの**どうし**だ

○同士　×同志

同士は身分や境遇、性質などが互いに共通している人。いとこ同士、女同士など後ろにつけて使うことが多い。**同志**は志や主義を同じくすること、またはその人。「志」には心がある方向を目指すという意がある。

アンケートに**かいとう**する

○回答　×解答

回答は質問や要求などへの返事、答え。「回」は水がうずまいている形を表し、まわる、めぐる、転じてかえすという意味がある。**解答**は問題を解いて答えを出すこと。「解」の字は牛の解体からできた。

復興を願って慈善**こうぎょう**を行った

○興行　×興業

——**興行**は演劇などの催し物。**興業**は新しく事業をおこすこと。

非行少年が**こうせい**した

○更生　×更正

——**更生**は好ましくない状態から立ち直ること。**更正**は登記などのミスを正すこと。

会議で**いぎ**を唱えた

○異議　×意義

——**異議**は反対する意見、違う意見。**意義**はその言葉の意味。

二つの仕事を**へいこう**して進めた

○並行　×平行

——**並行**は二つのことを同時に行うこと。**平行**は交わらない線や面のこと。

ミスで取引先の**しんしょう**を害する

○心証　×心象

——**心証**は人から受ける印象。**心象**は意識や心の中に描き出されるイメージ。

彼を**かしょう**評価している

○過小　×過少

——**過小**は程度が小さすぎること。**過少**は金額などの数量が少なすぎること。

あいせきの念に堪《た》えません

○哀惜　×愛惜

哀惜は帰らないものを悲しみ惜しむこと。多くの場合、人の死を悲しみ悼《いた》むことで、近い意味の「哀悼《あいとう》」という言葉もある。**愛惜**は愛して大切にすること。人より物に対していうのが一般的。名残惜しさを表すこともある。

彼の実力なら合格は**かたい**だろう

○堅い　×固い　×硬い

堅いは中身が詰まっていて強いこと。堅実《けんじつ》なようす。対義語は「脆《もろ》い」。**固い**は全体が強くしっかり固まっているようす。対義語は「緩《ゆる》い」。**硬い**は力強いようす、こわばっているようす。対義語は「やわらかい」。

きていの方針に従うしかない

○既定　×規定

既定は既に決まっていること。**規定**は物事を一定の形に定めること。

あの教授の**こうえん**は興味深い

○講演　×公演

講演は大勢の人の前で、ある題目について話すこと。**公演**は演じること。

丈夫さがこの製品の**とくちょう**だ

○特長　×特徴

特長はほかと比べて優れているところ。**特徴**はほかと比べて目立つ点。

結果だけでなく**かてい**が大切

○過程　×課程

――**過程**は進行や変化の途中の段階。**課程**は一定期間の学習・作業範囲。

敵は和戦**りょうよう**の構えだ

○両様　×両用

――**両様**は二つの様式のこと。二とおり。**両用**は二つの目的に使えること。

せいとうの流れを汲む茶道の家元

○正統　×正当

――**正統**は正しい系統や血筋。**正当**は道理に合っていて正しいこと。

薬は**ようりょう**を守って飲もう

○用量　×容量

――**用量**は薬など使用すべき量のこと。**容量**は入れることができる量。

試合の**けいせい**が一変した

○形勢　×形成

――**形勢**は変動する物事の成り行き。勢力の情況。**形成**は形ができあがること。

期日までに**いし**の決定が必要だ

○意思　×意志

――どちらも何かをしようとする考えだが、法律用語は**意思**。**意志**はより強い思い。

家族で写真を見ながら**かいこ**する

○懐古　×回顧

懐かしく思い出すことが**懐古**。通常はいい意味で使う。**回顧**は客観的に過去を振り返ることでいいことも悪いことも含む。自分の生きた時代の記録は「回顧録」。特定の作家を取り上げ生涯の作品を総覧するのが「回顧展」。

実は彼は**きょうぼう**な人間だ

○凶暴　×狂暴

凶暴は残忍な性質で乱暴なこと。「凶」の字は死者の胸にバツ印を記したさまでおみくじの凶や凶作など、わざわいや縁起が悪いことを表す。**狂暴**は狂ったように暴れること。「狂」には手に負えない暴れ犬の意がある。

きせいの概念を取り払った作品

○既成　×既製

既成は概念や事実として、できあがっていること。**既製**は商品として、

深刻な**ふしょう**事が起こった

○不祥　×不肖

不祥は縁起が悪いこと。不運なこと。災難。**不肖**は取るに足りないこと。

改革の**きうん**が高まった

○機運　×気運

機運は時のめぐり合わせ。**気運**は物事がある方向に進もうとする傾向。

あの作家の**しんそう**にある思いを知りたい

○深層　×真相

深層は表面からはわからない、奥深くに隠れている部分。深層心理などと使う場合や、海の深度二百メートルより深い海水を「海洋深層水」ということも。**真相**は真実の姿。「相」には見るという意味もあり、転じて姿を表す。

高価な持ち物で**みえ**をはる

○見栄　×見得

見栄は実際よりよく見せようとすること。うわべを飾ること。本来は「見え」の当て字だったが、「見栄」で浸透した。**見得**は歌舞伎の演技の一種で、動きを停止させてポーズをとること。

強い命令を**きょうい**に感じた

○脅威　×驚異

脅威は威圧するようなおどし。**驚異**は普通では考えられないような驚き。

強い地震で家が**しんどう**した

○震動　×振動

震動は震え動くこと。地震など自然現象に使う。**振動**は揺れ動くこと。

彼には少し**へんきょう**なところがある

○偏狭　×辺境

偏狭は度量が狭いこと。偏った狭い考え。**辺境**は中央から遠く離れた地域。

歌も演技も上手なたさいな人

○多才　×多彩

多才は多方面に才能があること。**多彩**は種類が豊富なこと。

テレビ番組をせいさくしている

○制作　×製作

制作は芸術作品などを作ること。**製作**は物などを作ること。

建物に無断でしんにゅうした

○侵入　×進入

侵入は無理やり入り込むこと。**進入**は進み入ること。

一気に才能がかいかした

○開花　×開化

開花は花が開くこと。成果が実ること。**開化**は文化が開けること。

工場のきかいをすべて作動させる

○機械　×器械

機械は動力を受けて運動・仕事をするもの。**器械**は動力装置のない道具。

しょようがあって出かける

○所用　×所要

所用は用事。**所要**はあることをするのに必要とすること。

太陽の**もと**で走り回る

○**下**　×**元**

下は物の下や支配下、影響下のこと。**元**は物事のはじめ。以前。原因。

持ち物に関しては高級**しこう**だ

○**志向**　×**思考**

志向はあることを目指しそこへ向かう気持ち。**思考**は考えること。

てきせい価格で販売している

○**適正**　×**適性**

適正は適当なこと、正当なこと。**適性**は性質が適していること。

政権の**しじ**率が下がっている

○**支持**　×**指示**

支持は支えること、もちこたえること。賛同して援助すること。**指示**は物事を指し示すこと。

利益を**ついきゅう**し続けた結果

○**追求**　×**追究**　×**追及**

追求は追い求めること。**追究**は深く調べること。**追及**は問いただすこと。

切手を**しゅうしゅう**している

○**収集**　×**収拾**

収集は集めること。**収拾**は混乱した状態からもとの状態に戻すこと。

やせい動物を保護している

○野生　×野性

野生は自然のなかで育ち生きること。**野性**は本能的な性質。

運動会の徒きょうそう

○競走　×競争

競走は速さを競って走ること。**競争**は勝ち負けを競うこと。

国語じてんで言葉の意味を調べる

○辞典　×事典

言語としての意味などを示すのが**辞典**。物事や事柄の内容を示すのが**事典**。

そがい感を感じてさびしい

○疎外　×阻害

疎外は嫌ってのけものにすること。「疎」は「うと(む)」と読み、嫌うという意味。**阻害**は妨害、じゃまをすること。物事の進展を妨げること。「阻」には山道が険しくなるという意があり、「はば(む)」「けわ(しい)」「へだ(たる)」と訓読みする。

先日の旅行費用のせいさんをする

○精算　×清算

金額などを細かく計算することは**精算**。お金に関することは「米」がつくほうと覚えるとよい。**清算**は結末をつけること。人間関係や過去のできごとに決着をつけるときに使う。

てっこう製品を扱っている

○鉄鋼　×鉄工　×鉄鉱

——**鉄鋼**は材料のこと。**鉄工**は工作・工場に関すること。**鉄鉱**は鉄の鉱石。

このままでは崩壊は**ひっし**だ

○必至　×必死

——**必至**は必ず起こるということ。**必死**は必ず死ぬこと。死ぬ気で尽くすこと。

遅延証明を**はっこう**してもらう

○発行　×発効

——**発行**は紙幣や証明書などを出すこと。**発効**は効力が発生すること。

この仕事で**せいこん**尽きはてた

○精根　×精魂

——**精根**は心身の力と根気。**精魂**は魂《たましい》、精神のこと。「精魂をそそぐ」など。

兄弟でも性格は**たいしょう**的だ

○対照　×対象　×対称

——**対照**は二つの比較。**対象**は目標や相手。**対称**はバランスを保つこと。

飛行機は時間通りに**うんこう**している

○運航　×運行

——**運航**は船や航空機が決まった航路を進むこと。**運行**は電車やバス、惑星に使う。

一人前になるには**しゅぎょう**に五年かかる

○修業　×修行

修業は学問や芸などを習得すること。**修行**は仏教語。精神を鍛え磨くこと。

旅行の**こうてい**表を作る

○行程　×工程

行程は目的地までの距離、日程。**工程**は作業の手順や段階。

辞書を**かいてい**する

○改訂　×改定

改訂は書物の内容を改め正すこと。**改定**は制度や規則を改めて定めること。

受け入れ**たいせい**を整える

○態勢　×体制　×大勢

態勢は一時的・部分的な対応。**体制**は仕組み。持続的な組織や制度。「資本主義体制」など。**大勢**はおおかたの形勢。物事の成りゆき。「選挙の大勢が判明する」など。

仕事の**いっかん**として取り組む

○一環　×一貫

一環は全体に関係ある一部分。つながりのなかの一部分。「○○の一環として行う」という使い方が多い。**一貫**は初めから終わりまで。「貫」は江戸時代以前の通貨の単位で、漢字の成り立ちはひもに刺し通したお金のこと。転じて、つらぬくという意味になった。

人質をかいほうする

○解放　×開放

解放は束縛や制限を取り除いて自由にすること。「解放感に浸る」など。**開放**は自由に出入りさせること。窓を開放、自宅を開放など、開け放すこと。「放」の字には人を追い払うという意味がある。

むじょうの喜びを感じる

○無上　×無常　×無情

無上は最高、最上。**無常**は世の中のはかなさ。もとは仏教語で一切のものは常に生滅流転《しょうめつるてん》して永遠不変のものはないという意。**無情**は情がないこと。無は下につく語を否定し、今もないしこれからもないという意を表す。

航空機のしんろを示す

○針路　×進路

船や航空機の進む方向は**針路**。人などが進む道筋は**進路**。

道徳のきじゅん

○規準　×基準

規準は判断や行動の手本となる規範や規則。**基準**はよりどころとなる標準。

ふへん的なデザインの家

○普遍　×不変　×不偏

普遍は広く行き渡ること。**不変**は変わらないこと。**不偏**は偏らないこと。

ふじゅんな動機で近づいた

○不純　×不順

不純は純粋でないこと。**不順**は順調でないこと。道理に従わないこと。

しょうがい物リレーで走る

○障害　×傷害

障害は進行や動きなどの妨げとなるもの。**傷害**は傷つけること。

エンジンのかねつに注意

○過熱　×加熱

過熱は熱くなりすぎること。異常に高まること。**加熱**は熱を加えること。

政治資金きせい法

○規正　×規制

規正は規則に従って悪い点を正し改めること。**規制**は従うべき決まり。規定。

国と国との対立がしんかする

○深化　×進化

深化は深刻化すること。また、深めること。**進化**は進歩し発展すること。

課長のけっさいを仰ぐ

○決裁　×決済

決裁は上司が部下の提案の可否を決めること。**決済**は代金の受け渡しで取引を終えること。

ひうんの最期を遂げた

〇悲運　×非運

――**悲運**は悲しい運命。不幸な運命。**非運**は不運、運がないこと。

ブームがちんせい化した

〇沈静　×鎮静

――**沈静**は落ち着いて静かになること。**鎮静**は気持ちなどがしずまること。

彼の言い分にもいちりある

〇一理　×一利

――**一理**は一つの道理、一応の理由。理屈。**一利**は一つの利益、利点。

政治家のかがみ

〇鑑　×鏡

――**鑑**は模範、手本。**鏡**は人の姿や物の形を映して見る道具。

工場のはいすいを処理する

〇廃水　×排水

――**廃水**は使って役に立たなくなった水。**排水**はいらない水を流し出すこと。

ある作家のきせきをたどる

〇軌跡　×奇跡

――**軌跡**は先人や物事がたどってきた跡。**奇跡**は常識では考えられないできごと。

自動車からおりる

○降りる　×下りる

降りるは乗り物から外に出ること。また、しりぞくという意味もある。「役職を降りる」「降格人事」など。**下りる**は上から下に移ること。また、身分や程度が低いことも表す。

新聞に広告をのせる

○載せる　×乗せる

載せるは掲載する。物の上に置く。荷物を積む。**乗せる**はたくさんの意味があり、もっとも一般的なのは人を乗り物などにのせること。そのほか「口車に乗る」「音楽に乗る」「図に乗る」「大台に乗る」「電波に乗せる」などの使い方がある。

大切な面談にのぞむ

○臨む　×望む

臨むは出席する。機会などに向かいあう。面する。**望む**は願う。眺める。仰ぐ。

紅葉をうつす湖

○映す　×写す

映すは画像を再生する。投影する。**写す**はもとと同じように書く。撮影。

予算を大幅にこえる

○超える　×越える

超えるは基準や限度を上回る。**越える**は地点や時間を通り過ぎて進むこと。

産業がおこる

○興る　×起こる

興るは新しく生じて勢いが盛んになること。「興」には力を合わせてもち上げるという意がある。「振興」「復興」など。**起こる**の「起」は起点の起。新たに生じることや活動が始まる場合に用いる。「喚起」「発起人」など。

怒りをおさえる

○抑える　×押さえる

抑えるは勢いを止める、食い止めるという意で、感情などが高ぶらないようにするときによく使う。**押さえる**は力を加え動かなくすること。また、「ポイントを押さえる」「予約を押さえる」など、確保するという意味も。

もう才能がかれてしまった

○涸れて　×枯れて

涸れるは水や能力がなくなる。草木がかれるのは**枯れる**。円熟の意味も。

勝利におごる

○驕る　×奢る

驕るは思い上がった振る舞い。**奢る**は贅沢をする、ご馳走する。

神をおそれぬしわざ

○畏れぬ　×怖れぬ

畏れるは力の及ばないものをおそれ敬うこと。**怖れる**はこわがること。

誠心誠意許しを**こう**

○**請う**　×**乞う**

――**請う**は許しを求めること。祈る。**乞う**はねだる、強く頼む。所望する。

都が奈良から京都に**うつる**

○**遷る**　×**移る**

――**遷る**は移転すること。**移る**は人や物が別のところへ動くこと。

病気が治るまでお酒を**たつ**

○**断つ**　×**絶つ**

――**断つ**は続いているものを途中で切る。**絶つ**は続いているものを終わらせる。

大きな工事を**うけ**負う

○**請け**　×**受け**

――**請ける**は仕事などを引き受けること。**受ける**は受け止める、受け取る。

レギュラーをがらりと**かえる**

○**替える**　×**変える**

――**替える**は新しい物や人に入れ替えること。**変える**は物事や内容を変更すること。

目の前で鳥が枝に**とまる**

○**止まる**　×**留まる**

――**止まる**は動いていたものが動かなくなる。**留まる**は動かないように固定する。

暑いとすぐのどがかわく

○渇く　×乾く

渇くはのどが渇くほかに、欲望が満たされず強く求めることにも。乾くは乾燥。

おもしろかった本を人にすすめる

○薦める　×勧める

薦めるは人や物などを採用するよう促すこと。勧めるは行動を誘いかけること。

試合運びがあらい

○粗い　×荒い

粗いは細かでないこと。粗雑で大雑把。荒いは動作や勢いが激しいこと。

時代におくれる

○後れる　×遅れる

後れるは取り残される、劣る。遅れるは決められた時刻・期限よりあとになる。

意にかいする必要はない

○介する　×解する

介するは気にかける、仲立ちとする。解するは理解すること。

今年のできごとをかえりみる

○顧みる　×省みる

顧みるは回想。過ぎ去ったことを振り返って思い起こすこと。省みるは反省。

犯人が卑劣な本性をあらわす

○現す　×表す

現すは形やようすなど、隠れていたものが表に出る。**表す**は表現すること。

ゴミ問題の解決をはかる

○図る　×計る

図るは企てること、計画を立てること。**計る**は時間や数を調べること。

説明するため例をあげる

○挙げる　×上げる

挙げるは人の目につくようにする。**上げる**は低い所から高いほうへ動かす。

昼休みの時間を仕事にあてる

○充てる　×当てる

充てるは物事をある用途に振り分けること。お金や時間、人材に関することに使うことが多い。**当てる**は「物を投げて当てる」などの当てる。触れさせる。ただし両者に明確な違いはなく、「充当する」という言葉もある。

あの人はとても気がきく

○利く　×効く

利くは有効に活動すること。機能が働くこと。「口を利く」「機転が利く」など人に対しても使うが、「ブレーキが利く」のように物に対しても使う。**効く**は効き目、効果があること。「薬が効く」など。

美しい字の書き方

手書きの文字を人に見せるとき、ためらってしまうことも。漢字を美しく書くコツを習得して、たくさん文字を書いてみよう。

美しい文字を書くための基本五か条

1　右上がりに書く

全体にやや右上がりに書くのがコツ。文字に躍動感が出てシャープに見える。

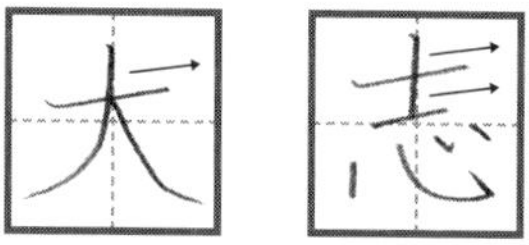

2　横画や縦画同士の空間を均等にする

横画や縦画同士の間をそろえることは、美しい文字を書くためにいちばん重要。

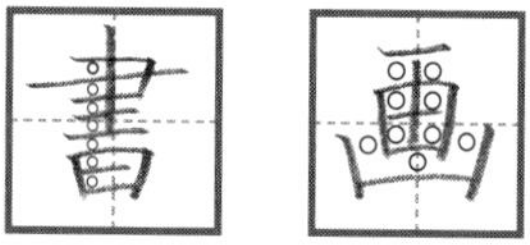

3　横画は角度を変える

並んだ線の角度を少し変えると美しく見える。特に画数の少ない漢字に有効。

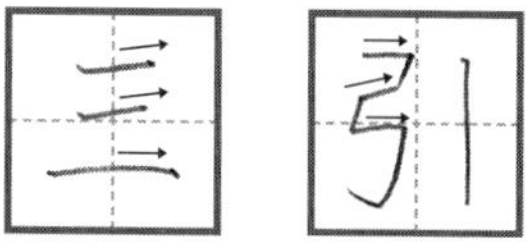

4　正しい書き順で書く

漢字の書き順は文字の成り立ちから定められていたり、字形を整えるために考えられていたりする。書き順はそれぞれに意味があり、理にかなっているので、書き順どおりに書くとよい。

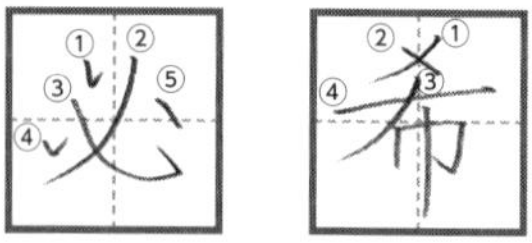

5　漢字の顔を左向きに書く

❶左上から書き始め、右下で終わる筆順で書く(書き順どおり)

❷横画をやや右上がりに書く

❸右下に重心をもっていくように書く

この三点を心がけると左を向いたイメージになり美しい文字になる。

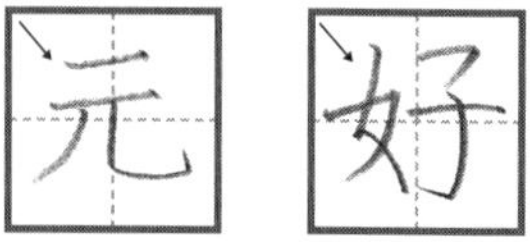

字形のバランスを整えて美しい文字に

1　文字が左右対象の場合

中心をしっかり意識して書くことが大切。中心に縦画が入る際はまっすぐに引くようにする。

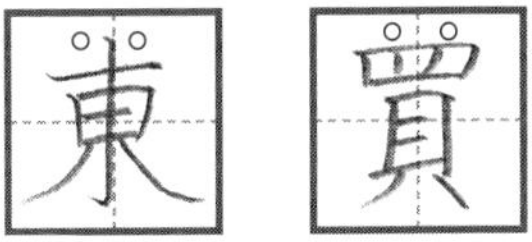

2　偏《へん》と旁《つくり》の大きさを変える

偏と旁の大小のバランスを変えて美しい文字に。偏小の旁大にするとよい文字は「場」「味」「鳴」「晴」「現」など。偏大の旁小にするとよい文字は「松」「柏」「和」「知」「細」など。

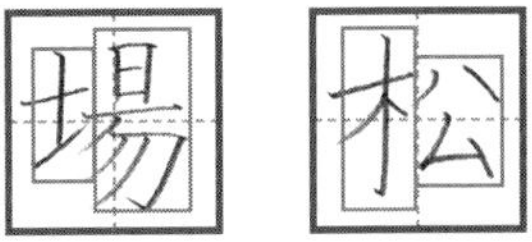

3　偏と旁、上下の大きさを同等にする

偏と旁や、上下を同じ大きさにすると美しく見える文字がある。偏と旁は「願」「期」「救」「服」「顧」など。上下は「雲」「男」「告」「翌」「賛」など。

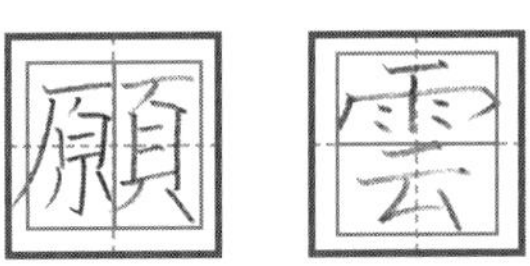

4　文字の左と右の大きさを変える

左右の大小のバランスを変えて美しい文字に。左小の右大にするとよい文字は「体」「科」「記」「協」「標」など。左大の右小にするとよい文字は「判」「都」「数」「射」「乱」など。

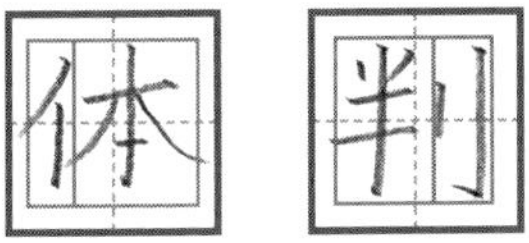

5　文字の上と下の大きさを変える

上下の大小のバランスを変えて美しい文字に。上小の下大にするとよい文字は「最」「荷」「炭」「童」「覧」など。上大の下小にするとよい文字は「悲」「黒」「然」「感」「盟」など。

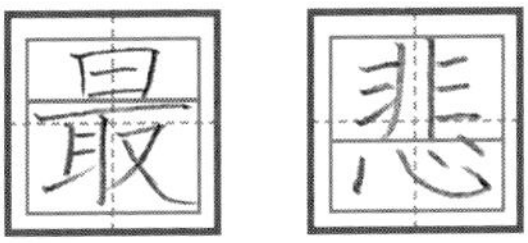

6　縦や横に三分割に書く

三等分を意識して書くと美しくなる文字がある。縦三分割は「御」「働」「謝」「織」「術」など。横三分割は「章」「草」「築」「景」「芸」など。

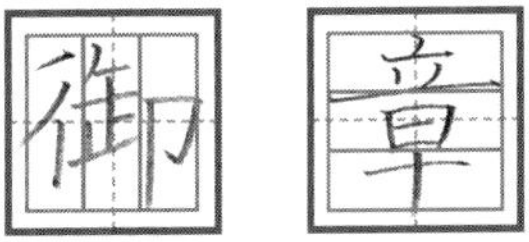

（出典：美文字の書き方.com ／清水克信）

漢字マメ知識 2

◇「物」をブツと読むか、モツと読むか

「物」の音読みは、ブツとモツ。人物、植物などブツと読むほうが多く、物産、物件のように「物*」が最初につく熟語は、みなブツ(ブッ)と読む。モツの読みは、荷物、書物など身近なものを表す熟語に使われる。では、農作物は何と読むか。「農作」＋「物」なので、読みはノウサクブツとなる。

◇どうして「二十歳」を「はたち」と呼ぶの？

はたちは「はた」＋「ち」に分けられる。「はた」は二十を表し、「ち」はひとつ、ふたつの「つ」と同じ助数詞。二十年は「はたとせ」、二十人は「はたとり」といった。

◇「々」は何と読む？

直前の漢字を繰り返すときに使う「々」は、「踊り字」「畳字《じょうじ》」「繰り返し符号」という記号の一種。漢字ではないので正式な読み方はないが、「同の字点」や「ノマ点」と呼ばれ、パソコンで入力するときは「おなじ」や「どう」で変換できる。

◇「博」は点あり、「専」は点なし

「博」と「専」は似ているが、「博」は右上に点がつき、「専」にはつかない。それは、もともと違う形をしていたから。博の旁《つくり》の旧字体は「甫」＋「寸」の形で「尃」、広く行きわたるという意味。一方、「専」の旧字体は「專」、それだけに集中するという意味で、点は最初からついてない。戦後、複雑だった漢字が簡略化され、紛らわしくなってしまったのだ。

＊当て字は除く。

7章

知っておきたい素敵な大和言葉

「大和言葉」とは日本古来からある、日本特有の言葉。日本人として使いこなしたいものです。

1 時刻や時を表す大和言葉

【朝まだき】

夜の明けきらないころ。早朝。「まだき」は、まだその時になりきっていないという意味。

例 朝まだき[*1]起きてぞ見つる梅の花　夜のまの風のうしろめたさに（『拾《しゅう》遺《い》集《しゅう》』元良《もとよし》親王《しんのう》）

【曙《あけぼの》】

夜がほのかに明るくなり始める時間。また、新しい時代がくるという意味でも使う。

例 春は曙。やうやう白くなりゆく山際、少しあかりて、紫だちたる雲の細くたなびきたる（『枕草子』清少納言）。

【東《しの》雲《のめ》】

東の空がわずかに白み始める、明け方の時間。古代の住居にあった、篠竹を編んだ明かり取りから差し込む光（篠の目）と、東の空にたなびく雲（東雲）が合わさり、夜明け時を指す言葉に。

【黄《たそ》昏《がれ》】

夕暮れの時刻のこと。語源は「誰《た》そ彼《かれ》」。薄暗くて、人の顔がよくわからないので、「誰そ彼は？」と人に問いかけたことから。また、比喩的に物事が終わりに近づき、衰えの見えるころとしても用いる。

例 寄りて[*2]こそそれかとも見めたそかれに　ほのぼの見つる花の夕顔（『源氏物語（紫式部）』）

＊1 意味は、「朝早く起きて梅の花を見た。夜の間の風に散ったかと心配で」。
＊2 意味は、「近寄って見れば判別できる。黄昏時にぼんやりと見た花が夕顔であるかは」。

【逢魔《おうま》が時《とき》】

日が暮れて、闇夜が訪れようとしているころ。一日のうちでもっとも大きな災いにあいやすい時間、「大禍《おおまが》時《とき》」から転じたとされる。

【宵《よい》の口《くち》】

日が暮れて、夜になり始めたころ。また、夜がまだふけないころ。「宵」は、日が暮れて間もないころや夕べと夜中の間、「口」は入り口。

例 まだ、宵の口だ。もう一軒飲みに行こう。

【夜《よる》の帳《とばり》】

夜になって、闇があたりを包み込むようす。「帳」とは、室内を仕切るために垂れ下げる布のことで、「闇が布のように、あたりを包み込んでしまった」ことを表す。

【夜《よ》もすがら】

一晩中の意味。「すがら」は、「初めから終わりまで」「〜の間ずっと」の意。夜どおし、何かを続けているさま。「終夜」とも書く。

例 夜もすがら、友と語り合った。

【朝《あさ》な夕《ゆう》な】

朝晩から、いつも、常に。

例 伊勢の海人《あま》の朝な夕なに潜《かず》くといふ 鮑《あわび》の貝の片思ひにして(『万葉集(作者不明)』)*

【来《こ》し方《かた》行《ゆ》く末《すえ》】

過去と未来、長い歳月の流れの意味。「来し方」は来た方向、「行く末」は行く方向で、合わせて過去から現在、未来へと続いていくイメージになる。

例 わが社の来し方行く末を思うと、感慨に堪えません。

＊意味は、「伊勢の海人がいつも潜ってとる鮑の貝のように、私の恋も片思い」。

2 季節を感じさせる大和言葉

【山笑《やまわら》う】＊

山の樹々がいっせいに芽吹き、若草色に変わっていくようす。春の季語としてよく使われる。もとは中国の漢詩集『臥遊録《がゆうろく》』から。

例 故郷やどちらを見ても山笑ふ
（正岡子規）

【花冷《はなび》え】

花は桜を指し、桜が咲くころに、急に冬のような寒さが戻ること。桜の時期だけに使う言葉。

例 花冷えの折、くれぐれもご自愛ください。

【青嵐《あおあらし》】

初夏のころ、青葉をゆすりながら吹き抜ける強い風のこと。緑あふれる五～七月のさわやかで若々しいイメージを表現する言葉。

【麗《うらら》か】

すっきりと晴れ渡った春の空の下、明るくやわらかい日差しが溢れているようす。

【風薫《かぜかお》る】

初夏に草木の香りを帯びた風がさわやかに吹くようす。「薫風《くんぷう》」ともいう。

例 風薫る五月、いかがお過ごしでしょうか。

【蝉時雨《せみしぐれ》】

暑い夏の盛りに、蝉が一斉

＊夏は「山滴《やましたた》る」、秋は「山粧《やまよそお》う」、冬は「山眠る」という。

に鳴きたてる声を、雨の降る音に見立てた言葉。時雨とは、秋から冬にかけて、一時的に降ったりやんだりする雨のこと。

【星《ほし》月《づき》夜《よ》】

月が出ていなくても、星の輝きだけで月夜のように明るい夜のこと。秋の季語。

例 戸口まで送って出れば星月夜
（正岡子規）

【木《こ》枯《が》らし】

秋の終わりから冬の初めにかけて吹く強く冷たい風。木を枯らす風から。

【雪《ゆき》を粧《よそお》う】

雪で景色が化粧をしたように白く美しく変わること。「粧う」とは、身なりや外見を美しく整えるという意味。「雪化粧《ゆきげしょう》」とも。

例 一晩ですっかり雪を粧った。

【年《とし》の瀬《せ》】

年末の意味。「瀬」には、「川の浅く流れの早い場所」という意味があり、とても危険な場所なことから、慌ただしく、困難な状況を表している。

【薄《うす》氷《らひ》】

寒さがゆるむ季節に、ごくごく薄く張った氷のこと。または、薄く解け残った氷のこと。春の季語。

【東《こ》風《ち》】

冬が終わりに近づくころに吹く、東よりの風。この風が吹くと寒さが緩み、春が訪れるとされている。

3 暮らしに関わる大和言葉

【親父《おやじ》】

父親を親しんで呼ぶ言葉。また、集団の長、店などの主人を親しんでもいう。もとは、尊い人を表す「仁」が使われ「親仁」とも表記され、父親に対する敬意を表していたとも考えられている。

【お袋《ふくろ》】

母親を親しんで呼ぶ言葉。一家の財産を袋に入れて管理していたのが女性だったことから、「御袋様」と呼ばれるようになったのが始まりだとされている。

【倅《せがれ》】

自分の息子をへりくだっていう表現。または、他人の息子をくだけていう言葉。「やせがれ（痩せ枯れ）」の略といわれている。

【子《こ》宝《だから》】

宝のように大切な子ども。

例 三人の子宝に恵まれた。

【手《て》児《ご》】

乳幼児のこと。父母の「手」に抱かれる子どもという意味から。

【門《かど》口《くち》】

門のあたりという意味。門《かど》は、門を意味する大和言葉で、正月に門前に立てる「門松《かどまつ》」、自分の家を出発して旅に向かうことを意味する「門《かど》出《で》」のように使われる。

【厠《かわや》】

便所の別名。川の上に小屋を建てて用を足したことによる「川屋」から転じたという説や、母屋の近くに設けたことによる「側屋《かはや》」を語源とする説がある。

【厨《くりや》】

台所、厨房のこと。もともとは、「涅《くり》屋」と書き、調理の際の煙や熱で、壁や天井が黒くなっているところから、呼ばれるようになったとされる。

【湯《ゆ》浴《あ》み】

入浴すること。湯や水を浴びてさっぱりすること。

【青《あお》物《もの》】

野菜のこと。もともとは、緑色をしたものという意味で、葉物野菜を指したが、一般化して野菜全体を指すように。また、皮が青いイワシやサバなどの魚も指す。

【煮《に》炊《た》き】

食物を煮たり焼いたりすること。炊事。火を使う情景を思い浮かばせる言い方。

【紫《むらさき》】

醤油《しょうゆ》のこと。おもにすし屋で用いられる表現。もとは女房詞で醤油の色が紫であったことから。

【波《なみ》の花《はな》】

塩のこと。塩の「し＝死」の音を避けた表現。

【卯《う》の花《はな》】

おからのこと。からというう音が、「空」に通じるので、避けて使った言葉。初夏に白い小さな花を咲かせる卯木《うつぎ》（別名、卯の花）という植物に似ているため、卯の花と呼ばれるように。

五〜六月に白い花を咲かせる卯木。

【水菓子《みずがし》】

果物のこと。昔は、「菓子」を果物の意味で使っていたが、やがて、菓子が、「食事以外のすべての間食」を指すようになったことから、果物を「水菓子」と呼んで区別するようになった。

【御手許《おてもと》】

箸のこと。料理屋などで、食膳のもっとも手前にあることに由来する。箸の「は＝端」「し＝死」と忌み言葉の重なりを避けた表現。

【酌《く》む】

酒や茶を器に入れて飲むこと。また、推察すること。

例 旧友と酒を酌みながらゆっくり語らった。

【出来合《できあ》い】

注文を受けて作るのではなく、すでに作ってあること。反対の言葉は「誂《あつら》え」。

【出《い》で立《た》ち】

装い、身なり、身支度のこと。もとは旅立ちや出発の意味だったとされ、家の外に出るときの身なりを表す。

【映《うつ》る】

似合う、調和する、釣り合うといった意味をもち、周りとの均整がとれたバランスのよいさまを表す。

例 あの人の顔色には、赤がよく映る。

【垢《あか》抜ける】

姿・芸などが洗練されていること。野暮ったさや素人っぽさを「垢」とみなし、垢が抜けてさっぱりとした状態を表す。

例 彼はすっかり垢抜けた印象になったね。

【日《ひ》和《より》】

晴れてよい天気。また、何かを行うのに都合のよい日という意味も。

【日《ひ》並《な》み】

毎日、連日、何かをすること。また、日の善し悪し。

例 日並み、読書をして過ごしています。／日並みがよい。

【御《お》足《あし》】

お金のこと。あたかも足が生えているかのように逃げやすいことから。

【空《そら》音《ね》】

実際にはないのに聞こえるような気がする音。「空」にはうそや偽りの意味がある。

【手《て》習《なら》い】

文字の読み書きを習うこと。また、練習や勉強、稽古。

例 六十の手習い。

4 もてなし・訪問の大和言葉

【お運《はこ》び】

行くこと、来ることの意の尊敬語。本来は、お運びの前に「足」が入り、「足を運ぶ」で出かけるの意味になる。

例 お忙しいなか、お運びいただきありがとうございます。

【お足《あし》元《もと》】

地面に足がついている場所。「足元が悪い」は、雨などにより、地面がぬかるんでいたりして、歩きにくいことを表す。道が舗装されていない時代、雨や雪が降ると足元が汚れ、目的地に着くまでに大変な思いをした。その労力を気遣う言葉。

例 お足元の悪いなか、お越しいただきありがとうございます。

【ひと息《いき》】

一度息をつくこと。ひと呼吸、ひと休み。南北朝時代に書かれた『太平記』の中にも、「ひと息休《やすみ》てぞ支《ささ》へける」と記載されている。

例 まずは、どうぞひと息おつきください。

【お招《まね》きに与《あずか》る】

招待に感謝する言い回し。与るは、平安時代から使われてきた目上の人から感謝や恩恵を受けるときに用いられる言葉で、「お褒めに与る」のようにも使う。

例 本日は、お招きに与りましてありがとうございます。

【お召《め》し替《か》え】

着替えること。とくに貴人の着替えをいう。「お召し物」は着衣や履物の尊敬語。

【お平《たい》らに】

足を崩して楽にしてくださいと客などにすすめるときに使う。「お平ら」には、「高低差がないところ」や「あぐら」といった意味があり、正座を崩して楽に座ってくださいという意味になる。

例 どうぞ、お平らになさってください。

【心《こころ》置《お》きなく】

他者に対して気兼ねしないさまのこと。「気をつかう」という意味の「心を置く」の反対言葉。遠慮がちな訪問客を安心させる表現。

例 心置きなくお過ごしください。

【心《こころ》許《ばか》り】

わずかに気持ちの一部を表しただけのものという意味。贈り物をするときなどに「気持ちのすべてを品物に託すことはできませんが」という意味を込めて使う。

例 心許りの品ではありますが、お受け取りください。

【松《まつ》の葉《は》】

寸志という意味。松の葉に包むほどわずかであるということを表す謙譲語。手土産の表書きの献辞（上書き）に用いられる。

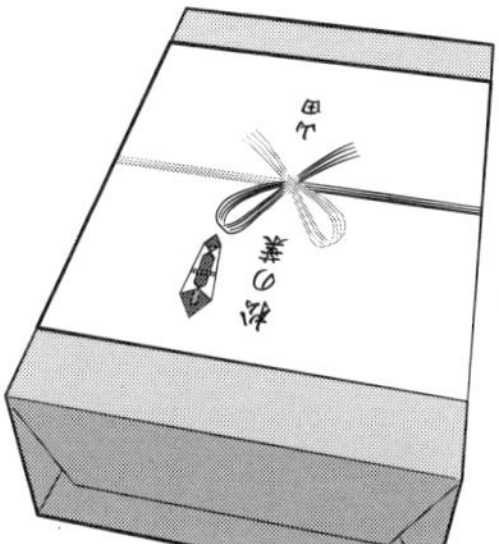

熨斗《のし》に書かれた「松の葉」。手土産やお礼に「ほんの気持ちです」と伝える。

【ご笑《しょう》納《のう》】

人に贈り物をするときに、「つまらない物ですが笑ってお納めください」という気持ちを込めて用いる。へりくだった表現。

例 ご笑納くだされば幸いです。

【お口《くち》汚《よご》し】

口を汚す程度の、少量で簡単な飲食物のこと。人に料理をすすめるとき、へりくだっていう言葉。

例 よろしければ、ほんのお口汚しでございますが。

【心《こころ》尽《づく》し】

相手のことを思って、真心をこめて何かに取り組むこと。かつては「いろいろと気をもむこと」を指し、そこから、相手を喜ばせるためにこまごまと気を使うようすを表すようになった。

例 お心尽しの手料理に、感謝いたします。

【粗《そ》茶《ちゃ》】

粗末な茶という意味。来客に、へりくだりながらお茶を出すときに使われる。日本茶以外のコーヒーや紅茶を出すときには使われない。

例 粗茶でございますが。

【お持《も》たせ】

来客がもってきた、土産物のことを、受ける側がいうときに使う言葉。お客様へ、その人自身が持参した食べ物や飲み物をすぐに出すときに使用する。

例 お持たせで失礼いたします。

【ご一《いっ》献《こん》】

一献とは、一杯の酒、また

は酒を酌むこと。来客者や目上の人に、「まずは一杯」と酒をすすめるときに使う表現。

例 まずはご一献いかがですか。

【戴《いただ》く】

もらう、飲食するの謙譲語。もともとは、頭の上にのせるという意味で、貴人から物を受け取るときの作法を表す言葉。

【ご馳《ち》走《そう》さま】

手厚いもてなしを受けたときの感謝の気持ちを伝える言葉。「馳走」とは、その準備のために走りまわるという意味から、食事を出すなどして客をもてなすことを指すようになった。

【お粗《そ》末《まつ》さま】

相手に提供した食事が大したものではなかったと謙遜していう。「ご馳走さまでした」の返事の言葉。

【お暇《いとま》】

訪問先から退出するときに使用する言葉。「暇」は、休む間や別れを意味し、「お暇する」で、あなたの前を去っていくという意味になる。

例 そろそろ、お暇いたします。

【お相《しょう》伴《ばん》】

相伴は連れ立って行くこと。また、その連れの人。転じて、主となる人物とともにもてなしを受けたときに、「自分までご馳走していただいて」と謙遜の意味を込めて使われるようになった。

例 お相伴に与《あずか》りまして、ありがとうございました。

5 仕事に関わる大和言葉

【商《あきな》い】
商売のこと。収穫物を交換するのが秋だったため、動詞「あきなふ」が生まれ、「あきない」になったとされる。

【生業《なりわい》】
生活を営むための仕事、職業のこと。もとは生きるために必須であった、農業や農作物のことだったが、職業そのものを指すように。

【新米《しんまい》】
仕事や芸事を始めてからまだ日数が少なく、それに慣れていない人のこと。商家に奉公に入ると、新しい前掛け（新前掛け）をつけたことから、これを「しんまえ」と呼び、いつしか「しんまい」となり、「新米」の漢字が当てられるようになった。

【懐刀《ふところがたな》】
内密の計画などに関わる、信頼のおける部下のこと。もとは護身用に懐に潜ませておく小さな刀のことを指し、そこから、いざというときの「切り札」のたとえとして使われるようになった。

【お墨付《すみつ》き】
権力や権威のある人の与える保証のこと。幕府や大名から送られてくる文書に対して、信頼できる文書であることを証明した墨の署名

（花押《かおう》）があったことから、偉い人の公認をもらうことを指すようになった。

例 有名な先生から、お墨付きをいただいた作品です。

【夜《よ》鍋《なべ》】

夜に仕事をすること、また、その仕事。深夜まで仕事をしていると空腹になり、鍋で物を煮て、食べながら仕事をしたことから。

【後《あと》釜《がま》】

前任者が退いたあと、その地位に就く人。次の担当者。語源は、かまどに残り火がある状態で、すぐに次の釜をかけること。そこから、前任者が退いたあと、すぐに代わる人のことを指すようになった。

【根《ね》回《まわ》し】

交渉や会議などで、事をうまく運ぶために、前もって関係者に話を通しておくこと。木を移植する際、事前に、根の周囲を切り詰めて細根を発達させておく手法から、転用された。

【都《みやこ》落《お》ち】

都会を離れて、地方へ転勤・転居などをすること。戦いに敗れて、都から地方へ逃げ出すことから転じ、大抵は左遷を表す。

例 東京での生活に疲れて、都落ちをしてきました。

【鞍《くら》替《が》え】

仕事・商売・所属などを別のものに替えること。転職をすること。馬の鞍を替える、つまり、別の馬に乗り替えることから、転じた表現。

【袖《そで》の下《した》】

内密に贈る品物や金銭、賄《わい》賂《ろ》。人目につかないように着物の袖の下からひそかに贈る仕草を語源とする。

【助《すけ》太《だ》刀《ち》】

加勢や援助をすること。また、その人。太刀をもって、仇討ちや果たしあいに協力することから転じた言葉。

【名《な》乗《の》りを上《あ》げる】

公表すること。進んで立候補すること。武士が戦場で戦う前に「我こそは…」と自分の姓名や身分を大声で告げる儀礼から転じた言葉。

例 オリンピックの開催地に名乗りを上げる。

【襟《*えり》を正《ただ》す】

態度や姿勢を整えることで、気を引き締めて物事にあたるという意味。「襟の乱れを正して、服装を整える」ことから、気持ちを引き締めるという意味に転じた。

例 襟を正して、お客様をお迎えする。

【下《げ》駄《た》を預《あず》ける】

物事の処理などを相手に一任すること。他人に下駄を預けると自分は動けなくなることから。

例 あとのことは、部下に下駄を預けます。

【発《はっ》破《ぱ》をかける】

相手を強い言葉で激励したり、気合いを入れたりすること。発破は、鉱山や土木工事で、火薬を用いて爆発させ、岩などを破砕することで、そこから転じて、激

＊襟に「禁」がつくのは禁にふさぐ、とじるという意味があり、胸元をふさぐところということ。

しく力強い言葉をかけることにたとえられるようになった。

【荷《に》が勝《か》つ】

力量に比べて、負担や責任が大きすぎること。その人の重さと荷物の重さを比べたときに、荷物の重さのほうが勝つという意味。

例 この仕事は、彼には荷が勝ちます。

【骨休め】

体を休めて、気力や体力を回復させること。休息、休憩。「骨」まで休ませるということから、疲れ切った体を休ませるというイメージになる。

例 おかげさまで、しっかり骨休めをさせていただきました。

【手綱《たづな》さばき】

人々を動かしたり、統括したりする腕前、管理能力のこと。手綱を上手に使って、馬を乗りこなすことから転じて、人を動かしたり、ものを処理する手加減を意味するようになった。

【旗揚《はたあ》げ】

新しく事を始めること。新しい組織・集団が結成されること。武士が挙兵するときに、旗を揚げたことから。

【潰《つぶ》しが効《き》く】

それまでの仕事をやめても、ほかの仕事ができる能力があること。潰しとは、金属製品を溶かして地金に戻すことで、溶かして別の物にすることができることから、応用範囲の広い能力をもつことを指すようになった。

6 感情を表す大和言葉

【痛《いた》み入《い》る】

相手の親切や配慮に、感謝し、恐縮するようすを表す。

例 お気遣いいただき、痛み入ります。

【胸《むね》が塞《ふさ》がる】

心痛で、胸が詰まるように感じること。

例 ご心情をお察しすると、胸が塞がる思いです。

【喜《よろこ》びに堪《た》えない】

喜びの感情を抑えることができない。感情を隠しておくことができず、顔に出さずにいられないようす。

【虫《むし》が好《す》かない】

なんとなく気にくわないこと。昔、体の中の三匹の虫によって、意識や感情が引き起こされると考えられていたことから。「虫がいい」「虫の知らせ」「腹の虫がおさまらない」の虫も同様。

【腹《はら》に据《す》えかねる】

怒りを心の中にとどめておくことができないほど怒っているようす。昔の人にとって「腹」は、心がある場所とされていた。

【興《きょう》に乗《の》る】

つい熱中するようす。「興」とはおもしろいこと。「乗る」は勢いがついて物事が進むようす。反対の表現に「興が冷める」がある。

例 彼女は好きな音楽が流れると、興に乗って踊り始めてしまう。

【名《な》残《ごり》惜《お》しい】

名残はもとは余波《なごり》と書き、海の波が寄せて引いたあとに残る海水や藻を表した。転じて、別れがつらく心残りであるという意味に。

【忍《しの》びない】

耐えられない、平気でいられないという意味。「忍ぶ」は「我慢する」という意味。

例 つらい思いをさせ、忍びない気持ちでいっぱいです。

【不《ふ》徳《とく》の致《いた》すところ】

謝罪の際に使う言葉。自分に徳がそなわっていないことが原因で、よくない事態を招いてしまったと、反省する気持ちを表現する。

例 この度の不祥事は、私の不徳の致すところです。

【遣《や》る瀬《せ》ない】

思いを晴らすことができず、気分が晴れない状態を指す。「遣る」は、苦しい気持ちをどこかにやってしまうこと、「瀬」は場所の意味で使われている。

【冥利《みょうり》につきる】

その立場にいる者として、これ以上の幸せはないと思うこと。「冥利」とは、神仏から人知れず与えられるご利益のこと。その恩恵がこの上ないものであることを表している。

例 そういっていただけると、教師冥利につきます。

7 姿・態度を表す大和言葉

【凛々《りり》しい】

勇ましいようすのこと。「凛」は、冷たい氷に触れて、心身の引き締まる感じを表す。もとは戦地に赴く男子を形容する言葉なので、女性に対してはあまり使われない。

例 凛々しい顔立ちの若者。

【女々《めめ》しい】

態度や性質が、柔弱でいくじがないこと。おもに、男性について用いる。対義語は、男らしく勇ましいようすを表す「雄々《おお》しい」。

【労《いたわ》しい】

労りたくなるような、気の毒なさま。気の毒で同情しないではいられない状況を指して使う言葉。

例 その子は、愛犬の死に、労しいほど心を痛めている。

【野暮《やぼ》ったい】

言動や身なり、また、趣味などが洗練されていないさま。もともと野暮は、遊郭などの事情に疎いことを意味し、それが転じて、洗練されていないことを広く意味するようになった。

【度《ど》し難《がた》い】

道理を言い聞かせてもわからないほど、理解力のないようす。救いがたいようす。由来は、仏教語の「済度《さいど》（仏や菩薩が、迷い苦しんでいる人間を救い、悟りの境地に導くこと)」からきており、「済度しがたい＝悟らせるのが難しい」という意味から、理解力のない人に対しても使われるように。

例 度し難いほど頑固な彼に、言い聞かせてもむだだ。

【物憂《ものう》い】

なんとなく心が晴れ晴れしないようす。憂鬱で何をやるのにも億劫《おっくう》な気分。「物」は、形容詞の上につき「なんとなく」の意味を含ませる。ほかに物寂しいなど。

【慈悲深《じひぶか》い】

他人を思いやる気持ちが深い。やさしく情け深いこと。「慈悲」とは、もともと仏教語で「菩薩の生あるものを哀れむ心」のこと。

【奥《おく》ゆかしい】

深みと品があり、心がひかれること。行いに細やかな気配りがあり、慕わしいこと。「ゆかしい」は動詞の「ゆく(行く)」の形容詞形で行きたい、知りたいという意。そこから奥までもっと知りたいという気持ちを起こさせる人を表すように。

【満更《まんざら》でもない】

「満更」はまったく、ひたすらという意。打ち消しをともなうと、必ずしも悪くないという意味になり、とても気に入ったことを婉曲に表す言葉となる。

【潮垂《しおた》れる】

元気のないさま、貧相なさま。衣服が潮水に濡れて、しずくが垂れるようすから。

8 ピンチを表す大和言葉

【旗《はた》色《いろ》が悪《わる》い】

形勢がよくないこと。戦場で旗の数やようすなどによって、戦の状況を知ったことが語源となっている。

例 彼は自分の旗色が悪くなると口数が少なくなる。

【年貢《ねんぐ》の納《おさ》め時《どき》】

過去の悪事の償いをしなくてはならない時期。最後の見切りをつけるとき。文字どおり、滞納していた年貢を納めならなくてはいけない時期から、逃げられない状況を指す。

【濡《ぬ》れ衣《ぎぬ》】

無実の罪、根拠のないうわさのこと。昔、先妻の娘の美しさを妬んだ継母が、娘を陥れるために、漁師の濡れた衣を娘の寝室に置いて、漁師と密通しているように見せかけたという伝説から。

例 濡れ衣を着せられた。

継母が娘の枕元に漁師の濡れた衣を置いた。漁師との関係を誤解した父は激高し、娘を殺したという伝説が残る。

【味《み》噌《そ》をつける】

失敗して面目を失うこと。

江戸時代、味噌はやけどの薬だったが、やけどで味噌ばかりつけているかんざし職人は腕が悪いということから、失敗をして恥をかくことのたとえになった。

例 今回の失敗で、彼の評判に味噌がついてしまった。

【火《ひ》の車《くるま》】

経済状態がきわめて苦しいこと。火の車は、仏教語の「火車《かしゃ》」を訓読みしたもので、生前悪事を尽くした者を地獄に運ぶときに乗せる、火が燃えさかる車のことお金がなくて、そのくらい苦しいようすを表している。

【裏目《うらめ》に出《で》る】

よい結果を期待して行ったことが、逆に不都合な結果を招くこと。誤算。サイコロの賭けていた目ではなく、反対側の目が出てしまうことにたとえた表現。

【二《に》の舞《まい》】

前例があるにもかかわらず、同じ失敗をすること。「雅楽」の「安摩《あま》」の答舞《とうぶ》で安摩という人が舞を舞ったあとに、面をつけた人が、わざと失敗しながら真似て演じた滑稽な舞を「二の舞」と呼んだことに由来する。

例 前任者の二の舞にならないようにな。

【煮《に》え湯《ゆ》を飲《の》まされる】

信頼している人に裏切られて、ひどい目にあうこと。信頼している人から、熱い湯を飲まされて、口の中が煮えたぎるような思いをすることから。

9 男女の仲に関する大和言葉

【面《おも》映《は》ゆい】

面と向かうと、なんとなく気恥ずかしいこと。照れくさいこと。顔を合わせることがまばゆいことから。

例 初めてのデートはなんとも面映ゆい気持ちだった。

【現《うつつ》を抜かす】

あることに夢中になり、ほかのことができないほど心を奪われること。「現」とは現実のことで、現実の世界から離れてしまうほど、夢中になるようす。

【首《くび》っ丈《たけ》】

異性に夢中になっているようすを表す。首っ丈とは、つま先からあごまでの高さ。首までどっぷりはまり込むようすを表している。

例 兄は、彼女に首っ丈だ。

【橋《はし》渡《わた》し】

両者の間に入って、良好な関係をとりもつこと。また、その人。仲介。仲立ち。

【艶《つや》事《ごと》】

男女の情事に関した事がら。「艶」は男女の色めいたことを表す。

例 真面目な彼は艶事には、めっぽう疎い。

【逢《おう》瀬《せ》】

人と人とが会うこと。とく

に、愛しあう男女がひそかに会う機会で、不倫にも使われる。「逢」は二つ以上のものが一緒になるという意味の「あう」に「逢」の字を当てたもの。「瀬」は物事に出あうとき、機会を意味する。

【輿《こし》入《い》れ】

嫁ぐこと。嫁入り。婚礼。嫁入りのとき、嫁の乗った輿を婿の家に担ぎ入れたことを由来とする。

例 旧家に輿入れした祖母は、相当な苦労をしたようだ。

【身《み》持《も》ちがよい】

品行がよいこと。異性との交際において、浮気をしないという意味で使うことが多い。「身持ち」とは日ごろの行いのこと。反対に気が多い、浮気しやすいことを「身持ちが悪い」という。

【秋《あき》風《かぜ》が立《た》つ】

男女間の愛情が冷めることを、秋に吹く冷たい風にとえた言葉。「秋」を「飽き」にかけて、相手に飽きてしまうことからという説も。

【三行《みくだり》半《はん》】

夫婦や恋人の関係を絶つこと。もとは、江戸時代の離婚に際して、夫から妻に出される「離縁状」のこと。離婚の宣言と離婚事由、妻の再婚許可文言が三行半で簡略に書かれていた。

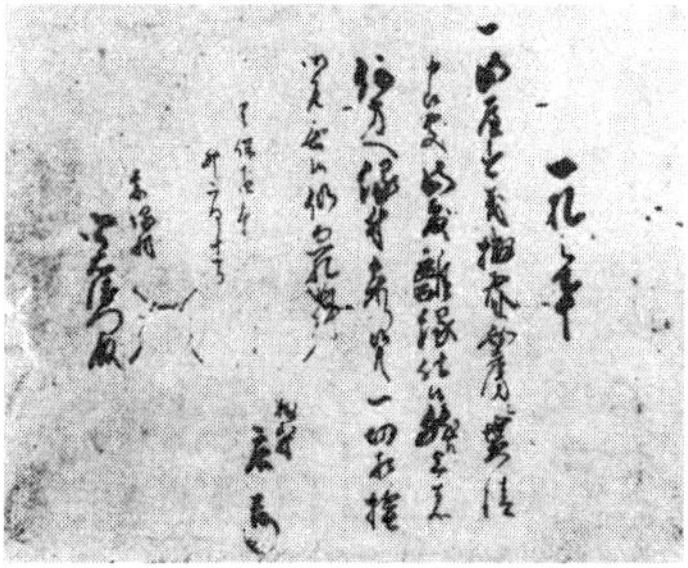

江戸時代の離縁状は三行半で書かれていた。
(『離縁状と縁切寺』国立国会図書館)

10 美しい響きの大和言葉

【玉《たま》の緒《お》】

生命、いのちのこと。「玉」は魂、それをつなぎとめるひもが「緒」。

例 *玉の緒よ絶えなば絶えねながらへば忍ぶることの弱りもぞする（『新古今集』式子内親王）

【綻《ほころ》びる】

花の蕾《つぼみ》が開きそうなようす。咲きかける。そこから、表情がやわらぐ、笑顔になるようすも意味するように。

例 梅の蕾が綻び始めた。／子犬の仕草に思わず顔が綻んだ。

【刹《せつ》那《な》】

極端に短い時間。もとは仏教語で時間の最小単位を表し、一回指を弾く間に六十五の刹那があるとされる。「刹那的」は、今のことしか考えないさまという意味に。

【玉《たま》響《ゆら》】

少しの間。ほんの一瞬。「ゆら」は、玉（宝石）が触れあう音のこと。美しい宝石が触れあって揺れることから転じて、かすかな時間を意味するようになった。川端康成、曽野綾子に『たまゆら』という小説がある。

【泡《うた》沫《かた》】

水面に浮かぶ泡のこと。そこから、はかなく消えてしまうもののたとえになった。

例 泡沫の恋。／泡沫の夢。

＊意味は、「わが命よ、絶えてしまうのなら絶えてしまえ。生き長らえば、この恋を、耐え忍ぶ心が弱ってしまうから」。

【空蝉《うつせみ》】

この世に現に生きている人。古語の現人《うつしおみ》が訛った言葉。転じて、この世そのものを指すことも。「空しい世の中」「はかない人間」といった意味から、蝉の抜け殻を表す「空蝉」の漢字が当てられた。また、源氏物語の巻名の一つである『空蝉』は有名。光源氏にいいよられる女性主人公の名前でもある。

例 空蝉の世は常なしと知るもの*を秋風寒《さむ》み思《しの》ひつるかも（『万葉集』大伴家持）。

【掌《たなごころ》】

手のひらのこと。「たな」は「手の」を意味し、「手の心」から転じた言葉。おもに、慣用句に使われる。「掌にする」は、思いのままにすること。「掌に握る」は、自分のものにすること。「掌を返す」は、急に態度が変わること。

【仮初め《かりそ》】

一時的なこと。その場限りであること。また、間に合わせの、重要性の低いさま。おろそかにする、軽々しく扱うなどの意味で、「仮初めにする」といった表現で使われることもある。

例 仮初めの恋に終わった。／仮初めの病に安心した。

【桐一葉《きりひとは》】

桐の葉が落ちるのを見て、秋がきたことを知ること。転じて、物事の一端から全体の動きを知ることや、衰退の兆しを感じることのたとえとしても使われる。

例 桐一葉日当りながら落ちにけり（高浜虚子）

＊意味は、「この世に常なるものはないと知ってはいるものの、秋風が寒くなると、(妻のことを)思い出してしまうよ」。

11 使ってみたい大和言葉

【露《つゆ》知《し》らず】

「露」ははかなく消えることから、わずかなこと。打ち消しをともなって、少しも知らない、まったく知らずにという意味になる。

例 そんなこととは露知らず、疑いすらしなかった。

【袖《そで》を濡《ぬ》らす】

着物の袖で涙を拭って濡らすことから、涙を流して泣くこと。「袖の雨」「袖の淵《ふち》」ともいう。

【再《さい》三《さん》再《さい》四《し》】

なんども、度々。二度も三度もという意味の「再三」に、「再四」をつけることで、さらに意味を強めた言い方。

例 再三再四、忠告をしているが、彼はまったく聞く耳をもとうとしない。

【有《あ》り体《てい》に】

ありのままに。うそ偽りのない状態で。「有り体にいう」で、包み隠さないで伝える姿勢を表す。

例 有り体に申しますと、以前から、おおまかな事情は把握しておりました。

【梨《なし》の礫《つぶて》】

投げた小石(礫)が戻ってこないように、便りを出しても返事がまったくこないこと。「無し」と「梨」をかけている。

【矢庭《やにわ》に】

その場で。いきなり。「矢庭」は戦場で矢が飛び交う場所。助詞の「に」がついて「その場で直ちに」という意味をもった。

例 蝉が矢庭に鳴き始めた。

【小《こ》気《き》味《み》よい】

行動ややり方などが、痛快で気持ちがよいこと。リズミカルな動きをしているようすがよく伝わる表現。

例 職人の小気味よい手つきに感銘を受けた。

【目《め》鼻《はな》がつく】

見通しが立つという意味。似顔絵を描いたり、人形を作ったりするときの、目や鼻をつける段階は、完成が間近なことから、大筋が決まることを表すように。

例 この企画の目鼻がついた。

【物《もっ》怪《け》の幸《さいわ》い】

思いがけない幸せ。意外な幸運。降ってわいたような好機。平安時代、人にたたる霊を物怪《もののけ》といい、それが物怪《もっけ》に変化して妖怪変化の意味に。さらに転じて、意外なこと、思いがけないことの意味になった。「勿怪」とも書く。

【四《よ》方《も》山《やま》話《ばなし》】

さまざまな話題の話。世間話。四方八方を意味する「よもやも」の音が変化したものと考えられている。類語の「井戸端会議」は、女性同士の世間話や噂話のこと、「与太話《よたばなし》」は、つまらない話やでたらめな話のこと。

例 久しぶりの再会に、四方山話に花が咲いた。

二十四節気《にじゅうしせっき》と七十二候《しちじゅうにこう》

秋を表す二十四節気と七十二候（➡ P34）。「暑さ寒さも彼岸まで」というように秋分を迎え、暑さも和らぎ、夜が長くなっていく。

二十四節気	新暦の日付	七十二候と読み方	七十二候の意味
立秋《りっしゅう》 いちばん暑い時期。残暑見舞いに変わるころ。	8月7～11日ごろ	**涼風至** 【すずかぜいたる】	涼しい風に変わり始めるころ。
	8月12～17日ごろ	**寒蟬鳴** 【ひぐらしなく】	寒蟬《ひぐらし》が、鳴き始めるころ。
	8月18～22日ごろ	**蒙霧升降** 【ふかききりまとう】	森や水辺に深い霧が立ち込めるころ。
処暑《しょしょ》 暑さが和らぐ、初秋のころ。台風も多い。	8月23～27日ごろ	**綿柎開** 【わたのはなしべひらく】	綿を包むガクが、開き始めるころ。
	8月28～9月1日ごろ	**天地始粛** 【てんちはじめてさむし】	ようやく暑さがしずまるころ。
	9月2～6日ごろ	**禾乃登** 【こくものすなわちみのる】	日に日に稲穂の先が重くなり、実るころ。
白露《はくろ》 秋が本格的になって、葉に白い露が宿るころ。	9月7～11日ごろ	**草露白** 【くさのつゆしろし】	草花の上におりた朝露が白く光って見えるころ。
	9月12～17日ごろ	**鶺鴒鳴** 【せきれいなく】	水辺で鶺鴒《せきれい》の鳴き声がよく響くころ。
	9月18～22日ごろ	**玄鳥去** 【つばめさる】	燕《つばめ》が、南へ帰っていくころ。

8月、羽化したヒグラシは「カナカナカナ」と鳴き、9月にはセキレイが「チチィチチィ」と鳴き水辺に響きわたる。

二十四節気	新暦の日付	七十二候と読み方	七十二候の意味
秋分《しゅうぶん》 彼岸の中日。昼と夜の長さがほぼ同じに。	9月23～27日ごろ	雷乃収声 【かみなりすなわちこえをおさむ】	夏の間に鳴り響いた雷がおさまるころ。
	9月28～10月2日ごろ	蟄虫坏戸 【むしかくれてとをふさぐ】	活動していた虫たちが冬籠りの支度を始めるころ。
	10月3～7日ごろ	水始涸 【みずはじめてかる】	田の水を落として、稲穂の刈り入れを始めるころ。
寒露《かんろ》 肌寒さを感じ、野草に冷たい露が宿るころ。	10月8～12日ごろ	鴻雁来 【こうがんきたる】	雁《がん》が、北から渡ってくるころ。
	10月13～17日ごろ	菊花開 【きくのはなひらく】	菊の花が咲くころ。
	10月18～22日ごろ	蟋蟀在戸 【きりぎりすとにあり】	キリギリスが戸で鳴くころ。
霜降《そうこう》 秋深く、紅葉が始まり、霜もおりるころ。	10月23～27日ごろ	霜始降 【しもはじめてふる】	霜が初めておりるころ。
	10月28～11月1日ごろ	霎時施 【こさめときどきふる】	ポツポツと小雨が降るころ。
	11月2～6日ごろ	楓蔦黄 【もみじつたきばむ】	楓《かえで》や蔦《つた》が色づいてくるころ。

漢字マメ知識3

◇春夏秋冬がつく漢字

木偏に春夏秋冬と書くと、その季節の植物となる。

椿【つばき】、榎【えのき】、楸【ひさぎ】、柊【ひいらぎ】。平安時代の歌人、小野《おのの》篁《たかむら》は「春つばき 夏はえのき 秋ひさぎ 冬はひいらぎ 同じくはきり」と歌を詠んだ。きりは桐のこと。

魚偏に春夏秋冬は、鰆【サワラ】、鰍【カジカ】、鮗【コノシロ】、魚偏に夏という字はないが、暑いと書くと鱪【シイラ】。

◇同じ漢字を重ねてみると

同じ字を三つ重ね「多くの」という意味を表すことが多い。

犇《ほん》(ひしめく)、轟《ごう》(とどろく)、鑫《きん》(財産などが多いさま)、磊《らい》(石がごろごろしているさま)、驫《ひょう》(多くの馬が駆けるさま)。

逆に「少しの」や「小さい」を表す字もある。

鱻《せん》(小さな魚、少ない、新鮮である)、聶《しょう》(ささやく)。

◇敗北はなぜ「北」なのか？

「北」という字は、背中を向け合う人の形を表し、もとの意味は「背」。相手に背を向けるのは逃げるときだということから「逃げる」の意味も生まれ、敵に敗れ背を向けて逃げることを敗北というようになった。

◇水戸《みと》光圀《みつくに》の「圀」は特殊な漢字

人名などでまれに使われる「圀」の字は、中国の女帝、則天《そくてん》武后《ぶこう》が作った「則天文字」と呼ばれる漢字。退位後には廃止され中国では残らなかったが、日本に伝わり使われた字が「圀」。

8章

さらりと読めるようにしたい難読漢字

読めそうで読めない難読漢字を選びました。読めるようになれば一目置かれることでしょう。

読んでみよう難読漢字

1 人・暮らし

徒花

店賃

泡銭

膠着

敬虔

爾来

長閑

盥回し

軋轢

赫怒

背馳

一揖

拘泥

蜂起

濫觴

和毛

狼煙

草臥れる

俯瞰

晦渋

轆轤

都々逸

飯事

坩堝

会得

生憎

詳らか

鼎談

狐狸

些事

読み方は←P238へ

1 人・暮らし

【あだばな】 徒花
外見だけで中身がないこと。「徒」は無駄、無益という意味。

【たなちん】 店賃
家賃のこと。江戸時代、借家を「店《たな》」と呼んだ。「店子《たなこ》」は借家人。

【あぶくぜに】 泡銭
不正な方法や苦労しないで得たお金。泡のようになくなることから。

【こうちゃく】 膠着
「膠」は「にかわ（＝接着剤）」のことで、ねばりつき動かないこと。

【けいけん】 敬虔
深く敬い態度をつつしむさま。「虔」はつつしむ、つつしみ深いの意。

【じらい】 爾来
意味はそれ以来。「爾」にその、それ、この、これなどの意味がある。

【のどか】 長閑
「閑」には静かという意味があり、のんびりと落ち着いて静かなさま。

【たらいまわし】 盥回し
「盥」は顔や手を洗うための容器。「手洗い」が変化した。

【あつれき】 軋轢
由来は車輪がきしむ音から。人の仲が悪くなること。

【かくど】 赫怒
激しく怒ること。「赫」には輝く、盛んなどの意味がある。

【はいち】 背馳
背を向けて走り去ることから、行き違いになるという意。

【いちゆう】 一揖
軽くおじぎをすること。「揖」は胸の前に手を合わせてするおじぎ。

【こうでい】 拘泥
こだわること。「泥」の字単体にも、こだわるという意味がある。

【ほうき】 蜂起
蜂が巣から飛び立つように、大勢が一斉に反乱を起こすこと。

【うんちく】蘊蓄

深く研究して身につけた知識や学問。「蘊蓄」とも書く。

【にこげ】和毛

やわらかい毛のこと。「和」にやわらぐという意味がある。

【のろし】狼煙

煙を垂直に上げるため、狼の糞を藁《わら》などに混ぜて焼いたことから。

【くたびれる】草臥れる

目的地に着く前に疲れて草に伏してしまうことが語源。

【ふかん】俯瞰

高いところから見下ろすこと。俯はうつむく、瞰は上から見ること。

【かいじゅう】晦渋

「晦《みそか》」の字を使う。言葉や文章が難しくわかりにくいこと。

【ろくろ】轆轤

木工や陶芸などで用いる回転装置。この熟語以外ではほぼ使わない字。

【どどいつ】都々逸

潮来《いたこ》節《ぶし》に由来し江戸で完成した俗曲。都々逸という名称は人名から。

【ままごと】飯事

子どもの炊事などのまねごと。「まま」は「うまいうまい」が変化。

【るつぼ】坩堝

物が混ざって渦巻いていること。「鋳《い》る壺《つぼ》」や「炉《ろ》壺《つぼ》」が転じた語。

【えとく】会得

「会」の字に、うまく合う、よく理解するという意味がある。

【あいにく】生憎

具合が悪いことにの意。古語の「あや憎し」から。「生」は当て字。

【つまびらか】詳らか

事細かなこと。「詳」は単独で細かに論じるという意味。

【ていだん】鼎談

三人が向かい合って話をすること。「鼎《てい》」は三本足の器。

【こり】狐狸

狐と狸。人を騙してこそこそと悪さをする者のこと。

【さじ】些事

ささいなこと。「些」に含まれる「二」は小さな数という意。

2 ニュース・ビジネス

為替

逼迫

誤謬

普請

翻意

詐取

箴言

論駁

殺戮

下値

忖度

進捗

返戻

蹉跌

馘首	弾劾	敷衍	領袖
頒価	補填	乖離率	諜報
島嶼	趨勢	改竄	正札
恪勤	相対売買	反収	外為

読み方は⬅P242へ

読み方

2 ニュース・ビジネス

【かわせ】 為替

引換え、交換。交わすが変化して「為替」という文字が当てられた。

【ひっぱく】 逼迫

危難などがさし迫ること。困窮。「逼」「迫」ともにせまるの意。

【ごびゅう】 誤謬

「謬」は根拠のない、誤りの意。会計処理の誤りなどで使う。

【ふしん】 普請

人々に建築に従事してもらい寺院を建てる際の「普《あまね》く請《こ》う」から。

【ほんい】 翻意

「翻」にはひるがえる、ひるがえすという意味がある。

【さしゅ】 詐取

金品などを騙し取ること。「さくしゅ」と読み間違えやすい。

【しんげん】 箴言

戒めとなる短い句。教訓となる言葉。旧約聖書の中に『箴言集』がある。

【ろんばく】 論駁

相手の説や意見に反論したり、誤りを論じて攻撃すること。

【さつりく】 殺戮

残忍な方法で大人数を殺害すること。「戮」は「ころ(す)」とも読む。

【したね】 下値

証券用語で、現在の値段より安い値段。反対は上値《うわね》。

【そんたく】 忖度

他人の心中をおしはかる。「忖」「度」ともにはかるという意がある。

【しんちょく】 進捗

物事が進み、捗《はかど》ること。仕事に関して使うことが多い。

【へんれい】 返戻

返し戻すこと。保険の解約返戻金など、保険や医療業界でよく使う。

【さてつ】 蹉跌

見込み違いで物事がうまく進まないこと。しくじり失敗すること。

【かくしゅ】 馘首
首を切る慣行のこと。転じて、免職、解雇すること。

【だんがい】 弾劾
不正をあばき責任追及すること。「劾」は劾《しら》べる、劾《あば》くとも読む。

【ふえん】 敷衍
押し広げる。展開する。わかりにくいところをていねいに説明する。

【りょうしゅう】 領袖
集団のトップなどのポスト。「領（襟）」も「袖」も目立つことから。

【はんか】 頒価
頒布《はんぷ》するものの価格。「りょうか」と読み間違えやすい。

【ほてん】 補填
不足部分を補って埋めること。「赤字を補填する」などと使う。

【かいりりつ】 乖離率
株価が移動平均線からどれくらい離れているか数値化したもの。

【ちょうほう】 諜報
「諜」に探るという意味があり、「諜報」でスパイ活動のこと。

【とうしょ】 島嶼
大小さまざまな島。「島」は大きなしま、「嶼」は小さなしまを表す。

【すうせい】 趨勢
物事の動向。成り行き。社会の全体の流れなどを表す場合が多い。

【かいざん】 改竄
「竄」には改め変える意があり、字句などを不当に改め直すこと。

【しょうふだ】 正札
掛け値なしの値段を書いた札のこと。小売業の信用度を示す。

【かっきん】 恪勤
「恪」はつつしむという意味。「恪勤」は一生懸命に勤めること。

【あいたいばいばい】 相対売買
当事者同士の一対一の売買。

【たんしゅう】 反収
田畑一反当たりの収穫高。一反は三百坪。「段収」とも書く。

【がいため】 外為
外国為替《かわせ》、外国為替手形、外国為替資金を略した語。

3 慣用句・四字熟語

出藍の誉れ

口吻を洩らす

肺腑を衝く

竹篦返し

耳に胼胝ができる

轡を並べる

吝かではない

堰を切る

匕首に鍔

烏合の衆

木偶の坊

懸河の弁

衆寡敵せず

洟も引っ掛けない

今是昨非

緊褌一番

哀毀骨立

柳眉倒豎

首鼠両端

千言万語

意馬心猿

一瀉千里

跳梁跋扈

揣摩臆測

鶏鳴狗盗

百家争鳴

旗幟鮮明

同行二人

悪木盗泉

千篇一律

読み方は←P246へ

3 慣用句・四字熟語

【しゅつらんのほまれ】
*出藍の誉れ
弟子が師匠を超えて優れているという名声。

【こうふんをもらす】
口吻を洩らす
口ぶり（口吻）に内心の思いが現れること。

【はいふをつく】
肺腑を衝く
「肺腑」は肺臓。心の奥底まで響くこと。

【しっぺがえし】
竹篦返し
ヘラ（竹篦）で打たれ打ち返す意から、仕返し。

【みみにたこができる】
耳に胼胝ができる
何度も聞かされること。胼胝は表皮の肥厚硬化《ひこうこうか》。

【くつわをならべる】
轡を並べる
馬首を並べることから、そろって一緒にの意。

【やぶさかではない】
吝かではない
躊躇《ちゅうちょ》しないこと。「吝か」は物惜しみするさま。

【せきをきる】
堰を切る
堰は水位調節の仕切り。一気に動き出すさま。

【あいくちにつば】
匕首に鍔
「匕首」は鍔のない短剣。不釣り合いなこと。

【うごうのしゅう】
烏合の衆
烏合はカラスの集団。協調性に欠ける比喩。

【でくのぼう】
木偶の坊
操らないと動かない人形から、役立たずな人。

【けんがのべん】
懸河の弁
懸河（急な早瀬の川）のように勢いよい弁舌。

【しゅうかてきせず】
衆寡敵せず
少人数（衆）は多人数（寡）に勝ち目がない。

【はなもひっかけない】
洟も引っ掛けない
まったく相手にしないこと。「洟」は鼻水の意。

＊出藍は「青は藍《あい》より出《い》でて藍より青し」のこと。藍から採った青色は藍よりも青いという意。藍は染料に使う草。

【こんぜさくひ】
今是昨非
昨日は非、今日は是から考え方が変わること。

【きんこんいちばん】
緊褌一番
「緊褌」はふんどしをしっかり締めること。

【あいきこつりつ】
哀毀骨立
悲しみでやせ細り、骨と皮ばかりになること。

【りゅうびとうじゅ】
柳眉倒豎
美人が細い眉（柳眉）を逆立て（倒豎）怒ること。

【しゅそりょうたん】
首鼠両端
穴から首を出し窺《うかが》う鼠から、決めかねること。

【せんげんばんご】
千言万語
たくさんの言葉という意味。

【いばしんえん】
意馬心猿
心が乱れるさまを騒がしい馬や猿にたとえた。

【いっしゃせんり】
一瀉千里
「瀉」は、水が下方へ流れるという意味。

【ちょうりょうばっこ】
跳梁跋扈
跳びはねのさばる。悪人が好き勝手すること。

【しまおくそく】
揣摩臆測
「揣摩」はとくに当て推量するときに使う。

【けいめいくとう】
鶏鳴狗盗*
卑しい人、くだらない技能をもつ人。

【ひゃっかそうめい】
百家争鳴
「百家」は多くの学者や専門家の意味。

【きしせんめい】
旗幟鮮明
旗幟は旗印。主義がはっきりしていること。

【どうこうににん】
同行二人
弘法大師とともに旅しているという意味。

【あくぼくとうせん】
悪木盗泉
たとえ困っても、悪事に近づいてはいけない。

【せんぺんいちりつ】
千篇一律
どれも同じようで、おもしろみがないこと。

＊中国戦国時代、斉《せい》の孟嘗君《もうしょうくん》が鶏の鳴き真似のうまい者と狗《いぬ》のように物を盗む者のおかげで難を逃れたという故事。つまらないことでも役に立つ意味も。

4 草花・樹木

蕺草

狗尾草

杜鵑草

含羞草

羊歯（歯朶）

躑躅

繁縷（蘩蔞）

車前草

女郎花

沈丁花

蒲公英

葭（蘆・葦）

竜胆

忍冬（吸葛・金銀花）

空木

鼠黐

橅（山毛欅）

翌檜

金雀枝（金雀児）

辛夷

公孫樹（銀杏）

樅

百日紅

七竈

落葉松（唐松）

椴松

木通

櫟（椚・橡）

欅（槻）

樟（楠）

読み方は←P250へ

読み方

4 草花・樹木

【ドクダミソウ】 蕺草

「毒を矯《た》める（正す、抑える）」に由来。蕺は草が集まるという意。

【エノコログサ】 狗尾草

花穂が狗《いぬ》（犬の子）の尾に似ていることから。別名、猫じゃらし。

【ホトトギス】 杜鵑草

花弁の紫の斑点が、鳥のホトトギスの胸にある模様に似ている。

【オジギソウ】 含羞草

触れると葉を閉じて垂れ下がる。別名、ネムリグサ。

【シダ】 羊歯（歯朶）

シダ植物の総称。漢字は羊の歯に似ているから、読みは垂《しだ》れるから。

【ツツジ】 躑躅*

躑躅《てきちょく》と読み、足踏みの意。ツツジが美しく、足を引き止めたことから。

【ハコベ】 繁縷

別名、ハコベラ。茎が長く連なる草（縷）が茂る（繁）という意味。

【オオバコ】 車前草

車や牛馬がよく通る道端に生えることから。カエルバともいう。

【オミナエシ】 女郎花

黄色い楚々とした花を咲かせる。秋の七草の一つ。

【ジンチョウゲ】 沈丁花

沈香《じんこう》に似た香りで、丁《ちょう》子《じ》（クローブ）のような花をつける木から。

【タンポポ】 蒲公英

開花前に採り、乾燥させた漢方薬を「蒲《ほ》公《こう》英《えい》」と呼ぶ。

【アシ】 葭（蘆・葦）

「アシ」が「悪し」に通じるとして忌んで「ヨシ」ともいう。

【リンドウ】 竜胆

根が竜の肝《きも》のように苦いことから。漢方薬に用いられる。

【スイカズラ】 忍冬（吸葛・金銀花）

冬でも葉が枯れず、寒さに耐え忍ぶことから。

＊毒がある種類もあり、羊が食べて足で地を打って死んだからという説もある。

【ウツギ】 空木

幹や枝の中心が空洞になっていることから「空《うつ》ろ木」が転訛《てんか》。

【ネズミモチ】 鼠黐

実がネズミの糞《ふん》に似て、葉がモチノキに似ていることから。

【ブナ】 橅（山毛欅）

漢字は国字。「分（歩合）の無い木」からや、「果実（無）の木」から。

【アスナロ】 翌檜

「あすなろう」*で有名だが、もとはアテヒで、高貴なヒノキという意。

【エニシダ】 金雀枝（金雀児）

黄金色の花から金雀枝に。エニシダはスペイン語のイニエスタから。

【コブシ】 辛夷

デコボコした実（集合果）の形状が握りこぶしのように見える。

【イチョウ】 公孫樹（銀杏）

老木でないと実らず、孫の代に実がなる木という意味。

【モミ】 樅

まっすぐ縦に伸びる木から。クリスマスツリーに用いられる。

【サルスベリ】 百日紅

夏の盛りに長い期間、咲き続けることから。「猿滑」とも書く。

【ナナカマド】 七竈

材は燃えにくく、七度かまどに入れても燃え残るということから。

【カラマツ】 落葉松（唐松）

日本特産の松で唯一の落葉性。「唐松風の絵」から「唐松」とも。

【トドマツ】 椴松

北海道に自生する針葉樹。毎年、階段のように増えることから。

【アケビ】 木通

ツルに空洞があり、空気が通ることから。秋に果実がなる。

【クヌギ】 櫟（椚・橡）

クヌギは国木《くにき》から、食《く》之木《のき》から、栗似木《くりにぎ》からなど諸説ある。

【ケヤキ】 欅（槻）

「けやけき木」の略で「けやけし」は際立って目立つ、美しいの意。

【クス】 樟（楠）

樟脳がとれ、「薬の木」から。また霊妙な薬効とされ「奇《く》し木」からとも。

＊井上靖の『あすなろ物語』に掲載されている。

5 動物・鳥

氈鹿

馴鹿

驢馬

栗鼠

鼬

白鼻心

浣熊

羆

狒狒

樹懶

蝙蝠

海豹

膃肭臍

儒艮

響尾蛇	郭公	鸛	山原水鶏
蜥蜴	翡翠（川蝉）	鵲	鸚哥
信天翁	鴛鴦	朱鷺（鴇）	鸚鵡
鴫（鷸）	鶉	山啄木鳥	駝鳥

読み方は⬅P254へ

5 動物・鳥

【ロバ】 驢馬

本来は「驢」の一字でロバの意味を表した。別名、ウサギウマ。

【アライグマ】 浣熊

水中の獲物を捕る姿が手を洗っているように見えるから。洗熊とも。

【コウモリ】 蝙蝠

平安時代はカハホリと呼んだ。何本か骨のある扇子《せんす》を蝙蝠扇《かわほりおうぎ》という。

【リス】 栗鼠

栗などの木の実を好む鼠《ねずみ》のような動物という意味。

【ヒグマ】 羆

古くは「シクマ」と呼んでいたのが「ヒグマ」に転じた。

【アザラシ】 海豹

体に豹《ひょう》のような斑点があることから。アザは痣《あざ》からとも。

【カモシカ】 氈鹿

氈《かも》（獣毛で織った敷物）に適したやわらかい毛の鹿という意味。

【イタチ】 鼬

細い穴から抜け出る（由）、ネズミ（鼠）に似た動物から。

【ヒヒ】 狒狒

もとは日本の妖怪名。のちにアフリカのヒヒに当てられた。

【オットセイ】 膃肭臍

中国でオットセイから作る漢方薬を「膃肭臍《おっとせい》」と呼んだ。

【トナカイ】 馴鹿

飼い慣らされた鹿を意味する。トナカイはアイヌ語から。

【ハクビシン】 白鼻心

額から鼻にかけて一本の白い線が通っていることから。

【ナマケモノ】 樹懶

「懶」の字には、なまける、ものぐさいという意味がある。

【ジュゴン】 儒艮

マレー語で「海の貴婦人」。儒艮は当て字。人魚のモデルといわれる。

【ガラガラヘビ】 響尾蛇

赤ちゃんのガラガラに似ていて、尻尾を揺らし音を立てることから。

【カッコウ】 郭公

日本に限らず外国でも鳴き声にちなんだ名前で呼ばれる。

【コウノトリ】 鸛

「雚」はクヮクヮと鳴く鳥。ただし成鳥は鳴かず、嘴《くちばし》を打って伝える。

【ヤンバルクイナ】 山原水鶏

＊山原《やんばる》地域に生息。水鶏《くいな》は水辺に棲む鳥で戸を叩くように鳴く。

【トカゲ】 蜥蜴

戸の陰にいることから。ちなみにイモリは「蠑螈」、ヤモリは「守宮」。

【カワセミ】 翡翠（川蝉）

翡翠《ひすい》のような体色から。翡は赤色、翠は緑色や萌黄色を示している。

【カササギ】 鵲

「カチカチ」という鳴き声から、カチガラスとも呼ばれる。

【インコ】 鸚哥

オウム（鸚鵡）目《もく》の中で歌（哥）が上手いことからという説がある。

【アホウドリ】 信天翁

漢名で天に信《まか》せ同じ場所で魚が来るのを待つ翁《おきな》のような白い鳥から。

【オシドリ】 鴛鴦

鴛がオス、鴦がメスを示す。愛しあう鳥から、ヨシ（愛）がオシに。

【トキ】 朱鷺（鴇）

翼や尾羽の裏側は、朱鷺色と呼ばれる独特の淡い紅色。

【オウム】 鸚鵡

オウム目の中で大形の鳥。「鸚」は漢音でオウ、唐音でインと読む。

【シギ】 鴫（鷸）

漢字は国字。田んぼによく来る鳥ということから。

【ウズラ】 鶉

「鶉」はずんぐりした鳥という意味。ウズラは「うずくまる」から。

【ヤマゲラ】 山啄木鳥

「啄木鳥」でキツツキやケラと読む。北海道のみに生息するキツツキ類。

【ダチョウ】 駝鳥

砂漠に棲み、脚力が強いので、駱駝《らくだ》になぞらえた名がついた。

＊沖縄県沖縄本島北部の、山や森林など自然が多く残っている地域。

6 昆虫など

猩猩蠅

螽斯

水蠆

蝗

螳螂（鎌切）

孑孒（孑孑）

蚜虫

蟋蟀

轡虫

蚰蜒

虱（蝨）

飛蝗（蝗虫）

水黽（水馬）

蛞蝓

読み方は⬅P258へ

7 魚・貝

鱧

鮗（鰶）

馬蛤貝（馬刀貝）

鮲（鯒）

鱬（鰰）

海松貝

鯡（鰊）

翻車魚

鰤

海鼠

鱸

柳葉魚

公魚（鰙）

海鞘（老海鼠）

読み方は⬅P259へ

6 昆虫など

【ショウジョウバエ】 猩猩蠅

想像上の動物「猩猩*」が由来といわれる。

【キリギリス】 螽斯

漢字は漢名。キリギリスは鳴き声から。別名、機織虫《はたおりむし》とも。

【ヤゴ】 水蠆

トンボの幼虫。姿が蠆《さそり》に似ていることから。ヤンマの子からヤゴに。

【イナゴ】 蝗

蝗害《こうがい》をおこす害虫。イナゴは稲の葉につく虫からで、稲子とも書く。

【カマキリ】 蟷螂（鎌切）

漢字は漢名で、車が近づいても逃げないことから。とうろうとも。

【ボウフラ】 孑孒（孑孑）

棒を振るような動きから。孑《けつ》は子とは違い、ひとり、小さいの意。

【アブラムシ】 蚜虫

蚜虫はアリマキとも読み、蟻《あり》が群がりつくことから。

【コオロギ】 蟋蟀

古くはキリギリスと逆だったのが、いつしかひっくりかえった。

【クツワムシ】 轡虫

馬の口にはめる轡《くつわ》の鳴る音と鳴き声が似ていることから。

【ミミズ】 蚯蚓

漢字は漢名で、体を引いて通ったあとが丘のようになることから。

【シラミ】 虱（蝨）

「白虫《しらむし》」が転訛《てんか》したという説がある。「蝨」の略字が「虱」。

【バッタ】 飛蝗（蝗虫）

後肢が発達しており、跳躍力が強い。飛ぶときの羽音から飛蝗に。

【アメンボ】 水黽（水馬）

体にある臭腺から飴《あめ》のような甘い臭気を発することから。

【ナメクジ】 蛞蝓

ナメは滑や舐めから。蛞はおたまじゃくし、蝓はカタツムリのこと。

＊猩猩は、猿に似ているが、人の顔と足をもち、赤い髪は長く垂れ、酒を好むという、中国の伝説上の動物。

7 魚・貝

【ハモ】 鱧
蛇に似ていることから、蛇の古語「ハミ」に由来する説がある。

【コノシロ】 鮗(鰶)
ニシン科の出世魚。コハダの成魚。「鮗」は国字で冬が旬な魚から。

【マテガイ】 馬蛤貝(馬刀貝)
細長い形が真手《まて》(両手)に見えることから。別名、カミソリガイ。

【コチ】 鮲(鯒)
海底に平たく伏せたような姿から「伏」が当てられた。

【ハタハタ】 鱩(鰰)
冬の雷が鳴る時期に取れることからという説がある。

【ミルガイ】 海松貝
*海松食貝《みるくいがい》ともいう。大型で味や食感がよく、収獲量が少なく高級貝。

【ニシン】 鯡(鰊)
鯡の非は否定でまだ成魚になっていない、鰊の束は若いという意。

【マンボウ】 翻車魚
「翻車魚」は中国名の借字。「翻車《はんしゃ》」はひっくり返った車の意。

【ブリ】 鰤
漢字は国字。師走のころが旬の魚なので「師」が当てられた。

【ナマコ】 海鼠
ネズミに似ていて、夜になるとネズミのように這いまわることから。

【スズキ】 鱸
うろこが黒いことから、黒いという意味の「盧」が当てられた。

【シシャモ】 柳葉魚
アイヌ語の「ススハム(柳の葉の意)」が由来という。

【ワカサギ】 公魚(鰙)
江戸時代に将軍に献上され、公儀御用魚が由来とされる。

【ホヤ】 海鞘
皮質(鞘)で覆われていることから。海のパイナップルとも呼ばれる。

＊水管の先に海松《みる》という海藻が着生し、それを食べているかのように見えることから名づけられたという。

8 野菜・果物

蕗の薹	浅葱	陸蓮根	
薇	隠元	蓴菜	
楤の芽	豌豆	玉蜀黍	牛蒡
独活	分葱	山葵	冬瓜

韮

実芭蕉（甘蕉）

蕃瓜樹（万寿果）

酢橘（酸橘）

辣韮

桜桃

鳳梨

棗

李

茫栗

甜瓜

朱欒

枇杷

茘枝

無花果

鰐梨

読み方は←P262へ

読み方

8 野菜・果物

【ふきのとう】 蕗の薹

フキの蕾《つぼみ》。フキはトイレットペーパーの代用（拭く）からとも。

【あさつき】 浅葱

葱よりも色が浅い（薄い）ことからこの名前になった。

【おくら】 陸蓮根

オクラは英語。和名はアメリカネリ。漢字は陸《おか》の蓮根から。

【ぜんまい】 薇*

渦を巻いた新芽が古銭に見えることから「銭巻き」が転じた。

【いんげん】 隠元

由来は中国の僧、隠元禅師がもたらしたことから。

【じゅんさい】 蓴菜

水生植物。粘液で覆われた新芽を食用にする。漢字は漢名から。

【たらのめ】 楤の芽

ツチタラ（ウドの古名）に似ていることからタラに転じた説がある。

【えんどう】 豌豆

「豌」の字は、くねくねと曲がる巻きひげをもつ豆を表す。

【とうもろこし】 玉蜀黍

唐《とう》（舶来の意）の「蜀《もろ》黍《こし》」が語源。見た目から唐が玉に。唐黍《とうきび》とも。

【ごぼう】 牛蒡

「蒡」はゴボウに似た草。「牛」をつけると大きな蒡の意味。

【うど】 独活

風もないのに揺れて独りで動くように見えるからという説がある。

【わけぎ】 分葱

葱《ねぎ》の変種。株分けで繁殖させることからついた名前。

【わさび】 山葵

山に生える植物で、葉の形が葵《あおい》に似ていることから。

【とうがん】 冬瓜

夏が旬の野菜だが、日持ちがよく冬まで貯蔵できることから。

＊薔薇《ばら》の薇にも使われている。薔薇はしょうびとも読む。

【にら】 韮

古名は「かみら」「こみら」など。「みら」が「にら」に転訛《てんか》した。

【バナナ】 実芭蕉（甘蕉）

バショウ科の植物。実を食用とする芭蕉という意味。

【パパイア】 蕃瓜樹（万寿果）

乳瓜《ちちうり》、木瓜《もっか》ともいう。漢字は漢名から。

【すだち】 酢橘（酸橘）

食酢として料理に使われ「酢の橘」と呼んだことから。

【らっきょう】 辣韮

辣は辛さを表し、特有の辛味をもつニラの意味。別名、大韮《おおにら》。

【さくらんぼ】 桜桃

桜の実を意味する「桜の坊」が変化したと考えられる。

【パイナップル】 鳳梨

松ぼっくりに似た果物（パイン＋アップル）という意。漢字は漢名。

【なつめ】 棗

初夏に芽を出す夏芽《なつめ》の意。漢字は枝に朿《とげ》があることから。

【すもも】 李

「李」の字は、木＋子で果実がたくさんなる木を表している。

【マンゴスチン】 茫栗

「果物の女王」と呼ばれる、トロピカルフルーツ。

【メロン】 甜瓜

「甜」の字には、甘いという意味があり、甘い瓜《うり》のこと。

【ザボン】 朱欒

別名、文旦《ぶんたん》。ポルトガル語「ザンボア」に由来。漢字は漢名から。

【びわ】 枇杷

葉の形が楽器の琵琶《びわ》に似ていることから。実の形が似るとも。

【ライチ】 茘枝

楊貴妃が愛した果物として有名。漢字は漢名から。レイシとも。

【いちじく】 無花果

実の中に無数の花を咲かせるため、外からは花が見えない。

【アボカド】 鰐梨

表面のごつごつした皮が、鰐《わに》に似ていることから。

9 食べ物・料理

鼈甲飴

唐墨（鰡子・鱲子）

扁桃

豆打

鹿尾菜

湿地（占地）

胡椒

水雲（海蘊）

木耳

鬱金

粔籹

海鼠腸

乾酪

鰭酒

御強	饂飩	塩汁鍋	捏ね
粽	餺飥	巻繊汁	苦椒醤
善哉	煮麺	雪花菜	搾菜
薯蕷	切蒲英	摘入	皮蛋

読み方は⬅P266へ

読み方

9 食べ物・料理

【べっこうあめ】 鼈甲飴

タイマイの甲羅（鼈甲）に色や質感が似ていることから。

【からすみ】 唐墨（鰡子・鱲子）

形が中国の墨「唐墨《からすみ》」に似ていることから。

【アーモンド】 扁桃

桃に似ているが、実は平べったい（扁）ことを表している。

【ひじき】 鹿尾菜

鹿の短く黒い尾（毛）に似ているからという説がある。

【しめじ】 湿地（占地）

湿った地に生えるから、地面を占めるほど生えるからとの説がある。

【こしょう】 胡椒

胡は中国西方の異民族を指す。胡から伝来した香辛料の意味。

【ずんだ】 豆打

豆を打って潰す意味の「豆打《ずだ》」が訛ったという説がある。

【もずく】 水雲（海蘊）

水に浮かぶ雲のようだという意味の当て字とされる。

【きくらげ】 木耳

干しクラゲに食感が似ているから。字は形が人の耳に似ているから。

【うこん】 鬱金

根茎は香辛料、染料、生薬に用いる。鬱金は鮮やかな濃い黄色の意。

【おこし】 雷粔籹

穀物を飴で固めた菓子。もとは「興米《おこしごめ》」と呼んだことから。

【このわた】 海鼠腸

海鼠《なまこ》の内臓の塩辛。海鼠の古名が「こ」、そのはらわたの意味。

【チーズ】 乾酪

チーズの原形は、飛鳥時代の「酥《そ》」。ちなみにバターは「牛酪」。

【ひれざけ】 鰭酒

耆は古びて味があるという意がある。鰭を焼き熱い酒を注いだもの。

【おこわ】 御強

「強飯《こわめし》（かたい飯）」の強に接頭語の「お」をつけた女房詞《にょうぼうことば》（⬇P270）。

【うどん】 饂飩

奈良時代に伝わった唐菓子の「混飩《こんとん》」に由来する説がある。

【しょっつるなべ】 塩汁鍋

秋田特産の魚醤《ぎょしょう》「しょっつる」を使った郷土料理。

【つくね】 捏ね

手でこねて丸めることを「捏《つく》ねる」ということから。

【ちまき】 粽

古くは茅《ちがや》の葉で巻き、茅巻《ちまき》とも。「背くらべ」の歌詞にも出てくる。

【ほうとう】 餺飥

武田信玄が自らの刀で具材を刻んだことから宝刀《ほうとう》が語源とも。

【けんちんじる】 巻繊汁

＊普茶《ふちゃ》料理の「巻繊」から。繊《せん》切りした具材を湯葉で巻き調理した。

【コチュジャン】 苦椒醤

苦椒は唐辛子、醤はペースト状の調味料のこと。唐辛子味噌とも。

【ぜんざい】 善哉

出雲地方の神事で振る舞われた「神在餅《じんざいもち》」が訛ったという説がある。

【にゅうめん】 煮麺

奈良県の三輪山麓が発祥の郷土料理。読みは「にめん」が変化。

【おから・きらず】 雪花菜

卯の花か、雪のように白いという意味の字を当てたとされる。

【ザーサイ】 搾菜

カラシナの変種の根茎を香辛料と塩漬けし、搾ったもの。

【とろろ】 薯蕷

じょうよとも読み、「上用饅頭」はもとは「薯蕷饅頭」と書いた。

【きりたんぽ】 切蒲英

秋田県の郷土料理。形が「たんぽ槍」に似ていることから。

【つみれ】 摘入

煮るときに、少しずつ摘み取って入れることから。

【ピータン】 皮蛋

家鴨《あひる》の卵を熟成して作る中国食材。「蛋」は鳥の卵の意味。

＊普茶料理は、明《みん》の僧、隠元《いんげん》が伝えた中国式の精進料理。一つの卓を四人で囲む形式が特徴。

10 台所用品

俎（俎板）

篩

蒸籠

篦（箆）

匙

杓文字

散蓮華

銚釐

擂り粉木

漏斗

束子

秤

薬缶

お猪口

読み方は←P270へ

11 衣類・着物・履物

釦

褌

洋袴

褞袍

襦袢

草履

御包み

御襁褓

燕尾服

外套

袷

単（単衣）

雪駄

木履

読み方は⬅P271へ

読み方

10 台所用品

【せいろう・せいろ】 蒸籠

蒸し料理用の調理器具。容器は蕎麦蒸籠《そばせいろ》、料理だとせいろそば。

【ちりれんげ】 散蓮華

れんげ。散った蓮の花弁に形が似ていることからついた名。

【たわし】 束子

藁《わら》を束ねたもの「たばし」から「たはし」「たわし」になった説あり。

【へら】 箆（篦）

折り目をつけたり、物を練る、塗る、形を整えるのに用いる。

【ちろり】 銚釐

ちろりと短時間に酒が温まるからとも、囲炉裏が訛ったとも。

【はかり】 秤

「禾」は穀物、「平」は水平、「秤」は穀物を量るさまを表している。

【まないた】 俎（俎板）

真魚《まな》（食用の魚）を料理する板。「俎」は供物を重ねて乗せる台の意。

【さじ】 匙

スプーンのこと。大匙《おおさじ》、小匙《こさじ》は計量スプーンの種類。

【すりこぎ】 擂り粉木

すり鉢で物をすり潰すのに用いる。「する」を忌んで当たり棒とも。

【やかん】 薬缶

薬を煎じる道具として使われていた「薬罐《やっかん》」が由来といわれる。

【ふるい】 篩

粉や粒状のものを、大きさによって選り分ける道具。

【しゃもじ】 杓文字

もとは杓子《しゃくし》で、語頭の「しゃ」に「もじ」を添えた＊女房詞《にょうぼうことば》。

【じょうご】 漏斗

口の小さい容器に液体を注ぐための道具。酒飲みの意の上戸《じょうご》から。

【おちょこ】 お猪口

読みはちょっとしたものを表す「ちょく」が転じた。漢字は当て字。

＊室町時代、宮中に仕える女官が使った隠語的な言葉。接頭語の「お」をつけていねいにしたり、語の最後に「もじ」をつけ婉曲的に表現した。

読み方

11 衣類・着物・履物

【ぼたん】 鈕

ポルトガル語に由来する。漢字は当て字で、「鈕」の表記もある。

【ずぼん】 洋袴

フランス語が由来とも、足がずぼんと入ることからともいわれる。

【じゅばん】 襦袢

和服の下着のこと。ポルトガル語の「ジバン」が由来。

【ふんどし】 褌

読みは「踏み通し」から。「軍」の字はとりまく意があり腰に巡らす布。

【どてら】 褞袍

綿を入れた防寒用の着物。丹前《たんぜん》とも。襦袢《じゅばん》の異名「ててら」が転じた。

【ぞうり】 草履

草や竹で編んだ、底が平らで鼻緒をすげた履物のこと。

【おくるみ】 御包み

赤ちゃんの身体を包む大判の布。包み込むように使うことから。

【えんびふく】 燕尾服

上着の背部の裾《すそ》が燕《つばめ》の尾のような形をしていることから。

【あわせ】 袷

裏地つきの着物。由来は裏地と表地を合わせることから。

【せった】 雪駄

竹皮の草履の裏に皮を貼った履物。「席駄《せきだ》」が由来。駄は履物の意。

【おむつ】 御襁褓

「襁褓《むつき》（おしめ）」に接頭語の「お」がつき、「き」が省略された。

【がいとう】 外套

防寒のため洋服の上に着る衣類。オーバー、マント。

【ひとえ】 単（単衣）

平安装束で、裏地のついていない着物。小袖、袴の上に羽織る。

【ぽっくり】 木履

女児用の下駄。「ボクリ」の転訛《てんか》とも、歩くときの音からとも。

読んでみよう難読漢字

12 住まい・家具・道具

庇

炬燵（火燵）

如雨露

襖

卓袱台

箒

混凝土

簾

箪笥

鑢

三和土

枝折戸

抽斗

鋸

読み方は←P274へ

読んでみよう難読漢字

13 日本の伝統色

- 臙脂色
- 滅紫
- 常磐色
- 韓紅
- 柑子色
- 秘色色
- 青鈍
- 土器色
- 深緋
- 鶸色
- 灰汁色
- 黄蘗
- 胡粉色
- 緑青

読み方は⇐P275へ

12 住まい・家具・道具

【ひさし】 庇

窓や扉など開口部の上に張り出す小屋根のこと。「日差し」から。

【こたつ】 炬燵(火燵)

「火榻子《くわたふし》」の唐音に由来する説が有力。「燵」は国字。

【じょうろ】 如雨露

「雨露《うろ》の如《ごと》し」の意味。外来語の発音に当てた字と考えられる。

【ふすま】 襖

平安時代の衾障子《ふすましょうじ》から。「襖」は衣服の袷《あわせ》の意味があることから。

【ちゃぶだい】 卓袱台

中国語でテーブルクロスを意味する「卓袱」が由来といわれる。

【ほうき】 箒

「ははき」が変化した。鳥の羽を用いたことから「羽掃き」とも。

【コンクリート】 混凝土

セメントや砂などの材料を混ぜて凝固させたものを意味する。

【すだれ】 簾

簀《す》垂《だ》れの意。風を通しながら日よけや目隠しとして機能する。

【たんす】 箪笥

古くは「担子《たんす》」。「箪」は丸い飯びつ、「笥」は四角い竹製の箱の意。

【やすり】 鑢

工作物の面を擦って磨く道具。「鏃《やじり》をする」からとの説がある。

【たたき】 三和土

土間のこと。三種類*の材料を混ぜ合わせ、叩き固めることから。

【しおりど】 枝折戸

割竹や木の枝などを組んで作った簡素な開き戸のこと。

【ひきだし】 抽斗

「抽」は引き出すこと、「斗」はます(入れ物)。抽は袖と間違えやすい。

【のこぎり】 鋸

古くは「のほぎり」と呼ばれ、「の」は刀、「ほ」は歯を表す。

＊三種類の材料は、赤土と石灰、にがり。

13 日本の伝統色

【えんじいろ】臙脂色
黒みを帯びた濃い紅色。中国の燕支《えんじ》が紅花の産地だったことから。

【けしむらさき】滅紫
暗い灰みの紫色で『延《えん》喜式《ぎしき》』に出てくる格の高い色。「めっし」とも。

【ときわいろ】常磐色
松などの葉のように濃い緑色。「常磐」は常に変わらないという意。

【からくれない】韓紅
濃い紅赤色。深紅《しんく》。舶来の赤という意味から。「唐紅」とも。

【こうじいろ】柑子色
蜜柑《みかん》色を少し薄くした明るい黄赤色。「柑子」はミカンの一種。

【ひそくいろ】秘色色
中国の秘色青磁*のような薄い緑みの青色。神秘的な色合いから。

【あおにび】青鈍
青みがかった暗い灰鈍《はいにび》色《いろ》。仏事や僧の衣服の色に用いる。

【かわらけいろ】土器色
土器のようにくすんだ黄褐色。

【こきあけ・こきひ】深緋
紫みの暗い赤色。茜草と紫草で染めたもの。緋色《ひいろ》は茜草のみ。

【ひわいろ】鶸色
黄みの強い明るい黄緑色。鶸という鳥の羽の色から名づけられた。

【あくいろ】灰汁色
黄みがかった灰色。灰汁とは灰を水に溶かした上澄みのこと。

【きはだ】黄蘗
キハダの樹皮で染めた明るい黄色。「蘗」は肌の意味。

【ごふんいろ】胡粉色
わずかに黄みがかった白色。胡粉は貝殻を焼き粉末にしたもの。

【ろくしょう】緑青
明るく鈍い青緑色。孔《く》雀石《じゃくいし》から作られる顔料の色。

＊秘色青磁とは、中国の南方で唐代末に生産された良質な青磁器。王家以外の使用を禁じたという。日本でも平安時代に珍重された。

14 顔・身体

睫（睫毛）

項

脛（臑）

靨（笑窪）

鳩尾

脹脛

旋毛

頤（顋・腮）

臍帯

踝

蟀谷（顳顬）

耳朶

膝

蹠

読み方は⬅P278へ

15 症状・病名

吃逆（噦）

皹（皸）

喘息

歯軋り

瘡蓋（痂）

痙攣

鼾

面皰

肉刺

脳震盪

噯

雀斑

眩暈（目眩）

腱鞘炎

読み方は⬅P279へ

14 顔・身体

【まつげ】 睫（睫毛）

目のふちにある毛で目《ま》の毛から。「睫」の旁《つくり》はすれすれの意味。

【うなじ】 項

うなは首の後ろを指す。漢字は「頁」が頭を表し、首筋の意味も。

【すね】 脛（臑）

脛の前面は「向こう脛《ずね》」と呼ぶ。いわゆる弁慶の泣き所。

【えくぼ】 靨（笑窪）

顔面にできる皮膚のくぼみ。「厭」は押さえつけるという意味。

【みぞおち】 鳩尾

水落ち（飲んだ水が落ちる場所）から。形が鳩の尾に似ているから。

【ふくらはぎ】 脹脛

「脹」は形状、「脛」は部位を表す。膨《ふく》らんでいる脛《すね》の意味。

【つむじ】 旋毛

「旋」は旋回、まわるの意味。旋風《つむじかぜ》になぞらえたと考えられる。

【えら】 顋（鰓・腮）

顎《あご》の両横。魚の呼吸器官。「思」はひくひくするさまを表す。

【さいたい】 臍帯

いわゆるへその緒。胎児と胎盤とをつなぐ、ひも状の器官。

【くるぶし】 踝

古くは「つぶふし」と呼び、粒＋節の意。くるくる回る関節からとも。

【こめかみ】 蟀谷（顳顬）

米を噛《か》むと動くことからついた名前。「蟀谷」は中国語。

【みみたぶ】 耳朶

「朶」は垂れ下がるという意味。別名、耳垂《じすい》、耳たぼ。

【ひざ】 膝

折りたたんだ部分という意味の「ひだ」が転じたという説がある。

【あしのうら】 蹠

「あしうら」とも読む。硬い足の裏のこと。「跖」とも書く。

15 症状・病名

【しゃっくり】 吃逆（噦）

「きつぎゃく」とも読む。しゃくり泣きなどのしゃくりが音便化。

【あかぎれ】 皹（皸）

足のひびが切れる意の「あかがり」が語源。「皹」はひびを表す。

【ぜんそく】 喘息

「喘」は咳を表す字で、あえぐ、ぜいぜいするという意味をもつ。

【はぎしり】 歯軋り

「軋」は擦れあって音を出す、押しつぶすという意味。

【かさぶた】 瘡蓋（痂）

きずのことを「瘡《かさ》」ということから「瘡《かさ》の蓋《ふた》」が由来。

【けいれん】 痙攣

「痙」は引っ張られるさま、「攣」はもつれるさまで、ひきつるの意。

【いびき】 鼾

「息引・息吹」からいびきに。「鼾」は鼻から出る干声《かんせい》（大きな音）から。

【にきび】 面皰

皮膚にできる赤くて黍《きび》の実に似たものから、「丹黍《にきび》」が語源という。

【まめ】 肉刺

「刺」はとげの意味で肉にできたとげ、でっぱりを表す。

【のうしんとう】 脳震盪

「震盪」は激しく振り動かすこと、揺れ動くことを意味する。

【くしゃみ】 嚔

「くさめ」が変化した。くしゃみをすることは「嚔《はなひ》る」という。

【そばかす】 雀斑

そばかすの斑点が雀《すずめ》の羽毛の模様に似ていることから。

【めまい】 眩暈（目眩）

「玄」は黒の意があり、「眩」は目がくらむ、くるめくさまを表す。

【けんしょうえん】 腱鞘炎

「腱鞘」は腱《けん》を包む鞘《さや》状の結合組織のこと。

16 暦・行事

屠蘇

人日

追儺

初午

上巳

社日

涅槃会

夏越の祓

早苗饗

鬼灯市

盂蘭盆会

施餓鬼

新嘗祭

魚味始

読み方は←P282へ

読んでみよう難読漢字

17 神道・仏教

紙垂（垂・四手）

天叢雲剣

禰宜

神饌

御神籤（御御籤）

手水

八咫鏡

八尺瓊勾玉

回向

虚仮

衆生

悔過

忍辱

白毫

読み方は⇦P283へ

16 暦・行事

【ついな】 追儺
疫病をもたらす悪い鬼を追い払う行事。「儺」は、おにやらいの意。

【ねはんえ】 涅槃会
釈迦の入滅の日に行う法会。涅槃はサンスクリット語で消滅の意。

【うらぼんえ】 盂蘭盆会
お盆のこと。サンスクリット語のウランバナから。逆さ吊りの意。

【はつうま】 初午
農耕を司る神が二月最初の午《うま》の日に稲荷神社に降りたことから。

【なごしのはらえ】 夏越の祓
年末の年越《としこし》の祓《はらえ》に対して、六月三十日の祓を夏越と呼ぶ。

【せがき】 施餓鬼
餓鬼《がき》と呼ばれる飢餓状態の霊にお供えをして供養する行事。

【とそ】 屠蘇
正月に長寿を願って飲む薬酒。邪気を屠《ほふ》り、魂を蘇らせるという意。

【じょうし】 上巳
旧暦三月最初の巳《み》の日に水辺で穢《けが》れを祓《はら》った古代中国の風習から。

【さなぶり】 早苗饗
「さ」は田の神を表し、「さのぼり」が転訛《てんか》。「饗」はもてなすの意。

【にいなめさい】 新嘗祭
新しく収穫した稲を饗《きょう》する意で「新饗《にいあえ》」が由来との説がある。

【じんじつ】 人日
人の日の意味。中国の古い風習で正月七日に人を占ったことから。

【しゃにち】 社日
社は産土神《うぶすながみ》を意味し、社日はその神様を祀《まつ》る日のこと。

【ほおずきいち】 鬼灯市
漢字は赤い実を提灯にたとえたもの。薬効が評判となり市が立った。

【まなはじめ】 魚味始
生後初めて魚肉など動物性食品を食べさせる儀式。お食い初め。

読み方

17 神道・仏教

【しで】紙垂（垂・四手）
注連縄《しめなわ》や玉串などにつけて垂らす紙のこと。「垂《し》づ」から。

【おみくじ】御神籤（御御籤）
「籤」は竹串の意味もあり、串が由来とも、「くじる」からとも。

【えこう】回向
自分の善行によって得た功徳《くどく》をほかの人に回し向けること。

【あめのむらくものつるぎ】天叢雲剣
「叢*」は群がるという意味。別名、草薙剣《くさなぎのつるぎ》。

【ちょうず】手水
寺社で参拝前に手を清めること。「てみず」が転訛。てみずともいう。

【こけ】虚仮
「虚」は偽り、「仮」は間にあわせの意で、実の伴わないことを表す。

【ねぎ】禰宜
神職の役職の一つ。祈願するという意味の「ねぐ」が由来。

【やたのかがみ】八咫鏡
「咫」は長さの単位、八咫は大きいことを表す。

【しゅじょう】衆生
衆は多くのものの意。この世に生を受けたすべての生き物のこと。

【にんにく】忍辱
さまざまな侮辱や苦しみを耐え忍び、心を動かさないこと。

【しんせん】神饌
神に供える飲食物の総称。みけ、供物とも。「饌」は供えるの意。

【やさかにのまがたま】八尺瓊勾玉
「八尺」は長い・大きい、「瓊」は赤い玉を表す。

【けか】悔過
仏・菩薩・僧に対し、自分の過ちを悔い改めること。

【びゃくごう】白毫
仏の眉間にある右巻きの白い毛のこと。「毫」は細い毛の意味。

＊素戔嗚尊《すさのおのみこと》が退治した八岐大蛇《やまたのおろち》の体内から出てきた剣。その大蛇の頭上には常に雲が群がっていたので、天叢雲剣と呼ばれる。

18 神様・仏像

- 伊弉冉尊（伊邪那美命）
- 月読尊
- 虚空蔵菩薩
- 素戔嗚尊（須佐之男命）
- 盧舎那仏
- 千手観音菩薩
- 天照大神（天照大御神）
- 天鈿女命（天宇受売命）
- 普賢菩薩
- 如意輪観音菩薩
- 伊弉諾尊（伊邪那岐命）
- 奇稲田姫（櫛名田比売）
- 文殊菩薩
- 烏枢沙摩明王（烏芻沙摩明王）

読み方は⇐P286へ

読んでみよう難読漢字

19 神社・仏閣

車折神社	鵜戸神宮	化野念仏寺
今宮戎神社	毛越寺	宝筐院

鹽竈神社	大神神社	瑞巌寺	金峯山寺
日光二荒山神社	大山祇神社	鑁阿寺	曼荼羅寺

読み方は⬅P287へ

18 神様・仏像

【いざなみのみこと】
伊弉冉尊（伊邪那美命）
日本神話で国生みと神生みを行った女神。

【つくよみのみこと】
月読尊
天照大神の弟。月や夜の世界を支配している。

【こくうぞうぼさつ】
虚空蔵菩薩
無限の智慧と慈悲の心が収まっている蔵の意。

【すさのおのみこと】
素戔嗚尊（須佐之男命）
天照大神の弟。八岐《やまたの》大蛇《おろち》を退治した。

【るしゃなぶつ】 盧舎那仏
毘盧遮那仏《びるしゃなぶつ》ともいい、太陽の意。すべての人を照らし悟りに導く。

【せんじゅかんのんぼさつ】
千手観音菩薩
千の慈悲の手で、悩みをもつ人々を救う。

【あまてらすおおみかみ】
天照大神（天照大御神）
日本神話の主神で太陽神。皇室の祖神。

【あめのうずめのみこと】
天鈿女命（天宇受売命）
天の岩戸の前で踊った女神。神楽《かぐら》や芸能の神。

【ふげんぼさつ】 普賢菩薩
普《あまね》く賢い者の意味で、あらゆるところに現れ人々を救う菩薩。

【にょいりんかんのんぼさつ】
如意輪観音菩薩
あらゆる意が叶うという如意宝珠《にょいほうじゅ》を手にもつ。

【いざなぎのみこと】
伊弉諾尊（伊邪那岐命）
日本神話で国生みと神生みを行った男神。

【くしなだひめ】
奇稲田姫（櫛名田比売）
素戔嗚尊《すさのおのみこと》の妻。稲田の守護神、縁結びの神。

【もんじゅぼさつ】
文殊菩薩
文殊は文殊師利《もんじゅしゅり》の略。智慧《ちえ》を司る。

【うすさまみょうおう】
烏枢沙摩明王（烏芻沙摩明王）
不浄を浄化させる明王。トイレに祀られる。

19 神社・仏閣

【くるまざきじんじゃ】
車折神社
京都市。パワースポットとして人気の神社。

【うどじんぐう】
鵜戸神宮
宮崎県日南市。洞窟の中に本殿がある神社。

【あだしのねんぶつじ】
化野念仏寺
京都市にある寺。「あだし」は儚《はかな》いの意。

【いまみやえびすじんじゃ】
今宮戎神社
大阪市にある商売の神様として有名な神社。

【もうつうじ】
毛越寺
岩手県平泉町にある寺。越の読みが「おつ」から「つう」に変化した。

【ほうきょういん】
宝筐院
京都市嵯峨野にある臨済宗の寺。紅葉の名所。

【しおがまじんじゃ】
鹽竈神社
宮城県塩竈市にある神社。陸奥《むつ》国一の宮。

【おおみわじんじゃ】
大神神社
奈良県桜井市にある神社。三輪山がご神体。

【ずいがんじ】
瑞巌寺
宮城県松島町にある寺。伊達政宗が造営した本堂と庫裡《くり》は国宝。

【きんぷせんじ】
金峯山寺
奈良県吉野町にある寺院。修験道の総本山。

【にっこうふたらさんじんじゃ】
日光二荒山神社
栃木県日光市にある縁結びで知られる神社。

【おおやまづみじんじゃ】
大山祇神社
愛媛県今治市の沖、大《おお》三島《みしま》に鎮座する神社。

【ばんなじ】
鑁阿寺
栃木県足利市にある真言宗の寺。鑁・阿はともに大日如来《だいにちにょらい》を表す。

【まんだらじ】
曼荼羅寺
香川県善通寺市にある寺。四国八十八ヶ所霊場の第七十二番。

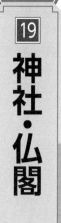

20 古典文学・作家

歎異抄

誹風柳多留

橘成季

虚栗

太安万侶

各務支考

狭衣物語

笈の小文

斎部広成

室鳩巣

梁塵秘抄

江戸生艶気樺焼

菅原孝標女

荷田春満

読み方は⬅P290へ

21 歴史・人物

勘解由使

棄捐令

武野紹鷗

観応の擾乱

物部麁鹿火

菱川師宣

斑鳩宮

賤ヶ岳の戦い

役小角

西周

庚午年籍

元和偃武

橘逸勢

陸羯南

読み方は⬅P291へ

20 古典文学・作家

【たんにしょう】
歎異抄
鎌倉後期の仏教書。親《しん》鸞《らん》の語録。

【はいふうやなぎだる】
誹風柳多留
江戸中・後期に発刊された川柳の句集。

【たちばなのなりすえ】
橘成季
鎌倉中期の文学者。説話集『古今著聞集《ここんちょもんじゅう》』。

【みなしぐり】
虚栗
江戸前期の俳諧撰集。宝《たから》井《い》其《き》角《かく》編。蕉門《しょうもん》の発句・歌仙などを収録。

【おおのやすまろ】
太安万侶
奈良時代の文人。『古事記』の撰録者。

【かがみしこう】
各務支考
江戸中期の俳人。『笈《おい》日記《にっき》』など多数。

【さごろものがたり】
狭衣物語
平安中期の物語。狭衣大将の悲恋を描いた。

【おいのこぶみ】
笈の小文
江戸中期、松尾芭蕉の俳諧紀行。

【いんべのひろなり】
斎部広成
平安初期の官人。『古《こ》語拾遺《ごしゅうい》』を著した。

【むろきゅうそう】
室鳩巣
江戸中期の儒学者。著書に『赤穂義人録《あこうぎじんろく》』。

【りょうじんひしょう】
梁塵秘抄
平安後期の今様《いまよう》歌謡集。撰者は後白河法皇。

【えどうまれうわきのかばやき】
江戸生艶気樺焼
江戸中期の黄《き》表《びょう》紙《し》。山東京伝《さんとうきょうでん》作・画。

【すがわらのたかすえのむすめ】
菅原孝標女
平安時代の女流文学者。『更級《さらしな》日記』など。

【かだのあずままろ】
荷田春満
江戸中期の国学者。著書に『万葉集僻案抄《へきあんしょう》』。

読み方

21 歴史・人物

【かげゆし】勘解由使
平安時代、地方行政を監査するために置かれた官職。

【きえんれい】棄捐令
江戸幕府が旗本や御家人の財政難を救うため出した貸借破棄令。

【たけのじょうおう】武野紹鷗
室町末期の茶人。弟子に千利休ら。

【かんのうのじょうらん】観応の擾乱
足利政権の内紛からの争乱。擾は乱れるの意。

【もののべのあらかび】物部麁鹿火
古代の豪族。「あらかひ」「あらかい」とも。

【ひしかわもろのぶ】菱川師宣
江戸初期の浮世絵師。『見返り美人図』など。

【いかるがのみや】斑鳩宮
聖徳太子が今の奈良県斑鳩町に造った宮殿。

【しずがたけのたたかい】賤ヶ岳の戦い
賤ヶ岳付近で起きた羽柴秀吉と柴田勝家の戦。

【えんのおづの・えんのおづぬ】役小角
奈良時代の呪術者。修験道の祖。役行者《えんのぎょうじゃ》とも。

【にしあまね】西周
幕末から明治維新にかけて活躍した哲学者・啓蒙思想家。

【こうごねんじゃく】庚午年籍
670年庚午《かのえうま》の年に作られた全国的な戸籍。

【げんなえんぶ】元和偃武
偃は伏せるの意。武器を伏せ平和になること。

【たちばなのはやなり】橘逸勢
平安時代初期の書家。三筆*の一人。

【くがかつなん】陸羯南
明治のジャーナリスト。新聞「日本」を創刊して国民主義を主張。

＊平安初期の能書家として空海、嵯峨天皇、橘逸勢の三人を指す。

22 旧国名

上野

安房

美作

常陸

遠江

備後

陸奥

下総

伯耆

周防

下野

上総

播磨

豊後

読み方は←P294へ

23 地名

左沢

麻績

立売堀

行方

総曲輪

撫養

弟子屈

越生

御器所

半家

王余魚沢

坂祝

直違橋

厳木

読み方は⬅P295へ

22 旧国名

【こうずけ】 上野

古くは上毛野。毛の字は省かれたが、読みには残る。

【あわ】 安房

阿波《あわ》の斎部《いんべ》氏《うじ》が移り住んだことから、[*2]安房と名づけられた。

【みまさか】 美作

甘酒《みまさか》の産地からとも、「三坂峠」のみさかが転じたともいわれる。

【ひたち】 常陸

陸路で往来できるので直通《ひたみち》からとも、衣袖漬《ころもでひたち》の故事からとも。

【とおとうみ】 遠江

古くは遠淡海《とほつあはうみ》（浜名湖を指すという）。好字二字化で遠江に。

【びんご】 備後

吉備《きび》国が備前《びぜん》・備中《びっちゅう》・備後の三国に分割。都に遠いのが備後。

【むつ】 陸奥

古くは道奥《みちのおく》と表記。東《とう》山道《さんどう》は陸道なので陸奥になったとも。

【しもうさ】 下総

麻がとれる土地の意で総国《ふさのくに》といい、分割によって下総に。

【ほうき】 伯耆

八岐大蛇《やまたのおろち》伝説の「母来《ははき》」から、崖の端という意の「ははき」からとも。

【すおう】 周防

古くは「すはう」と呼ばれ、「周芳」の表記も。「防州《ぼうしゅう》」ともいう。

【しもつけ】 下野

毛野国《けぬのくに》が上毛野《かみつけぬ》と下毛《しもつけ》野に分割。[*1]好字《こうじ》二字化《にじか》令《れい》により下野の表記に。

【かずさ】 上総

総国は分割により、都に近いほうが上総、遠いほうが下総に。

【はりま】 播磨

古くは「針間」と表記した。針の生産地から、「墾《は》り浜」からとも。

【ぶんご】 豊後

古くは豊国《とよのくに》と呼ばれたが、豊前《ぶぜん》と豊後に分割された。

＊1 713年の政策で国・郡・郷の名称を好字（よい文字）二字に変えるよう命じた。
＊2 安房の房と上総・下総の総を組みあわせ「房総《ぼうそう》」と呼ばれる。

読み方

23 地名

【あてらざわ】 左沢

山形県西村山郡の地名。「あちらの沢」が由来といわれる。

【おみ】 麻績

長野県東筑摩郡の村名。高麗《こうらい》からの帰化人が麻を績《つむ》いだことによる。

【いたちぼり】 立売堀

大阪市の地名。伊達堀《いたちぼり》の沿岸に材木の立ち売り市ができたことから。

【なめがた】 行方

茨城県南東部の市。日本武尊《やまとたけるのみこと》が「行細《なめくわ》し」といったことから。

【そうがわ】 総曲輪

富山県富山市の地名。富山城の外堀が曲輪《くるわ》と呼ばれたことから。

【むや】 撫養

徳島県鳴門市《なるとし》の町名。船をつなぐ意味の「舫《もや》い」からという説あり。

【てしかが】 弟子屈

北海道東部の町。「テシカ」はアイヌ語で岩盤、「ガ」は上の意味。

【おごせ】 越生

埼玉県入間郡《いるまぐん》の町。「尾根越《おねご》し」が変化した説が有力。

【ごきそ】 御器所

名古屋市昭和区の地名。熱田神宮に土器を献上したことから。

【はげ】 半家

高知県四万十市《しまんとし》の地名。*平家の落人《おちうど》伝説が残っている。

【かれいざわ】 王余魚沢

青森県青森市の地名。「乾飯《かれいい》」に由来する説がある。

【さかほぎ】 坂祝

岐阜県加茂郡の町名。坂祝神社に由来。地形からとも(ほきは崖)。

【すじかいばし】 直違橋

京都市伏見区の地名。川に対して橋が斜めに架かることから。

【きゅうらぎ】 厳木

佐賀県唐津市の町。威厳のある大楠《おおくす》があり「清ら木」から。

＊平家の落人であることを隠すために、平家の「平」の字の一画目を下にずらして「半」の字とし、半家となったという伝説がある。

24 駅名

- 勿来
- 動橋
- 学文路
- 大甕
- 膳所
- 特牛
- 大楽毛
- 御徒町
- 帷子ノ辻
- 大歩危
- 及位
- 金手
- 京終
- 糒

読み方は⬅P298へ

25 外国名・外国都市名

芬蘭

伯剌西爾

聖林

埃及

莫斯科

華盛頓（華府）

葡萄牙

越南

牛津

布哇

西班牙

墨西哥

改羅

雪特尼

読み方は←P299へ

読み方

24 駅名

【なこそ】 勿来

福島県いわき市にある駅。勿来関《なこそのせき》が由来。来るなかれの意。

【いぶりはし】 動橋

石川県加賀市にある駅。丸太の橋が、渡ると揺れ動いたことから。

【かむろ】 学文路

和歌山県橋本市にある駅。香室(火室)が由来との説がある。

【おおみか】 大甕

茨城県日立市にある駅。「甕《みか》」は水を貯えたり、酒を醸《かも》したりする容器。

【ぜぜ】 膳所

滋賀県にある駅。古代に大津宮へ食物を供した陪膳浜《おもののはま》から。

【こっとい】 特牛

山口県下関市にある駅。特牛は、重荷を負うことのできる牡牛の意。

【おたのしけ】 大楽毛

北海道釧路市にある駅。「オタノシケ」はアイヌ語で砂浜の中央の意。

【おかちまち】 御徒町

東京都台東区にある駅。徒《かち》(徒士《かち》)という下級武士が住んでいた。

【かたびらのつじ】 帷子ノ辻

京都市にある。帷子《かたびら》は絹や麻糸で織った着物。

【おおぼけ】 大歩危

徳島県三好市にある駅。ほけは崖の意。大股で歩くと危険からとも。

【のぞき】 及位

山形県最上郡にある駅。地名の由来といわれる伝説*がある。

【かねんて】 金手

山梨県甲府市にある駅。「鍵手《かぎのて》」が転訛《てんか》して「金手《かねんて》」になった。

【きょうばて】 京終

奈良市にある駅。平城京の終《はて》が由来。「はて」は端、はずれの意。

【ほしい】 糒

福岡県田川市にある駅。糒《ほしい》は米を干して保存食にしたもの。

＊「のぞき」の修行をした修験者が、のちに立派な「位」に「及んだ」ことから、「及位」と書いて「のぞき」と読む地名となった。

読み方

25 外国名・外国都市名

【フィンランド】 芬蘭

中国語から。ランドを蘭とするのは波蘭（ポーランド）なども同じ。

【ブラジル】 伯剌西爾

発音に近い漢字を当てた。江戸時代からこの表記が使われている。

【ハリウッド】 聖林

＊Hollywoodの綴りのHollyをHoly（神聖な）と誤って訳したもの。

【エジプト】 埃及

中国語から。アイギュプトス（エジプトの語源）に漢字を当てた。

【モスクワ】 莫斯科

中国語が由来。「斯」は威尼斯（ベニス）や里斯本（リスボン）にも。

【ワシントン】 華盛頓（華府）

華盛頓は中国語から。華府は日本語の表記。

【ポルトガル】 葡萄牙

中国語が由来。ブドウとの関係はなく、発音が近い漢字を当てた。

【ベトナム】 越南

中国語から。南（ナム）のほうの越（ヴィエット）の国という意味。

【オックスフォード】 牛津

オックスは牛、フォードは浅瀬の意の当て字。

【ハワイ】 布哇

発音に近い漢字を当てたもの。ホノルルは「花瑠瑠」と表記する。

【スペイン】 西班牙

ヒスパニアを中国語の読みにするとこの漢字表記に。

【メキシコ】 墨西哥

中国語が由来。墨はメキシコの略称として使われる。

【カイロ】 改羅

発音に近い漢字を当てたもの。「開羅」「該禄」の表記もある。

【シドニー】 雪特尼

発音に近い漢字を当てたもの。「志戸仁」「悉土尼」の表記も。

＊ハリウッド（Hollywood）は、ヒイラギの森という意味。

26 名字

東川

京

十

四十物

八月一日

一尺八寸

栗花落

雲母

倭文

鶏冠井

池鯉鮒

春夏冬

鴨脚

青天目

読み方は⬅P302へ

読んでみよう難読漢字

27

スポーツ

次の当て字はカタカナにすると何のスポーツ？

送球

闘球

孔球（打球）

蹴球

鎧球

門球

籠球

杖球

塁球

氷球

排球

棒網球

羽球

撞球

読み方は⬅P303へ

26 名字

【もぎき・もげき】十

「木」から両側の払いを除き、枝がもげたさまを表している。

【つゆり】栗花落

梅雨入りのころに栗の花が落ちることからという説がある。

【ちりふ】池鯉鮒

池に鯉や鮒《ふな》が多数いたことからついた地名が由来ともいわれる。

【あいもの】四十物

魚の塩漬けをあいもの*といい、それが四十種類あったことから。

【きらら】雲母

鉱物の雲母《うんも》の古称。光沢があり、きらきらと光ることから。

【あきない・あきなし】春夏冬

春夏秋冬の秋だけ入っていないことから。

【うのかわ】東川

古くは方角を十二支で表し、東は卯《う》の方角（⬇Ｐ３０４）から。

【ほづみ】八月一日

旧暦八月一日に稲の穂を摘んで神様に供えた神事に由来する。

【しとり】倭文

倭文部《しとりべ》という織物を作る技術者やその居住地からといわれる。

【いちょう】鴨脚

鴨《かも》の脚は水かきがあり、広げた形が銀杏《いちょう》の葉に似ていることから。

【かなどめ】京

いろはカルタの最後は「京」の札。かなの最後の意で「かなどめ」。

【かまつか・かまづか】一尺八寸

鎌の柄の長さが一尺八寸だったことから。

【かいで・かえで】鶏冠井

楓《かえで》の葉が鶏《にわとり》のとさかに似ていることから。

【なばため・なまため】青天目

生田目、生天目、生畑目と書く名字も。

＊鮮魚と乾物の中間のものという意味。

読み方

27 スポーツ

【ハンドボール】 送球
パスやドリブルなど手を使ってボールを送ることから。

【ラグビー】 闘球
タックルやスクラムで球を奪いあい闘っているように見えるから。

【ゴルフ】 孔球（打球）
クラブでボールを打ち、ホール（孔）に入れることから。

【サッカー】 蹴球
腕や手を使わずボールを足で蹴ることから。ア式蹴球とも。

【アメリカンフットボール】 鎧球
プロテクターを鎧に見立てたことから。

【ゲートボール】 門球
低いゲート（門）にボールを通すことから。日本発祥のスポーツ。

【バスケットボール】 籠球
桃を入れる籠をゴールに用いたことが由来。

【ホッケー】 杖球
スティック（杖）を使って、ボールをゴールに打ち込むことから。

【ソフトボール】 塁球
「塁」は得点するために通過する地点の意味がある。

【アイスホッケー】 氷球
氷上の格闘技といわれるスポーツ。

【バレーボール】 排球
相手コートにボールを返す（排する）ことから。排はおしのけるの意。

【ラクロス】 棒網球
クロスという網のついた特殊な棒を使うことから。

【バドミントン】 羽球
シャトルと呼ばれる羽のついた球を打ち合うことから。

【ビリヤード】 撞球
キューと呼ばれる棒状の道具で、球を撞《つ》くことから。

十二支での時刻・方位と十干《じっかん》十《じゅう》二《に》支《し》

十二支はもともと十二か月を表していたが、次第に年や日にち、時刻、方位を表すようになったといわれる。

十二支での時刻と方位

夜の十二時を中心に前後の二時間を「子《ね》の刻《こく》」として、順に二時間ごとに十二支で表す。さらに二時間を四等分して「一つ」「二つ」「三《み》つ」「四《よ》つ」と表した。たとえば、「丑三《うしみ》つ時《どき》」は午前二時から二時半となる。また、十二支とは別に夜と昼の十二時を「九《ここの》つ」として、二時間ごとに数を減らして表す方法もあった。「おやつ」はこの「八つ」が語源で午後一時から三時に間食をとったことから。

方位は北を「子《ね》」として順に表す。東が「卯《う》」、南が「午《うま》」、西が「酉《とり》」となる。ちなみに地球を南北に結ぶ線を「子《し》午《ご》線」というのは子《ね》の方角と午《うま》の方角を結ぶ線ということから。

●時刻・方位図

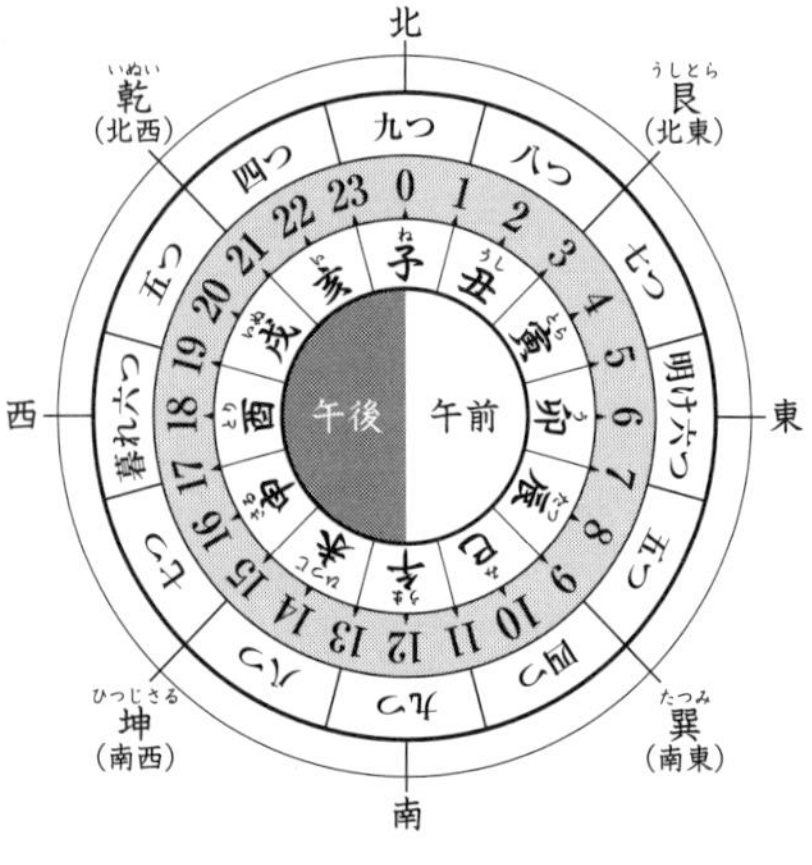

十干十二支とは

昔は年を十干十二支で表していた。十干とは「甲《きのえ》・乙《きのと》・丙《ひのえ》・丁《ひのと》・戊《つちのえ》・己《つちのと》・庚《かのえ》・辛《かのと》・壬《みずのえ》・癸《みずのと》」のこと。この十干と十二支を組み合わせて、六十種定められている。これを六十年かけてひと回りすると「還暦（➡P382）」となる。また、「壬申《じんしん》の乱」「戊辰《ぼしん》戦争」「阪神甲子園球場（➡P156）」などの名称もここから。

●十干十二支の一覧

1	甲《きのえ》子《ね》（コウシ）	2	乙《きのと》丑《うし》（イッチュウ）	3	丙《ひのえ》寅《とら》（ヘイイン）	4	丁《ひのと》卯《う》（テイボウ）	5	戊《つちのえ》辰《たつ》（ボシン）	6	己《つちのと》巳《み》（キシ）
7	庚《かのえ》午《うま》（コウゴ）	8	辛《かのと》未《ひつじ》（シンビ）	9	壬《みずのえ》申《さる》（ジンシン）	10	癸《みずのと》酉《とり》（キユウ）	11	甲《きのえ》戌《いぬ》（コウジュツ）	12	乙《きのと》亥《い》（イツガイ）
13	丙《ひのえ》子《ね》（ヘイシ）	14	丁《ひのと》丑《うし》（テイチュウ）	15	戊《つちのえ》寅《とら》（ボイン）	16	己《つちのと》卯《う》（キボウ）	17	庚《かのえ》辰《たつ》（コウシン）	18	辛《かのと》巳《み》（シンシ）
19	壬《みずのえ》午《うま》（ジンゴ）	20	癸《みずのと》未《ひつじ》（キビ）	21	甲《きのえ》申《さる》（コウシン）	22	乙《きのと》酉《とり》（イツユウ）	23	丙《ひのえ》戌《いぬ》（ヘイジュツ）	24	丁《ひのと》亥《い》（テイガイ）
25	戊《つちのえ》子《ね》（ボシ）	26	己《つちのと》丑《うし》（キチュウ）	27	庚《かのえ》寅《とら》（コウイン）	28	辛《かのと》卯《う》（シンボウ）	29	壬《みずのえ》辰《たつ》（ジンシン）	30	癸《みずのと》巳《み》（キシ）
31	甲《きのえ》午《うま》（コウゴ）	32	乙《きのと》未《ひつじ》（イツビ）	33	丙《ひのえ》申《さる》（ヘイシン）	34	丁《ひのと》酉《とり》（テイユウ）	35	戊《つちのえ》戌《いぬ》（ボジュツ）	36	己《つちのと》亥《い》（キガイ）
37	庚《かのえ》子《ね》（コウシ）	38	辛《かのと》丑《うし》（シンチュウ）	39	壬《みずのえ》寅《とら》（ジンイン）	40	癸《みずのと》卯《う》（キボウ）	41	甲《きのえ》辰《たつ》（コウシン）	42	乙《きのと》未《み》（イツシ）
43	丙《ひのえ》午《うま》（ヘイゴ）	44	丁《ひのと》未《ひつじ》（テイビ）	45	戊《つちのえ》申《さる》（ボシン）	46	己《つちのと》酉《とり》（キユウ）	47	庚《かのえ》戌《いぬ》（コウジュツ）	48	辛《かのと》亥《い》（シンガイ）
49	壬《みずのえ》子《ね》（ジンシ）	50	癸《みずのと》丑《うし》（キチュウ）	51	甲《きのえ》寅《とら》（コウイン）	52	乙《きのと》卯《う》（イツボウ）	53	丙《ひのえ》辰《たつ》（ヘイシン）	54	丁《ひのと》巳《み》（テイシ）
55	戊《つちのえ》午《うま》（ボゴ）	56	己《つちのと》未《ひつじ》（キビ）	57	庚《かのえ》申《さる》（コウシン）	58	辛《かのと》酉《とり》（シンユウ）	59	壬《みずのえ》戌《いぬ》（ジンジュツ）	60	癸《みずのと》亥《い》（キガイ）

漢字クイズ 1

Q □に共通する漢字を一字入れて、二字熟語を作りましょう。

① 本↓ 技→□→力 ↓率

② 所↓ 習→□→点 ↓票

③ 気↓ 対→□→徴 ↓牙

④ 上↓ 癒→□→用 ↓物

⑤ 通↓ 透→□→敏 ↓密

⑥ 一↓ 活→□→動 ↓進

解答 ①能　②得　③象　④着　⑤過　⑥躍

9章

使える四字熟語と慣用句

性格、困難、努力、教訓、つきあい、人生などを表現するときに、使える四字熟語と慣用句をチョイス。

1 性格・人柄・態度を表す言葉

【極楽蜻蛉《ごくらくとんぼ》】

何事も思い悩むことなく、のらりくらりと暮らしている人をからかう言葉。極楽の空で蜻蛉がすいすいと優雅に飛んでいるさまから。「極楽とんび」ともいう。

【怜悧狡猾《れいりこうかつ》】

頭の回転が早く、優れていてずる賢いこと。

【寛仁大度《かんじんたいど》】

心が寛大で思いやりと慈悲深さがあり、小さなことにこだわらないこと。

例 あの人は寛仁大度な人だから、リーダーにはうってつけだと思う。

【明朗闊達《めいろうかったつ》】

明るくほがらかで、おおらかな性格。器が大きく、小さなことや細かいことにこだわらないさま。

類「自由闊達《じゆうかったつ》」

例 いつも明朗闊達な彼女はサークルの人気者だ。

【鬼面仏心《きめんぶっしん》】

外見は鬼のように怖そうだが、内心は仏のように穏やかで慈悲深く、とてもやさしいこと。

例 あの先生はいつも厳しい目で見張っているように見えるけれど、実は鬼面仏心、子どもがけがをしないよう見守るやさしい人だ。

【＊漱《そう》石《せき》枕《ちん》流《りゅう》】

「石に漱《くちすす》ぎ流れに枕《まくら》す」と同じ。自分の失敗を認めず、意見を強引に押し通したり、負け惜しみが強く、へりくつを並べること。

例 あんなふうに漱石枕流でいたら、きっと奥さんも許してはくれないだろう。

【山《さん》高《こう》水《すい》長《ちょう》】

山がどっしりと高くそびえ、川が永久に流れ続けるようすにたとえた言葉。清らかで品性が高潔な人のこと。

【温《おん》柔《じゅう》敦《とん》厚《こう》】

人柄が穏やかでやさしく、人情に厚いこと。心遣いが細やかで、真心がこもっていること。

【直《ちょく》情《じょう》径《けい》行《こう》】

相手の気持ちや事情を気にせず、自分の感情がおもむくままにまかせて行動すること。短絡的な人という、悪い意味で使われる。

対「熟《じゅく》慮《りょ》断《だん》行《こう》」

例 直情径行な性格の彼女は、時に人を傷つけてしまう。

【軽《けい》佻《ちょう》浮《ふ》薄《はく》】

考えが浅はかで、行動や言動が軽々しく、浮ついているさま。

例 あの人はいつも軽佻浮薄で信用ならない。

【融《ゆう》通《ずう》無《む》碍《げ》】

考えや行動が何ものにもとらわれることなく、自由でのびのびしていること。

対「杓《しゃく》子《し》定《じょう》規《ぎ》（⬇P375）」

例 難しい局面だったが、彼は融通無碍なやり方でうまく対処した。

＊夏目漱石の「漱石」の雅号の由来として有名な言葉。

【泰然自若《たいぜんじじゃく》】

何事にも動じず、慌てず、落ちついたさまでいること。

例 どんなトラブルが起こったとしても、泰然自若の心を忘れずにいたい。

【虚静恬淡《きょせいてんたん》】

心が素直で先入観やわだかまりがなく、無欲であっさりしているさま。落ち着いていること。

類「虚心坦懐《きょしんたんかい》」

例 彼はいつも虚静恬淡、態度が一貫していて信用できる。

【悠悠閑閑《ゆうゆうかんかん》】

ゆったりと気長に構え、落ち着いていること。どんなときも動じず、のんびりしているさま。「悠悠緩緩」「優閑閑」と書かれることも。

対「俗用多端《ぞくようたたん》」

例 悠悠閑閑と流れる白い雲を眺めていたら、悩み事がどこかへいってしまった。

【残忍酷薄《ざんにんこくはく》】

他者への気遣いや思いやりがなく、無慈悲で薄情。

類「悪逆無道《あくぎゃくむどう》」

【余裕綽綽《よゆうしゃくしゃく》】

余裕を感じさせるような、落ち着いたようす。悠然とした態度のこと。

【言笑自若《げんしょうじじゃく》】

どんな状況でも、何があっても決して慌てず、平然と落ち着いていること。

【傍若無人《ぼうじゃくぶじん》】

周囲のことはまるで気にかけず、自分勝手に振る舞うこと。自己中心的な人。

五月《さつき》の鯉《こい》の吹流《ふきなが》し

空に泳ぐ鯉のぼりの腹の中は空っぽであることから、心がさっぱりとしていて、わだかまりのないこと。また、口先の威勢はよいが、度胸はないという意味も。

例 五月の鯉の吹流しというが、姉はまさにそんな人で、サバサバしていて裏表がないのがいいところだ。

木仏《きぶつ》金仏《かなぶつ》石仏《いしぼとけ》

人情に動かされず、融通のきかない堅い人のたとえ。

内弁慶《うちべんけい》の外地蔵《そとじぞう》

家の中では弁慶のように偉そうで威張っているのに、いったん外に出るとお地蔵様のようにおとなしくなり、気が弱くなること。

這《は》っても黒豆《くろまめ》

明らかな間違いとわかっても、誤りを認めず、頑固に自説を曲げないようす。黒いものが這い出して、虫だとわかっても、それを認めず、黒豆であると言い張ることから。

柳に風と受け流す

柳の枝葉が、風の吹くままなびくように、相手の自分に対する言動を、さらりと受け流すようす。逆らわずに、ほどよくあしらうさま。「柳に風」「柳に受ける」ともいう。

老いの一徹《いってつ》

老人の、いったん決めたことはどこまでも押し通そうとする頑固さや気性のこと。

例 私の父は老いの一徹で家族の忠告を聞き入れない。

2 ほめる・励ますときの言葉

【才気煥発《さいきかんぱつ》】

頭脳が活発で、優れた才能がはじけるように表に出ているさま。

類「才学非凡《さいがくひぼん》」

例 幼いころから才気煥発だった彼は、今も活躍している。

【七歩之才《しちほのさい》】

文才に恵まれ、優れた詩文をすぐに作る才能がある。

中国三国時代、魏《ぎ》の文帝曹《そう》丕《ひ》は弟の曹植《そうしょく》の才能を妬み、「七歩歩む間に詩を作れ」と命じ、曹植はすぐに作ったという故事から。

【十全十美《じゅうぜんじゅうび》】

すべてが完全で整っていること。不十分な部分や、欠点がまったくないこと。

例 彼女は十全十美、完璧に仕上げてくれることでしょう。

【秀外恵中《しゅうがいけいちゅう》】

容姿が立派で美しく、内面も優れた知性を備えている。

類「才色兼備《さいしょくけんび》」

【雄材大略《ゆうざいたいりゃく》】

大きな計画や策略を達成するための、傑出《けっしゅつ》した能力をもつ人材のこと。

【古今無双《ここんむそう》】

昔から今に至るまで、比べるものが存在しないほど優れていること。

【何《いず》れ菖蒲《あやめ》か杜若《かきつばた》】

どちらも優れていて優劣がつかず、選択を迷うこと。由来は、源頼政が怪獣、鵺《ぬえ》を退治した褒美として、宮中の「菖蒲前《あやめのまえ》」という美女を賜る際、十二人の美女の中から見つけ出すようにいわれて詠んだ歌から。*

類「兄《けい》たり難《がた》く弟《てい》たり難《がた》し」

【一《いち》念《ねん》通《つう》天《てん》】

固い決意をもって一心に努力し続ければ、どんな物事でも必ず成就すること。

【一《いち》陽《よう》来《らい》復《ふく》】

古代中国の『易経《えききょう》』が出典。「陰が極まって陽が生じる」ことから、本来は「冬至」を表していた。悪いことが続いたあと、ようやく物事がよい方向に向かうこと。冬が終わり、春がくること。

例 不幸が続いたが、やっと一陽来復の兆しがみえた。

【起《き》死《し》回《かい》生《せい》】

危機的、絶望的な状況を立ち直らせること。「起死」と「回生」はともに瀕死の人を生き返らせる意。

【雨降って地《じ》固《かた》まる】

もめごとや困難なことがあっても、かえって前よりもよい状態になること。雨が降ったあとは地面が締まり固くなることから。

【一《いち》の裏《うら》は六《ろく》】

サイコロは一番小さい一と一番大きい六が裏表であるように、人生にはよいこともあれば悪いこともあるというたとえ。

＊「五月雨《さみだれ》に沢べのまこも水たへていづれあやめと引きぞわづらふ」。意味は五月雨が降り続き沢辺の水が増し草も水中に隠れどこに菖蒲があるのか引き抜くのをためらう。

3 苦労・困難・努力を表す言葉

【刻苦勉励《こっくべんれい》】

心身を苦しめるほどの大変な苦労をして、仕事や勉学に励むこと。

例 数年にわたる刻苦勉励を経て、自分の店を開業した。

【駑馬十駕《どばじゅうが》】

才能の乏しい者でも、努力を続ければ、やがて才能のある者に並ぶことができるというたとえ。「駑馬」は、のろい馬のことで、たとえ駑馬であっても十日走れば早い馬の一日分を走ることができるという意から。

【磨杵作針《ましょさくしん》】

努力を惜しまずに続ければ、どんなことでも必ず成し遂げられるたとえ。鉄製の棒をくじけずに磨き続けて、細い針にすることから。

【桃三李四《とうさんりし》】

桃は三年、李《すもも》は四年かかって実をつけることから、物事を完成したり、成し遂げるためには、相応の時間や年月がかかるということ。

類 「桃栗三年柿八年」

【粉骨砕身《ふんこつさいしん》】

骨を粉にし、身を砕くほど、力の限り努力すること。力を最大限に発揮して、一生懸命働くこと。

例 問題解決に向けて粉骨砕身して事に当たります。

孤《こ》軍《ぐん》奮《ふん》闘《とう》

味方の助けや援助が得られないなか、一人で懸命に戦い、努力すること。

例 これまで必死に孤軍奮闘してきたが、そろそろ限界だ。

艱《かん》難《なん》辛《しん》苦《く》

非常に困難な状況にあって、苦しみ悩むこと。人生でぶつかる苦労を表す。武将、山中鹿之介が尼子家《あまごけ》再興のために「我に艱難辛苦を与えたまえ」と三日月に祈った逸話は有名。

苦《く》は楽《らく》の種《たね》

現在の苦労は将来の幸福のもとになるという意味。「楽は苦の種、苦は楽の種」ともいう。

雨《あま》垂《だ》れ石《いし》を穿《うが》つ

どんなことでもコツコツと努力を続けると、いつの日か実を結び成功すること。雨垂れのような小さな力でも石を穿つ（穴をあける）という意から。

類「愚公移山《ぐこういさん》」「石《いし》の上《うえ》にも三《さん》年《ねん》」

二進《にっち》も三進《さっち》も行《い》かない

物事が行き詰まり、どうにもできないこと。そろばんの割り算からできた言葉で、二進は「2÷2」、「三進」は3÷3。二でも三でも割り切れない数という意から。

塗《と》炭《たん》の苦《くる》しみ

泥水にまみれ、炭火に焼かれるような、耐えがたい苦しみ、ひどい苦痛のたとえ。

類「水火《すいか》の苦《くる》しみ」

例 彼女は病気と死別という塗炭の苦しみを乗り越えた。

4 教訓・戒め、アドバイスに関する言葉

【悪《あく》因《いん》悪《あっ》果《か》】

悪い行いをすると、必ずそれが原因となって悪い結果がもたらされること。

対「善因善果《ぜんいんぜんか》（⬇P321）」

【邯《かん》鄲《たん》之《の》歩《ほ》】

他人をうらやんで真似をしてもうまくいかず、自分の本分も忘れ、中途半端でどちらもうまくいかなくなること。中国の戦国時代に青年が都会の邯鄲の人の歩き方に憧れて真似したが、それができない上に本来の歩き方も忘れ、這って帰ったという故事から。

【隠《いん》忍《にん》自《じ》重《ちょう》】

つらいことにじっと我慢して、怒りや悲しみを表にみせず、軽率な行動をしないようにすること。

対「軽挙妄動《けいきょもうどう》」

例 彼の横暴さは目に余るが、今は隠忍自重するしかない。

【再《さい》思《し》三《さん》省《せい》】

何度もわが身をかえりみて、考え直し、反省すること。

類「再思三考《さいしさんこう》」

【釈《しゃく》近《きん》謀《ぼう》遠《えん》】

今をおろそかにして、はるか将来のことばかり考えること。身近なこと、今現在のことをよく考えるべきという戒め。

【怠《たい》慢《まん》忘《ぼう》身《しん》】

なすべきことを怠ると、災いが降りかかるという戒め。

【迷《めい》者《しゃ》不《ふ》問《もん》】

疑問に思うことは積極的に人にたずねるべきだということ。道に迷う人は、自分勝手に行動して、さらに迷ってしまうという意から。

【天《てん》網《もう》恢《かい》恢《かい》】

悪事は必ず見つかり、報いを受けるということ。天の網は広大で目は粗いようだが、悪事は漏らさず捕らえるという意から。「恢恢」は広く大きいさま。

【浅《あさ》い川《かわ》も深《ふか》く渡《わた》れ】

何事も用心して、慎重に取り組むべきという戒め。

【挨《あい》拶《さつ》は時《とき》の氏《うじ》神《がみ》】

けんかや争いごとの仲裁をしてくれる人が現れたときは、氏神様だと思って、素直にいうとおりにしたほうがいいということ。

【雨《あめ》晴《は》れて笠《かさ》を忘《わす》れる】

苦しかったときが過ぎると、そのときに受けた恩義やありがたみをすっかり忘れてしまうことのたとえ。

類「病《やまい》治《なお》りて医《くす》師《し》忘《わす》る」

【虻《あぶ》蜂《はち》取らず】

虻と蜂の二匹の虫を同時に退治しようとしても、どちらも捕まえることはできない。欲張って二つのものを同時に取ろうとすると、結局はどちらも手に入らないということ。

5 人とのつきあいに関する言葉

【不即不離】《ふそくふり》

二つのものの関係がつかず離れず、適度な距離をもって共存すること。ちょうどよい関係のこと。

【不偏不党】《ふへんふとう》

特定の党派や主義にかたよることなく、公正な視点をもつこと。客観的で中立な立場をとること。

【形影一如】《けいえいいちにょ》

体と影は常に離れず同じ動きをすることから、密接な関係や仲睦まじい夫婦のこと。心の善悪が行動に表れるという意味もある。

【刎頸之交】《ふんけいのまじわり》

友のためなら、たとえ首を斬られても後悔しないほどの固い友情。『史記』が由来。中国春秋時代、趙《ちょう》の将軍廉《れん》頗《ぱ》は出世した藺相如《りんしょうじょ》を恨んだが、藺相如は廉頗と争うと国を滅ぼすことになると争いを避けた。これを聞いた廉頗は自らを恥じ藺相如に謝罪に行き、刎頸之交を結んだ。「刎頸」は首をはねること。

【益者三友】《えきしゃさんゆう》

交際して自分のためになる三種類の友人。直言をしてくれる正直な友、誠実で裏切らない友、視野が広く博識な友のこと。

【一《いち》蓮《れん》托《たく》生《しょう》】

結果がどうなろうとも、仲間として、行動や運命をともにすること。死後、ともに極楽に往生して、同じ蓮の花の上に身を托し、生まれ変わるという仏教語からきた言葉。

例 ここまできたら一蓮托生、力を合わせて最後までこの計画をやりきろう。

【知《ち》己《き》朋《ほう》友《ゆう》】

自分の心をよく知ってくれて理解してくれている親友。

【もとの鞘《さや》に収《おさ》まる】

喧嘩《けんか》や仲違いした者同士が、昔のように仲のよい間柄に戻ること。離婚した夫婦など男女関係において使われることが多い。

例 友人夫婦はひどい喧嘩をしても、結局はもとの鞘に収まっている。

【物《もの》言《い》えば唇《くちびる》寒《さむ》し秋《あき》の風《かぜ》】

何事においても、うっかり余計なことをいうと、それが原因となって災いを招くこと。松尾芭蕉の句から。

【割《わ》れ鍋《なべ》に綴《と》じ蓋《ぶた》】

どんな人にも、うまく補い合えるふさわしい配偶者がいるものだというたとえ。自分たち夫婦について使う謙遜の言葉なので、他人には使わないように。

対 「月《つき》と鼈《すっぽん》」

【肝《かん》胆《たん》相《あい》照《て》らす】

互いに心の底を打ちあけ、親しい交際をすること。「肝胆」は肝臓と胆嚢《たんのう》のことでどちらも大事な臓器であることから、心の奥底の意に。

6 前向きになれる言葉

【勇往邁進《ゆうおうまいしん》】

目標に向かって、恐れることなく、勇ましく突き進んでいくこと。

例 今後も勇往邁進を心がけ、成長していきたい。

【意気軒昂《いきけんこう》】

意気込んで元気があり、気持ちが奮い立つようす。

類「**意気衝天《いきしょうてん》**」「**意気揚揚《いきようよう》**」

【大器晩成《たいきばんせい》】

大きな器を作るには時間がかかることから、本当に偉大な才能は完成するまでが遅いこと。大人物は世に出るまでに時間がかかること。

対「**栴檀双葉《せんだんのふたば》**」

【開雲見日《かいうんけんじつ》】

日の光を遮っていた暗雲を吹き払って、明るくなる意から、疑惑や誤解が解け、不安がなくなり希望がもてるようになること。

【雨過天晴《うかてんせい》】

悪天候も長くは続かず、次第に快晴に向かっていくことから、どんなに物事が悪い状況でも、徐々によい方向へ向かうというたとえ。

「雨過天青」とも書く。

【捲土重来《けんどちょうらい》】

一度は敗れた者が、再び勢いを盛り返すこと。巻き返すこと。「捲土」は砂ぼこりが舞い上がるようすを表し、「重来」は再び起こること。

類「起死回生《きしかいせい》」

例 今回は負けてしまったが、次の勝負では必ず捲土重来を果たすつもりです。

【善因善果《ぜんいんぜんか》】

よい行いをしていれば、いずれよい結果がもたらされるということ。仏教語で「善因」はよい果報をもたらす原因の行い、「善果」は善因による果報。「善因楽果《ぜんいんらっか》」ともいう。

類「因果応報《いんがおうほう》」

【良《よ》い花《はな》は後《あと》から】

早くから咲き始める花より、あとから咲く花のほうが美しいという意から、本当にいいものはあとから現れる、立派なものは十分時をかけてできるものだということ。

類「残《のこ》りものには福《ふく》がある」

【案《あん》ずるより生《う》むが易《やす》し】

新しいことを始める前には不安や心配がつきものだが、実際にやってみると意外と簡単にできる。まずは行動すべきであるということ。

類「案じるより団子汁」

例 いつまでも思い悩んでいないで、案ずるより生むが易し、実行に移してみなよ。

【雲《くも》の上《うえ》はいつも晴《は》れ】

今はうまくいかなくても、乗り越えたあとには明るい未来が待っていること。たとえ天気が悪くても、太陽がなくなるわけではなく、雲の上はいつでも青空であることから。

7 人生・運命、処世術に関する言葉

【則天去私《そくてんきょし》】

小さな自分へのこだわりを捨て、自然の摂理に身をゆだねて生きていくこと。夏目漱石が晩年に理想とした境地を表した言葉。

【運否天賦《うんぷてんぷ》】

人の運を天にまかせるという意で、なんとかよい結果になってほしいという願いを込めて使われる。

例 やるだけやったので悔いはない。あとは運否天賦だ。

【会者定離《えしゃじょうり》】

この世や人生は無常であることをたとえた仏教語。出会った者とはいずれ必ず離れ、別れる運命にあること。

類 「生者必滅《しょうじゃひつめつ》」

例 この世は会者定離だから、一緒にいる時間を大切にしたい。

【乾坤一擲《けんこんいってき》】

運を天にまかせて、一世一代の大勝負をすること。

例 この試合は乾坤一擲の大勝負になりそうだ。

【命《めい》を知るものは天を怨《うら》まず】

人の運命は天が定めるものと知っている人は、人の力ではどうにもできない悲運を怨まないということ。あとに「己《おのれ》を知る者は人を怨まず」と続き、自分を知る者は自分に原因があると考え、人を怨まないという意。

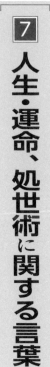

【至誠《しせい》天《てん》に通《つう》ず】

誠の心を尽くして行動すれば、いつかは必ず天に通じ認められるという意。孟子《もうし》の言葉。「至誠」は極めて誠実なこと、真心。

【人間《にんげん》万事《ばんじ》塞翁《さいおう》が馬《うま》】

世の中の禍福は常に変わり、何が幸せで何が不幸かは予測しがたいということ。塞翁という老人の馬が逃げたが、後日名馬を連れて帰ってきた。塞翁の息子はその名馬に乗って落馬し足を骨折した。そのおかげで兵役を免れ、生き延びることができたという中国の故事から。「塞翁が馬」ともいう。

【歳月《さいげつ》人《ひと》を待《ま》たず】

年月は人の都合に関係なく過ぎていく。今を大切にし、努力せよということ。

【死《し》んで花実《はなみ》が咲《さ》くものか】

枯れて死んだ草木には花が咲かず、実がならない。同様に人間も、死んでしまってはどうにもならない。どのような状況だとしても、生きてこそよいことも起こるということ。

【人事《じんじ》を尽《つ》くして天命《てんめい》を待《ま》つ】

できる限りの努力をして全力を出し切ったあとは、天に運命をまかせ、神様が決めた結果を待つということ。

類「天《てん》は自《みずか》ら助《たす》くる者《もの》を助《たす》く」

【待《ま》てば海路《かいろ》の日和《ひより》あり】

苛立たずに忍耐強く待っていれば、必ず好機が訪れること。

8 座右の銘に使える言葉

【虚《きょ》心《しん》坦《たん》懐《かい》】

心にわだかまりがなく、落ち着いていること。穏やかでくもりのない、素直な気持ちで物事に対処するさま。

例 仲直りにいちばん大切なのは、虚心坦懐を忘れないことだ。

【行《こう》雲《うん》流《りゅう》水《すい》】

空を行く雲や流れる水のように、何事にもとらわれず、また執着もせず、あるがままの自然のなりゆきにまかせて行動すること。

【明《めい》鏡《きょう》止《し》水《すい》】

邪念がなく、澄みきって落ち着いた心を表す。「明鏡」は一点のくもりもない鏡、「止水」は流れずにとどまった水で澄んだ水面のこと。

例 噂話を信じず、明鏡止水の心で判断してほしい。

【不《ふ》言《げん》実《じっ》行《こう》】

あれこれ文句や理屈を述べたりせず、なすべきことを黙って実行に移すこと。

【一《いち》意《い》専《せん》心《しん》】

心が揺らぐことなく、一つの目的に向かって集中して気持ちを注ぐこと。

【知《ち》足《そく》安《あん》分《ぶん》】

いまの自分が置かれた境遇に満足して、幸せを感じること。高望みをしないこと。

【真《しん》実《じつ》一《いち》路《ろ》】

嘘偽りのない心をもって、真実を求めて一筋に生きること。誠実さを貫くこと。

【不《ふ》惜《しゃく》身《しん》命《みょう》】

もとは仏道を極めるためには自分の身や命を惜しまないという意。自らの身命もかえりみない心構えをいう。

【不《ふ》撓《とう》不《ふ》屈《くつ》】

弱い心に負けず、強い意志をもち、どんな苦労や困難にもくじけないこと。

類「堅《けん》忍《にん》不《ふ》抜《ばつ》」

例 どんな困難にも不撓不屈の精神で立ち向かうつもりだ。

【一《いっ》視《し》同《どう》仁《じん》】

すべての人に平等に接し、どんな人でも差別をせず、仁愛を施すこと。

【過《す》ぎたるは猶《なお》及《およ》ばざるが如《ごと》し】

何事もやりすぎは害であり、不足している状態と変わらない。ほどほどが肝心。

【雄《ゆう》弁《べん》は銀《ぎん》沈《ちん》黙《もく》は金《きん》】

雄弁さは大事だが、沈黙すべきときを心得ておくことがもっと大切ということ。

【明日《あした》は明日《あした》の風《かぜ》が吹《ふ》く】

明日になれば今日とは違う風が吹くのだから、わからぬことを心配しても仕方がない、物事はなりゆきにまかせるのがよいという意味。映画「風と共に去りぬ」の最後のスカーレットの名台詞 Tommorow is another day の訳ともされる。

月の呼び名と暦月の異名

月の満ち欠けや、旧暦の各月には、趣のある美しい名称があり、昔の人が月を慕い、季節を大事にしていたことがうかがえる。

●月の満ち欠けと名称

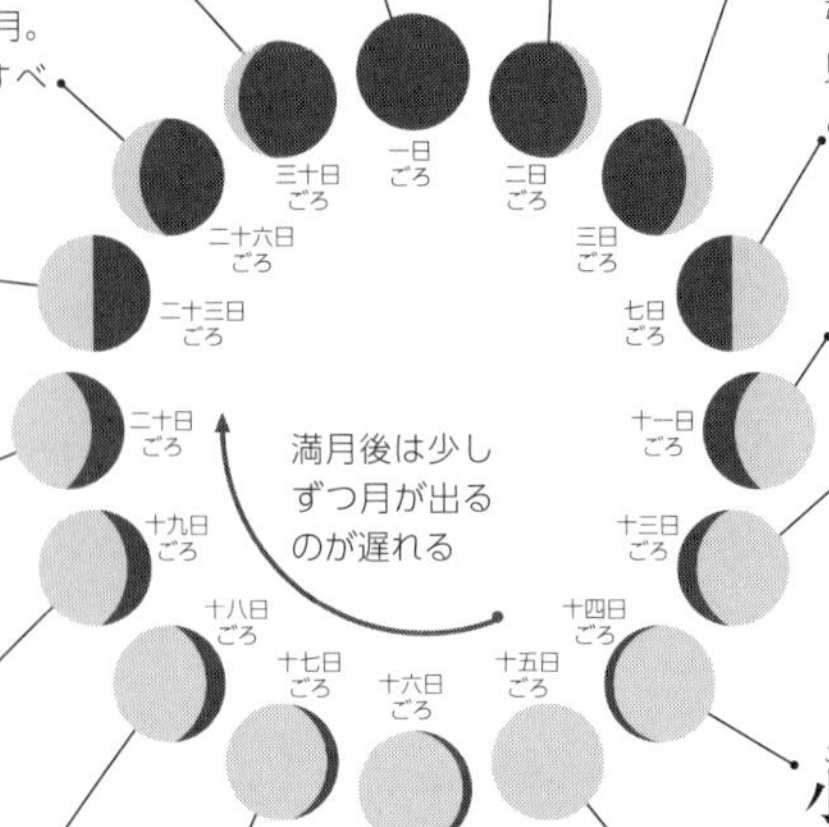

三十日月《みそかづき》
晦日《みそか》は月末の意だが、この三十日月から。晦《つごもり》ともいい「つきごもり」から。

新月《しんげつ》
見えない月。朔《さく》ともいう。

繊月《せんげつ》
ごく細い形の月。

三日月《みかづき》
新月から最初に見える月として、初月《ういづき》、若月《わかづき》、また、眉月《まゆづき》などと呼ばれる。

有明月《ありあけづき》
夜明けの空に昇る月。満月を過ぎた月すべてを指すことも。

上弦《じょうげん》の月
弓の弦が上になるように見えることから。弓張月《ゆみはりづき》ともいう。

下弦《かげん》の月
月が欠けていくときの半月。

十日余《とおかあま》りの月
十日夜《とおかんや》の翌日の月。

十三夜月《じゅうさんやづき》
旧暦九月十三日の月も十三夜といい、十五夜と同様に名月を楽しんだ。

更待月《ふけまちづき》
夜更を待って昇る月。

寝待月《ねまちづき》
月の出を待ち疲れて寝ながら待った。

小望月《こもちづき》
満月（望月）の前夜。翌日の満月を楽しみに待つ月。待宵《まつよい》月、幾望《きぼう》ともいう。

居待月《いまちづき》
月の出をまだかと座って待った。

立待月《たちまちづき》
月の出をいまかと立って待った。

十六夜《いざよい》
満月より少し遅れるので、ためらう意の「いざよう」に十六夜の字を当てた。既望《きぼう》ともいう。

満月《まんげつ》
十五夜《じゅうごや》、望月《もちづき》、天満月《あまみつつき》、最中《もなか》の月、円月《えんげつ》、明月《めいげつ》などともいう。旧暦八月十五日の中秋の名月も十五夜と呼ばれる。

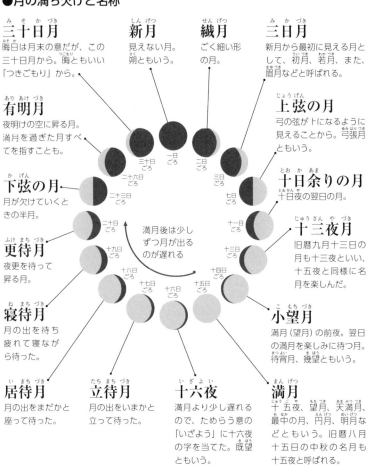

●旧暦の月の異名

旧暦の月	月の異名	名称の由来	そのほかの異名
一月	睦月《むつき》	正月に親戚や知人が仲睦まじく集うことから。	霞初月《かすみそめづき》／暮新月《くれしづき》／早緑月《さみどりづき》／初春月《はつはるづき》
二月	如月《きさらぎ》	着物を重ね着する「衣更着《きさらぎ》」からや、草木の芽が張る「草木張月《くさきはりづき》」から。	小草生月《おぐさおいづき》／木《こ》の芽月《めづき》／雪消月《ゆきぎえづき》／梅見月《うめみづき》
三月	弥生《やよい》	弥生は「いやおい」とも読み、「草木がいよいよ生い茂る」という意。	早花咲月《さはなさづき》／花見月《はなみづき》／春惜月《はるおしみづき》／桜月《さくらづき》
四月	卯月《うづき》	ウツギ（卯）の真っ白い花が咲くころから。	卯《う》の花月《はなづき》／木葉採月《このはとりづき》／夏初月《なつはづき》／清和月《せいわづき》／鳥待月《とりまちづき》
五月	皐月《さつき》	早苗を植える「早苗月《さなえづき》」からや、「五月雨月《さみだれづき》」からきた説がある。	月不見月《つきみずづき》／雨月《うげつ》／稲苗月《いななえづき》／橘月《たちばなづき》
六月	水無月《みなづき》	「無《な》」は「の」を意味し「水の月」として田に水を引くことからなど。	涼暮月《すずくれづき》／風待月《かぜまちづき》／鳴雷月《なるかみづき》／蝉《せみ》の羽月《はづき》
七月	文月《ふみづき》（ふづき）	七夕に短冊に詩歌などの文を書いて書道の上達を祈ったことからなど。	七夕《たなばた》（棚機）月《つき》／女郎花月《おみなえしづき》／文披月《ふみひらぎづき》／愛逢月《めであいづき》／涼月《りょうげつ》
八月	葉月《はづき》	木々の葉が散り始めるころから。	木染月《こぞめづき》／紅染月《べにぞめづき》／燕去月《つばめさりづき》／月見月《つきみづき》
九月	長月《ながつき》	「夜長月《よながづき》」からや、「稲刈月《いねかりづき》」「稲熟月《いねあがりづき》」から転じたとも。	菊月《きくづき》／紅葉月《もみじづき》／色取月《いろどりづき》／小田刈月《おだかりづき》
十月	神無月《かんなづき》	神無月の「無《な》」は「の」を意味し「神の月」からなど。	神去月《かみさりづき》／時雨月《しぐれづき》／小春月《こはるづき》
十一月	霜月《しもつき》	本格的な冬を迎え、霜が降りるころから。	神楽月《かぐらづき》／神来月《かみきづき》／雪待月《ゆきまちづき》
十二月	師走《しわす》	師匠（僧侶）がお経をあげるため、忙しく走り回るころから。	乙子月《おとごづき》／暮古月《くれこつき》／春待月《はるまちづき》／極月《ごくげつ》

漢字クイズ2

Q 次の文字を合体させて、二字熟語を作りましょう。

① 心 + 里 + 目 + 木 + 王 ＝ □□

② 月 + 山 + 雨 + 月 + ヨ ＝ □□

③ 木 + 見 + 夫 + 立 + 斤 ＝ □□

④ 斤 + 日 + 勿 + 戸 + 一 + 土 ＝ □□

⑤ ウ + 虫 + ロ + 日 + 又 + 馬 + 一 + 一 ＝ □□

解答 ①理想　②雪崩　③新規　④場所　⑤喧騒

10章

セットで覚えたい対義語

意外と対義語（反対の意味をもつ言葉）を答えるのは難しいもの。チャレンジして、両方の言葉を覚えましょう。

1 この言葉の対義語はどっち？

軽率

↓

❶入念　❷慎重

❶は細かい点まで注意して、ていねいなこと。❷は慎み深く重々しいさまから、**注意深くして、軽々しく行わない**ようす。「軽率」は軽はずみに物事を決めることなので、答えは⬇

答え ❷

主観

↓

❶客観　❷直感

❶は当事者ではなく、**第三者の立場から観察し、考える**こと。❷は感覚的に物事を感じとること。「主観」は外界に対する自我、その人個人のものの見方のことなので、答えは⬇

答え ❶

謙虚

↓

❶無礼　❷横柄《おうへい》

控えめで慎ましく、素直に意見を受け入れるのが「謙虚」。❶は礼儀にはずれ、無作法なこと。❷は威張って、**人の意見を無視する態度をとる**こと。どちらも似た意だが、答えは⬇

答え ❷

協力

↓

❶阻害　❷妨害

「協力」はある目的に向かって力を合わせていくこと。❶❷ともに、**さまたげたり、邪魔をする**意で似ているが、❶には進行をさまたげる意もあり、対義語は「促進」。答えは⬇

答え ❷

＊対義語には複数の語句があるものもあります。

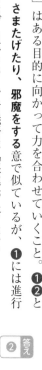

静寂

↓

❶喧噪《けんそう》
❷雑踏

「静寂」は物音もせず、ひっそりとしていて、静かなこと。❶は**物音や人の声が騒がしいこと**で、❷は大勢の人が集まって、混みあっている状態を表すので、答えは⬇

答え ①

直面

↓

❶退避
❷回避

「直面」は面と向かいあう、または、ある物事に直接に対すること。❶は、危険な場所をしりぞいて、避けること、❷は**危険や面倒な物事を避ける**ことなので、答えは⬇

答え ②

悪徳

↓

❶背徳
❷美徳

「悪徳」は道義に外れた行いや言動、精神のこと。❶は道徳に背いた後ろめたい感覚のこと。❷は**人として望ましい、ほめるべき立派な行い**のことなので、答えは⬇

答え ②

目的

↓

❶手段
❷到達

❶は**目的を達成するための方法**のことを表し、❷はある状態や目的にいきつくこと。「目的」は成し遂げようと目指す事柄や、行為の目指すところのことなので、答えは⬇

答え ①

警戒

↓

❶油断
❷弛緩《しかん》

❶は**気を許したり、たかをくくって注意を怠る**こと（⬇P359）で、❷はゆるんだり、だらしなくなること。「警戒」は危険や災害に備えて、あらかじめ用心することなので、答えは⬇

答え ①

平常

⬇

❶異常
❷非常

❶は並外れたところがあるさま、正常ではないこと。❷は**普段とは違う、予測不能な出来事や、差し迫った状態**のこと。「平常」はいつもと同じで、普段どおりであることから、答えは⬇

答え ❷

充実

⬇

❶空虚《くうきょ》
❷不実

「充実」は必要なものが十分に備わっていること、中身が満ちていること。❶は**満たすべきものが何もない、実質的な内容や価値がない**こと、❷は誠実でないことなので、答えは⬇

答え ❶

一般

⬇

❶特殊
❷全般

「一般」は広く全体に認められていて、ありふれていること。❶は**性質がほかと異なり、限られた範囲にしかあてはまらない**こと、❷は物事の全体や総体を表す語なので、答えは⬇

答え ❶

未知

⬇

❶承知
❷既知《きち》

❶は事情を知っていること、相手の願いや要求を受け入れること。❷は**すでに知っていること**。「未知」はまだ知らないことや、知られていないことの意なので、答えは⬇

答え ❷

支障

⬇

❶円滑
❷好転

❶は**邪魔なことがなく、物事が滞りなく運ぶこと**。❷は物事がよいほうに変化すること。「支障」は事をはかどらないようにさせる物事のこと。❷の対義語は「悪化」。答えは⬇

答え ❶

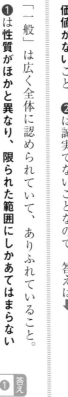

擁護

↓

❶ 侵害
❷ 侵略

「擁護」は危害を加えるものから、かばい守ること。❶は**他人の権利や所有するものをおかして損害を与える**ことで、❷は他国の権利や土地を奪うこと。意味は似ているが、答えは⬇

答え ❶

疑念

↓

❶ 確信
❷ 適宜《てきぎ》

疑わしく思う気持ちが「疑念」。❶は**強く信じて疑わないこと、**強い信念などを表すときに使う。❷はその場の状況に応じて、それに見あった行動をとる意なので、答えは⬇

答え ❶

静止

↓

❶ 活動
❷ 流転《るてん》

❶は働き動くこと、積極的に行動すること。❷は**移り変わって、やむことがない**という意。「静止」は位置を変えず、動かないこと。❶の対義語は「休止」。答えは⬇

答え ❷

質素

↓

❶ 華美
❷ 立派

❶は物事や人のようすが**華やかで派手なこと、贅沢なこと**。❷は美しく、見事なこと、優れていること。「質素」は飾らないこと、奢らず慎ましく、贅沢をしないことなので、答えは⬇

答え ❶

非力

↓

❶ 活力
❷ 強力

❶は元気のよい活動を生み出すエネルギー。❷は**力や作用が強く、大きいこと**。「非力」は腕力や筋力の弱いこと、また、権力がない、能力が不足しているという意もある。答えは⬇

答え ❷

暴露

↓

❶ 隠蔽《いんぺい》
❷ 厳守

「暴露」は人に知られては困る秘密や悪事をあばき、明るみに出すこと。❶は**あるものを覆い隠す、故意に都合の悪いことを隠すこと**で、❷は規則や約束などを厳しく守ること。答えは⬇

答え ❶

破壊

↓

❶ 創作
❷ 建設

❶は初めて作ること、作品を作ること。また、作りごと。❷は**建物や組織などを新たに作りあげる**こと。「破壊」は安定していたものや、既存のものが壊れることなので、答えは⬇

答え ❷

楽天

↓

❶ 厭世《えんせい》
❷ 隠居

「楽天」は自分の境遇を受け入れ、人生を楽観していること。❶は**世の中を嫌なもの、人生を無価値と思うこと**で、❷は公の仕事を退いて、のんびりと暮らすことなので、答えは⬇

答え ❶

名目

↓

❶ 実在
❷ 実質

❶は実際に存在すること、現実にあることの意で、❷は**事物に備わっている内容や性質そのもの**を指す。「名目」は表向きの名称や、表面上の理由のことを表すので、答えは⬇

答え ❷

引力

↓

❶ 斥力《せきりょく》
❷ 重力

「引力」は物体がお互いに引きあう力のこと。❶は**二つの物体が互いに跳ね返す力**のことで、❷は物体が地球の中心へ向かって引きつけられる力を表すことから、答えは⬇

答え ❶

顕在《けんざい》

↓

❶存在
❷潜在《せんざい》

❶は客観的な事実として、人や物がそこにあること。❷は**表面的には現れず、目には見えないが内にひそんでいる**こと。「顕在」は形に現れて存在することなので、答えは↓

❷ 答え

進撃

↓

❶逃走
❷退却

「進撃」は敵陣へ向かい、積極的に攻撃し、前進すること。❶は犯人などが逃げて身を隠すことで、❷は**戦いに敗れて引き下がる、後方へ下がる**ことなので、答えは↓

❷ 答え

難解

↓

❶平易
❷簡単

❶は**たやすく理解できること、やさしいこと**で、❷は物事が単純で、混み入っていないこと。「難解」は内容が難しく、理解が困難なこと。❷の対義語は「複雑」。答えは↓

❶ 答え

交流

↓

❶直流
❷対流

「交流」は方向を交互にかえて流れる電流のこと。❶は**常に電気が一定の方向に流れること**で、❷は熱せられた液体などが上へ移動し、冷たい部分と入れ替わること。答えは↓

❶ 答え

語幹

↓

❶語彙
❷語尾

「語幹」は用言の活用語尾をのぞく、変化しない部分のこと（たとえば「走る」の「はし」）。❶は単語の総体を表し、❷は**話し言葉の終わりや単語の末尾**を表す。答えは↓

❷ 答え

真実

↓

❶ 疑惑
❷ 虚偽

❶は本当か嘘か信用できないという疑いの心をもつことで、❷は**嘘や偽り、真実のように見せかける**こと。「真実」はあらゆる点からみて嘘偽りがない本当のことなので、答えは⬇

答え ❷

斬新《ざんしん》

↓

❶ 陳腐
❷ 単純

❶は**ありふれていて、古くさく、つまらない**こと。❷は混み入った点がなく、簡単なこと。「斬新」は趣向や発想がきわだって新しいようすなので、答えは⬇

答え ❶

潤沢

↓

❶ 微少
❷ 枯渇《こかつ》

❶は極めて少ないこと、取るに足りないほど少ないこと。❷は**尽き果ててなくなる**こと。「潤沢」は物資や利益などが豊富にあること、十分にゆとりのあることなので、答えは⬇

答え ❷

絶望

↓

❶ 有望
❷ 期待

「絶望」は、希望を失ってまったく期待をもてなくなること。❶は**将来に望みのあること、見込みのあること**。❷は、あることの実現に望みをかけることなので、答えは⬇

答え ❶

尊大

↓

❶ 卑下《ひげ》
❷ 柔和

「尊大」は人を見下すような偉そうな態度をとること。❶は**わざと自分の能力を劣っているように見せる**ことで、❷は性質が穏やかでやさしいことで対義語は「辛辣《しんらつ》」。答えは⬇

答え ❶

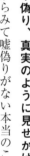

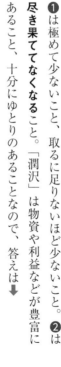

憂鬱《ゆううつ》
↓
❶爽快
❷快活

「憂鬱」は気が晴れず、ネガティブな気持ち。落ち込んだ状態のこと。❶は**さわやかで清々しい気持ち、気分が晴れやかなこと**で、❷は明るく元気のよいさま。答えは⬇

答え ❶

鋭敏《えいびん》
↓
❶緩慢
❷鈍感

「鋭敏」は感覚の鋭さや、頭の回転の早さを表す言葉。❶は動きがゆっくりしていること、手ぬるいこと。❷は**感覚や反応が鈍いこと、気が利かないこと**なので、答えは⬇

答え ❷

尊敬
↓
❶軽蔑《けいべつ》
❷揶揄《やゆ》

「尊敬」ははかの人の人格や行為などを優れたものと認め、敬うこと。❶は**劣ったものとみなして、ばかにしたり、さげすむこと**で、❷はからかうこと。答えは⬇

答え ❶

継続
↓
❶中断
❷保持

❶は、**続きのものが中途でとぎれること**で、❷は、ある状態を保ち続けること。「継続」は、前から行われていたことを打ち切らず、さらに続けることなので、答えは⬇

答え ❶

即決
↓
❶脆弱《ぜいじゃく》
❷逡巡《しゅんじゅん》

❶は基礎になるものがもろくて弱く、壊れやすいことで、❷は**決断をすることができず、ぐずぐずと迷うこと**。「即決」はすぐに決定を出す、または裁決することなので、答えは⬇

答え ❷

2 この四字熟語の対義語はどっち?

平穏無事《へいおんぶじ》

↓

❶ 多事多難《たじたなん》
❷ 東奔西走《とうほんせいそう》

❶は**事件や災難が多いこと**。❷は用事のために東へ西へとあちこち忙しくかけまわること。「平穏無事」は、変わったことが何もなく、穏やかなことなので、答えは⬇

答え ❶

剛毅朴訥《ごうきぼくとつ》

↓

❶ 華麗奔放《かれいほんぽう》
❷ 巧言令色《こうげんれいしょく》

❶はとても華やかに思うままに振る舞うこと。❷は**言葉巧みに顔色を和らげ人を喜ばせ、こびへつらうこと**。「剛毅朴訥」は心が強くて、飾り気がなく無口なことなので、答えは↓

答え ❷

勇猛果敢《ゆうもうかかん》

↓

❶ 多岐亡羊《たきぼうよう》
❷ 優柔不断《ゆうじゅうふだん》

「勇猛果敢」は多少の抵抗にも負けず、思い切って決断して進んでいくこと。❶は方針が多すぎてどれを選べばよいか迷うことで、❷は**物事の決断が遅く、にぶいこと**。答えは⬇

答え ❷

満場一致《まんじょういっち》

↓

❶ 甲論乙駁《こうろんおつばく》
❷ 異口同音《いくどうおん》

❶は**意見や反論が多くて議論がまとまらず、結論がでないこと**。❷は多くの人が口をそろえて同じようにいうこと。「満場一致」はその場全員の意見が一致することなので、答えは⬇

答え ❶

内《ない》憂《ゆう》外《がい》患《かん》

⬇

❶ 天《てん》下《か》太《たい》平《へい》

❷ 円《えん》満《まん》解《かい》決《けつ》

「内憂外患」は内にも外にも心配事や問題が多いこと。❶は**何の心配事もなく、世の中が穏やかなようす**。「天下泰平」とも。❷は事件や問題が穏やかに解決すること。答えは⬇

答え ①

千《せん》客《きゃく》万《ばん》来《らい》

⬇

❶ 不《ふ》帰《き》之《の》客《きゃく》

❷ 門《もん》前《ぜん》雀《じゃく》羅《ら》

「千客万来」は客がひっきりなしにくること。❶は二度とこの世に生き返らない、死者のこと。❷は**訪ねてくる客がなく、寂しいようす**のことなので、答えは⬇

答え ②

簡《かん》単《たん》明《めい》瞭《りょう》

⬇

❶ 紆《う》余《よ》曲《きょく》折《せつ》

❷ 複《ふく》雑《ざつ》怪《かい》奇《き》

❶は込み入った事情が重なり、複雑な経路になることで、❷は**あまりに複雑でわかりにくく、不思議なこと**。「簡単明瞭」はわかりやすく、はっきりしていることなので、答えは⬇

答え ②

千《せん》変《ぺん》万《ばん》化《か》

⬇

❶ 一《いっ》本《ぽん》調《ちょう》子《し》

❷ 単《たん》純《じゅん》明《めい》快《かい》

「千変万化」は状況がさまざまに変化していくこと。❶は**物事のやり方や文章、会話などが単調で、変化に乏しい**ことで、❷はわかりやすくはっきりしていることなので、答えは⬇

答え ①

日《にっ》進《しん》月《げっ》歩《ぽ》

⬇

❶ 不《ふ》朽《きゅう》不《ふ》滅《めつ》

❷ 十《じゅう》年《ねん》一《いち》日《じつ》

「日進月歩」は日に日に絶え間なく進歩すること、急に発展すること。❶はいつまでも滅びず、長く残ること、❷は**長い年月の間、少しも変わらず同じ状態のこと**なので、答えは⬇

答え ②

二十四節気《にじゅうしせっき》と七十二候《しちじゅうにこう》

冬を表す二十四節気と七十二候（➡ P34）。冬至はこの日から太陽の力が増すので、節目として「一陽来復《いちようらいふく》（➡ P313)」ともいった。

二十四節気	新暦の日付	七十二候と読み方	七十二候の意味
立冬《りっとう》 冬の始まり。木枯らしが吹くころ。	11月7～11日ごろ	**山茶始開** 【つばきはじめてひらく】	山茶花《さざんか》が、咲き始めるころ。
	11月12～16日ごろ	**地始凍** 【ちはじめてこおる】	冷え込み、大地が凍り始めるころ。
	11月17～21日ごろ	**金盞香** 【きんせんかさく】	冬の気配が強くなり、水仙の花が咲くころ。
小雪《しょうせつ》 冬の備えが必要になる。初冠雪の便りも届くころ。	11月22～26日ごろ	**虹蔵不見** 【にじかくれてみえず】	虹を見ることが少なくなり、曇り空が多くなるころ。
	11月27～12月1日ごろ	**朔風払葉** 【きたかぜこのはをはらう】	北風が木々の葉を落とすころ。
	12月2～6日ごろ	**橘始黄** 【たちばなはじめてきばむ】	橘《たちばな》の葉が黄色くなり始めるころ。
大雪《たいせつ》 寒さが増して、雪が降ることもあるころ。	12月7～11日ごろ	**閉塞成冬** 【そらさむくふゆとなる】	天地の気が塞がれ、冬が訪れるころ。
	12月12～16日ごろ	**熊蟄穴** 【くまあなにこもる】	熊が冬籠りのために、穴に隠れるころ。
	12月17～21日ごろ	**鱖魚群** 【さけのうおむらがる】	鮭が群がって、川をさかのぼるころ。

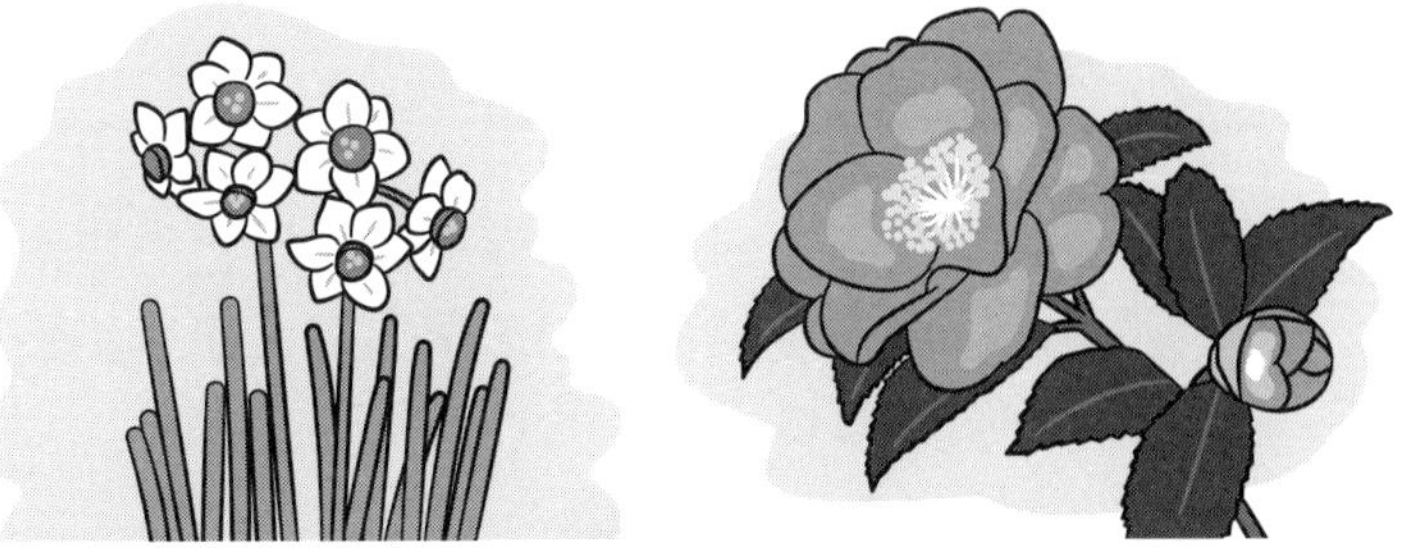

11月の立冬には山茶花が咲き、そして水仙が咲いて冬が始まる。

二十四節気	新暦の日付	七十二候と読み方	七十二候の意味
冬至《とうじ》 冬が本格的に。一年で昼がもっとも短い日。	12月22〜26日ごろ	**乃東生** 【なつかれくさしょうず】	靫草《うつぼぐさ》の芽が出るころ。
	12月27〜30日ごろ	**麋角解** 【さわしかのつのおつる】	オオジカの角が生え替わるころ。
	12月31〜1月4日ごろ	**雪下出麦** 【ゆきわたりてむぎのびる】	雪の下で麦が芽を出し始めるころ。
小寒《しょうかん》 「寒の入り」といい、節分までを「寒の内」という。	1月5〜9日ごろ	**芹乃栄** 【せりすなわちさかう】	芹《せり》が生え始めるころ。
	1月10〜14日ごろ	**水泉動** 【しみずあたたかをふくむ】	地中で凍った泉の水が溶け、動き始めるころ。
	1月15〜19日ごろ	**雉始雊** 【きじはじめてなく】	雄の雉《きじ》が雌を求め鳴き始めるころ。
大寒《だいかん》 いちばん寒い時期。酒や味噌などの仕込みを行う。	1月20〜24日ごろ	**款冬華** 【ふきのはなさく】	蕗《ふき》の薹《とう》の蕾《つぼみ》が顔を出すころ。
	1月25〜29日ごろ	**水沢腹堅** 【さわみずこおりつめる】	沢の水が氷となり、厚く張りつめるころ。
	1月30〜2月3日ごろ	**鶏始乳** 【にわとりはじめてとやにつく】	鶏が、卵を産み始めるころ。

漢字クイズ3

Q スタートからゴールまで熟語のしりとりでたどると、通らない漢字が二字出てきます。その漢字をつなげて熟語を作りましょう。

①

START

独	走	策	略	家
学	換	金	促	督
位	置	路	進	競
鉄	下	地	別	離
道	路	標	識	陸

GOAL

②

START

派	出	所	測	定
生	法	作	目	年
実	事	店	名	退
直	感	販	種	職
活	度	量	類	似

GOAL

解答 ①**競争**（独学→学位→位置→置換→換金→金策→策略家→家督→督促→促進→進路→路地→地下鉄→鉄道→道路標識→識別→別離→離陸）

②**生活**（派出所→所作→作法→法事→事実→実直→直感→感度→度量→量販店→店名→名目→目測→測定→定年退職→職種→種類→類似）

11章

語源を知ると納得の言葉

語源はなるほどと思うものが多く、知ると言葉の理解が深まって、正しく使うことができるように。

1 よく聞く言葉の語源を知りたい

牛と耳で「牛耳《ぎゅうじ》る」。これってどういうこと？

古代中国で諸侯《しょこう》が同盟を結ぶとき、**牛の耳を切り、その血を互いにすすって、誓いあった。**その際、盟主となる人物が、牛の耳を手に指揮したため、「集団を自分の意のままに支配する」の意味になった。

土壇場《どたんば》ってどんな場所？

処刑場のこと。江戸時代、**盛った土の上に罪人を寝かせて首を落とした**ことから。十七世紀初頭のポルトガル語の辞書である『日葡《にっぽ》辞書』にも、土の一段高いところを表す言葉として「Dodan」が掲載されている。

独壇場《どくだんじょう》も処刑に関係がある？

処刑には関係ない。もとは「独擅場《どくせんじょう》」と書いた。「擅」には「**ひとり占め**」の意味があったことから「その人だけが思うままに振る舞うこと」の意に。やがて「土壇場」の「壇」と「擅」の漢字が似ていることから混同され、「どくだんじょう」という誤読が広まり浸透した。現在はどちらの漢字も認められている。

「匙《さじ》を投げる」。その理由は？

この「匙」は、医者が薬を調合するときに使う、すくう道具。**どんな薬を調合しても治る見込みがない**（諦めて見切りをつける）ということで、医者が匙を投げ出すさまから。加減を表す「匙加減」も、医者が使う匙からきている慣用句である。

「駄々を捏《こ》ねる」。何を捏ねているの？

「捏ねる」自体に、**「無理難題をいう」という意味**があり、何かを捏ねているわけではない。なお、駄々の由来は「嫌だ、嫌だ」が変化したものという説と「地団駄を踏む」の「駄」の字を繰り返したという説がある。

「地団駄《じだんだ》を踏む」。何を踏むの？

地団駄とは**踏鞴《たたら》**、別名、踏みふいごのこと。製鉄を行う際、**足で踏んで空気を送る道具**。その作業のようすから、怒ったり悔しがったりして激しく地面を踏む意味になった。

「代わり番子《ばんこ》」の番子って何？

製鉄の際、炉に空気を送り込むため、板を交互に踏む道具を踏鞴（踏みふいご）といった。

踏みふいごをシーソーのように交代で踏むようすから。**踏鞴《たたら》を踏む人**を番子と呼んだ。また、「代わり番」に接尾語の「〜こ」をつけたという説も。

「白羽《しらは》の矢が立つ」。白い矢なのはなぜ？

人身御供《ひとみごくう》を求める神が、自分の**生贄《いけにえ》にすると決めた娘の家の屋根に人知れず白い羽の矢を立てる**という伝説から。もとは犠牲者という意味だった。いまでは多くの人の中からとくに選ばれる意味で用いられる。

「親切」なのに親を切ると書くのはなぜ？

「切」には「懇切」など、心がこもっている、ていねいという意味がある。親しい、身近に接するという意味の「親」と組み合わせ、**思いやりの度合いが深い**ことを示した。もとは「深切」と書かれていたという。

雷をなぜ「稲妻」と呼ぶの？

昔は、男女問わず恋人や配偶者のことを「夫」と書いて「つま」と呼んだ。稲が実る時期に雷が多かったため、雷が水田に落ちると稲が実ると考えられていた。**稲と相性がよい雷を稲の夫と捉えた**ことから、「稲妻」という言葉が生まれた。

「油を売る」とどうして無駄に時間を潰すことになるの？

江戸時代、**商人が客を相手にゆっくりと世間話をしながら油を売っていた**から。ただ、当時の油は粘性が高く、柄杓《ひしゃく》から器に移すのに時間がかかったためで、さぼっていたわけではない。

「目白押し」の目白は地名？鳥？

これは**鳥**。ウグイスともよく間違えられる緑色で目のまわりが白い鳥「**メジロ**」のこと。

メジロは木の枝に押し合うように、たくさん並んでとまる習性がある。

メジロは木の枝にとまるとき、**びっしりと押し合うように並んでとまる**ことから生まれた言葉。鳥の絵を好んで描いたことで有名な江戸時代の画家、伊藤若冲《いとうじゃくちゅう》もこの目白押しの名画『海棠《かいどう》目白《めじろ》図《ず》』を残している。

「お払い箱」ってどんな箱？

もとは「お祓い箱」と書き、伊勢神宮で信者に配った**お祓いの札を入れておく小箱**を意味した。新しい箱が配られると、前の箱は不用となることから、お祓いとお払いをかけて、解雇や不用品を捨てるという意味になった。

「誤魔化《ごまか》す」の誤魔って何？

祈祷で焚《た》く護摩に「紛らかす」の「〜かす」がついた言葉。弘法大師の護摩の「ありがたい灰」と嘘をつき、ただの灰を売った詐欺を由来とする説、また、中身が空洞の**ゴマの菓子「胡麻胴乱《ごまどうらん》」**から、見かけだけよく内容が伴わないことからとする説がある。どちらにせよ人を騙すようなことからできた言葉。

就職活動でよく聞く「青田買い」って?

農業の先物取引で、**成熟前の青い状態の田んぼから、あらかじめ収穫量を見越して買い取ること**。転じて、企業が決められた新入社員採用期間よりも前に、優秀な人材を確保するために、学生などの卒業前に採用を約束することという意味になった。

「青田刈り」は、青田を買うのとはどう違うの?

戦国時代の戦術が語源。**敵の田んぼを成熟前のまだ青いうちに刈り、生産能力を低下させる手法**。就職戦線には、本来はふさわしくないが、戦力になるか否かを問わず、人材をとりあえず確保するという解釈で用いられることがある。

「御託《ごたく》を並べる」の御託とは?

御託は「御託宣《ごたくせん》」の略で、神が人にのり移り、**人が神の意思を告げ知らせること**。そこから転じて、もったいぶって、勝手な言い分をくどくどということに。

「塩梅《あんばい》」が具合を表すのはなぜ?

塩と梅酢で食べ物の味加減を調えるという意味の「えんばい」と、**物をほどよく並べる**という意味の「按排《あんばい》」とが混同してできた言葉だという。

「二足の草鞋《わらじ》を履《は》く」の二足とは？

二足とは二種の職業のこと。江戸時代、博打打ちが、犯罪者を取り締まる岡っ引きの職業を兼ねた。両立しない二種の職業を兼ねることを、一人の人が二足の草鞋を同時に履くことができないようすにたとえた。転じて、単に二つの職業を兼ねる意味になった。

「手薬煉《てぐすね》を引く」の手薬煉って何？

薬煉《くすね》とは、**松脂《まつやに》と油を煮て練ったもの**。これを塗ると、弓の弦などが強くなる。**手に薬煉を取り、弓に塗っているさま**から、準備万端な状態で待つことを示す。

「棒に振る」はどんな棒を振る？

江戸時代、魚などを天秤棒で担ぎ売り歩く「**棒手振《ぼてふ》り**」が苦労しても大して儲からないさまから、いままでの努力を無にする意味に。

「端折《はしょ》る」は何を折るの？

話を省いて手短にすることを表す言葉。**着物の裾《すそ》をもち上げて、帯などに端を挟むようす**から生まれた。現在も着物を腰の部分で折り返し、腰ひもで締めてちょうどよい丈にすることを「おはしょり」と呼ぶ。

江戸時代、労働や旅などで裾が汚れないように、また動きやすいように端折っていた。

「関の山」ってどんな山？

「関」は三重県亀山市にあった東海道の宿場町、関宿《せきじゅく》を指し、「山」とは山車《だし》のことで、**関宿の山車**ということ。関では立派な山が曳かれる祇園祭が江戸時代から行われており、これ以上に豪華で贅沢な山は作れないといわれたことから、精いっぱいの限度という意に。

「落ち度」っていうけれど落とした「度」って何？

「度」には、「法度」「制度」のように「**規則**」の意味がある。「落ち度」は、もともとは「越度」と書いて、**許可なしに関所を越える**、つまりは、関所破りのことを表した。それが転じて、過失を意味するようになった。

「几帳面《きちょうめん》」は顔のこと？それとも帳面のこと？

几帳面とは、**材木の角を削り落とす「面取り」の一つ**。「几帳」の柱に施されるものを「几帳面」と呼んだ。几帳は平安時代に間仕切りや目隠しに使われた調度品。細部までていねいに仕上げてあるということから、物事を隅々まで気をつけて、きちんとするさまを表すようになった。

几帳の表

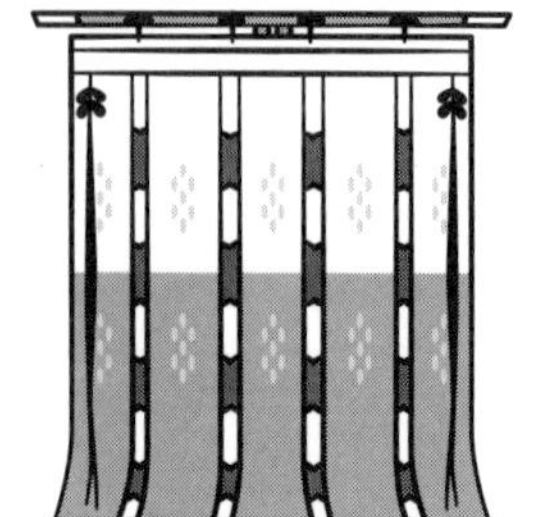

几帳の裏

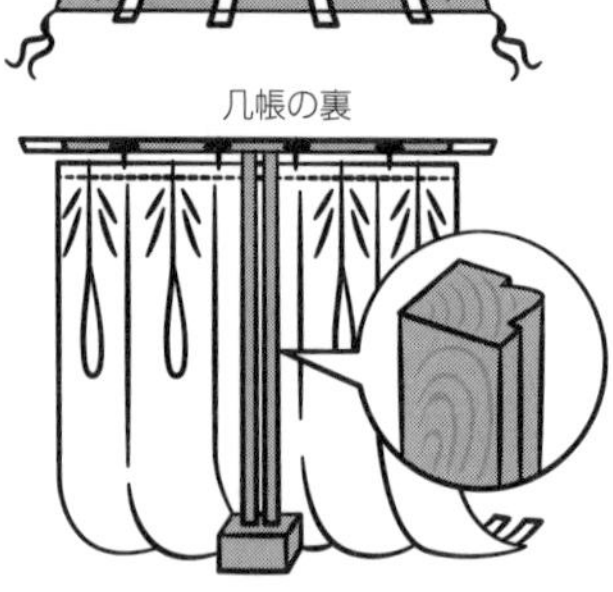
方形の角を撫角に削り、その両側に段をつける几帳面。

几帳は屏障具として室内に立てて用いられた。

「虎の巻」に書かれていたものは？

兵法の秘伝。文、武、竜、虎、豹、犬の六巻からなる中国の古代の兵法書『六韜《りくとう》』が由来。なお、虎の巻には、戦法の奥義が記されていた。転じて、秘伝の書や講義などの種本、教科書の安直な学習書の意味になった。

「管《くだ》を巻く」は、織物に関係している？

糸を紡ぐとき、**糸を巻きつける部分を「管」**と呼ぶ。紡ぎ始めると**「ブウ、ブウ」という単調な音が繰り返される**。これが、酒に酔った人がとりとめもないことを、くどくどという姿に当てられた。

「槍玉に挙げる」はどんな状況でできた言葉？

戦場で、**人を槍で刺して、それを高く上げる行為**のこと。転じて、特定の人を攻撃、非難することを指すようになった。

「腑《ふ》に落ちない」っていうけれど腑って何？

「腑」は**腸《はらわた》のことで考えや心が宿る場所**と考えられていた。人の意見などが心に入ってこない（納得しない）ことに。最近では肯定形の「腑に落ちた」を「腑落ちした」と使うこともある。また、「腑抜け」の腑も同様で思慮分別が抜け落ちることから、腰抜けやまぬけを意味する。

「抜き差しならない」。抜き差ししているものは？

錆びついた刀。鞘《さや》から**抜くことも、差すこともできない**という状態であること。身動きできない、どうにもならない状況を指す。

「鎬《しのぎ》を削る」で削っている鎬とは？

鎬は日本刀の**刃と峰の間の高くなった部分**。刀で激しくぶつかると、鎬が互いに強く擦れ削られることから、接戦を指すように。

「超《ちょう》弩《ど》級《きゅう》」ってどんな階級？

1906年建造のイギリスの戦艦、「ドレッドノート」の「ド」が「弩」に当てられた。**世界最強のドレッドノートに匹敵するす**ごさという意。Dreadnought はdread（恐れる）とnought（無）の二語を組み合わせたもの。

「火蓋を切る」はどこの蓋？

火蓋は**火縄銃の火皿**（点火薬をのせる皿）**を覆う蓋**のこと。弾を撃つには火蓋を開けて発火の用意をするため、戦いが始まることを意味するように。

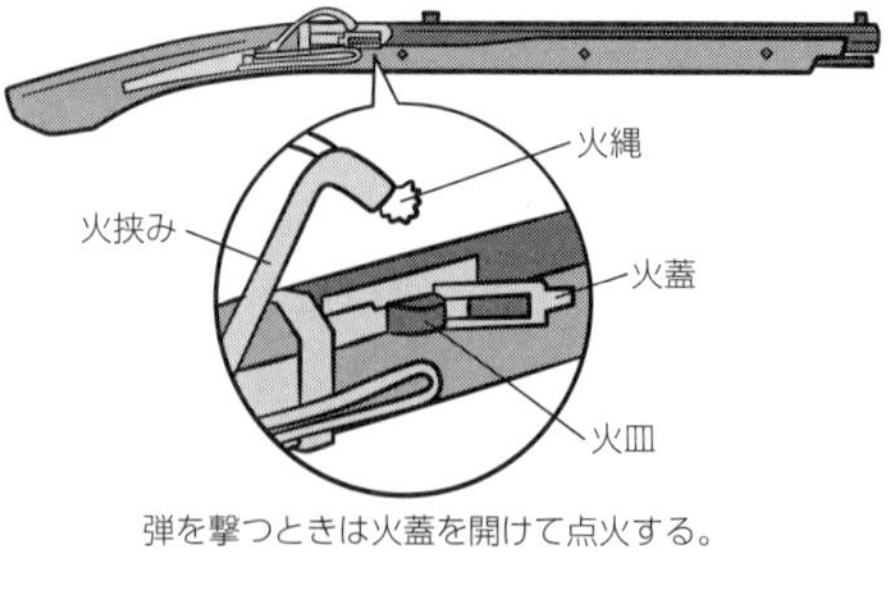

弾を撃つときは火蓋を開けて点火する。

「三拍子揃う」の三つは何？

能楽で**小鼓**《こつづみ》、**大鼓**《おおつづみ》、**太鼓**《たいこ》**（または笛）**の三つの楽器を三拍子という。この三つが揃うと調和がとれることから。

「禁じ手」とはどんな手？

「奥の手」「最後の手」など、手には技や手段の意味がある。相撲や囲碁、将棋などで**禁じられている技**を用いれば反則負けとなる。

「裏付け」は何を裏につけたの？

かつて手形の支払人は**裏側に期日を記し、押印する**商習慣があった。表書きを保証することから、証明することや証拠の意味に転じた。

「阿漕《あこぎ》な奴」とはいうけれど阿漕ってそもそも何？

阿漕は三重県津市にある海岸「**阿漕が浦**」のこと。伊勢神宮に奉納する魚のために網を引いた場所で、一般人にとっては禁漁地であった。しかしそこで、たびたび密猟をしていた者がいた。そこから転じて、際限なくむさぼる、厚かましいという意味の言葉が生まれた。

「黒幕」がなぜ暗躍《あんやく》する人物に？

表に立たないで、指図をしたり、はかりごとをめぐらしたりする人のことだが、もとは歌舞伎で、**場面を転換するときや暗闇を表すときに黒い幕が張られていた**ことから。**陰で舞台を操る**という意味で「黒幕」が使われる。

2 おもしろい由来の言葉 ①人・暮らし

【朝《あさ》飯《めし》前《まえ》】

朝ご飯を食べる前にでもできてしまうくらい、容易であることから。また、「朝《あさっ》腹《ぱら》」は朝ご飯を食べる前の空腹の時間から、早朝のことをいうようになった。

【小《こ》腹《ばら》】

「小」は接頭語で、**腹にまつわるちょっとしたこと**という意味。たとえば、ちょっとお腹が空いたことを「小腹が減る」、ちょっと怒るようすを「小腹が立つ」という。

【裏《うら》腹《はら》】

体の後ろである「裏」に、「腹」があることから、**物事が正反対である**さまを表現している。

例 心と裏腹なお世辞をいう。

【安《あん》堵《ど》】

「堵」は「垣根」の意。**垣根の内側で安心して暮らして****いる**ことを表したことから。

【内緒】

自分の心の内で仏教の悟りを得ることを「**自内証**《じないしょう》」という。**他者にはわかりにくい、伝わりにくい**ことから、内々にしておくという意に。

暮らし

「暮」は「日が沈んで暗くなる」という意。「暗く」に「する」という動詞を合わせた言葉が「暮らし」。つまり、**暗くなるまでの間に何かをすること**という意。

臍《ほぞ》を噛《か》む

臍とは「へそ」のこと。自分で**自分のへそを噛もうとしてもできない**ことから、どうにもならないことを悔やむ、後悔するという意味になった。

勝手

食料を意味する「**糧**《かて》」からきているという説がある。ほかに、矢を射る際に**弓を引くほうの手**を「勝手」と呼ぶことから、使いやすさを表す言葉になった説も。弓を引く手を「勝手」と呼ぶのは、利き手でもう一方の手よりも力が勝つことから。

葛藤

「葛《かずら》」も「藤」も、ツル草。その**ツルが複雑に絡みあっているようす**から。

有《う》頂《ちょう》天《てん》

仏教で「**最上の天**」を示すサンスクリット語のbhava-agraの訳が語源。そこに昇るような心持ちから、得意の絶頂や熱中して我を忘れる意味に。また、仏教上でその対極の最下位は「*無間《むけん》地獄（阿鼻《あび》地獄）」。

金《こん》輪《りん》際《ざい》

仏教で**大地の果てにある**とされる「金輪際」。極限にあることから、「決して」「絶対」という意味に。

＊無間地獄とは、八大地獄の八番目の最下底の地獄。大患を犯した者が、絶え間なく厳しい苦しみを受ける。

【風邪】

鎌倉時代に風邪を引くのは、**悪い風＝風邪《ふうじゃ》が原因**と思われていたことから。邪気を体に引き込んでしまうことから「風邪を引く」という言い方がされる。

【約束】

「約」は糸を結んで目立たせた目印、「束」は木を集めてひもで縛ったさまで、**目印をつけて取り決め、それで身動きが取れないようにする**さまを表している。

【勘当《かんどう》】

突き詰めることを表す「勘」に「当」を組み合わせ、「勘《かんが》えて当てる」となる。本来は、**罪を法律に合わせて考え、処分を決定すること**という意味だった。現在は親子や主従などの縁を切る際に使う。

【帰省】

帰郷し、父母を顧《かえり》みることから。本来は、**故郷に戻って、親の安否を気遣い大切にする**ことを指す言葉。

【切り盛り】

食物を切って盛ることから。平安時代から使われていた言葉で、当時は**お膳を整えること**だった。やがて、料理以外にもさまざまな事柄をうまくさばくという意味になった。

【器用】

「用」は有用という意で、**役に立つ器**を表す。転じて役に立つ人、才能のある人、また巧みにやりとげるという意味になった。「彼はリーダーの器だ」の「器」も才能という意味。

億劫《おっくう》

古代インドで**「劫《こう》」は、時間の最長単位**を表した。「百年に一度、天女が地上に降り、羽衣で岩山の頂を撫でる。撫でたその摩擦で岩山が消滅するまで」の時間が一劫《いちこう》。**一劫の一億倍が億劫《おっこう》**。極めて長い時間や永遠という意味から転じて、時間が長くかかりやりきれない、面倒で気が進まないという意味になった。

封切り

江戸時代、新刊本は袋に入っていて封がされて売られていた。その**封を切って読んだことが由来**。そのようすが映画にも転用され、新作の映画が初めて上映される際に使われるようになったという。

皮切り

お灸が語源。**最初にするお灸**は、肌が慣れていないために**皮膚が切れるほど熱く感じる**ことから。

居候《いそうろう》

動詞の「居る」と、ていねい語の「〜で候《そうろう》（でございます）」の組み合わせ。江戸時代の公文書で**同居人の肩書**として「〇〇方《かた》居候」と記したことから。**家族制度からあぶれた者を社会的に認知するための正式な肩書**だったが、川柳などではその肩書きの狭さや独立心のなさが笑いの対象として扱われている。明治時代になって迷惑な厄介者という意味合いで用いられるようになった。

杞憂《きゆう》

中国の寓話集《ぐうわしゅう》『列子《れっし》』にある「**杞の国**に、太陽や星が落ちたり、大地が崩れたりしないかと**憂いて**、夜も眠れず、ご飯も喉を通らない人がいた」という話から。

狼狽《ろうばい》

オオカミに似た伝説上の獣の「狼」は前足が長く、「狽」は後ろ足が長い。**二匹は常にともに行動し、離れると倒れて、うろたえる**ことから、あわてふためくことに。

露骨

「骨」は**戦死した者の骨**で埋められもせず、**さらされている**ことから。転じて感情などを隠さずに表す意に。

下戸《げこ》

奈良時代の律令制では、家族構成で「上戸《じょうご》」「中戸《ちゅうご》」「下戸」と階級が分けられていた。婚礼時、**酒の量が上戸は八瓶、下戸は二瓶しか出ず**、そこから転じて、下戸は酒が飲めない人となったという。

泥酔《でいすい》

中国の空想上の骨のない「**泥**《でい》」**という虫**が由来。この虫は、水がないと泥のようになり、ひどく酔った状態に似ていることから。

退屈

「退屈」は仏教語で、仏道の**修行に疲れ果てた人が、気持ちが退き、気力が萎えて屈すること**を表した。飽きて嫌気がさす、つまらなくなることから、時間をもてあます意味になった。

【油断】

油断の語源は諸説ある。王が臣下に油をもたせて「一滴でも**油をこぼしたら命を絶つ**」と命じたという仏教の説話から。ほかに、のんびり、ゆったりとしたようすを指す「**寛《ゆた》に**」が転じたという説もある。

また、「油断大敵」は、比《ひ》叡山《えいざん》延暦寺《えんりゃくじ》の堂の法灯は開祖最澄《さいちょう》のころから**火を絶やさないよう油を足し続けており、この油が断たれることがないように戒めたこ**とから生まれたという。

【一入《ひとしお》】

本来は「ひとしほ」と読み、染め物を一回、染色液に浸すことをいった。**浸すごとに色が濃くなる**ことから、「一層」「ひときわ」という意味になった。

例 **愛弟子の受賞に感慨も一入だ。**

【大丈夫】

「丈」は背が高い、「夫」は成人男性で、**立派な男子**を「大丈夫」といった。強くしっかりした、間違いがなく確かという意味に。

【青春】

陰陽五行説《いんようごぎょうせつ》で、**春は青**、夏は赤、秋は白、冬は黒と色が決められている。同様に、陰陽五行の思想においては、人の一生で**若い年代を春になぞらえている**ことから。

陰陽五行説

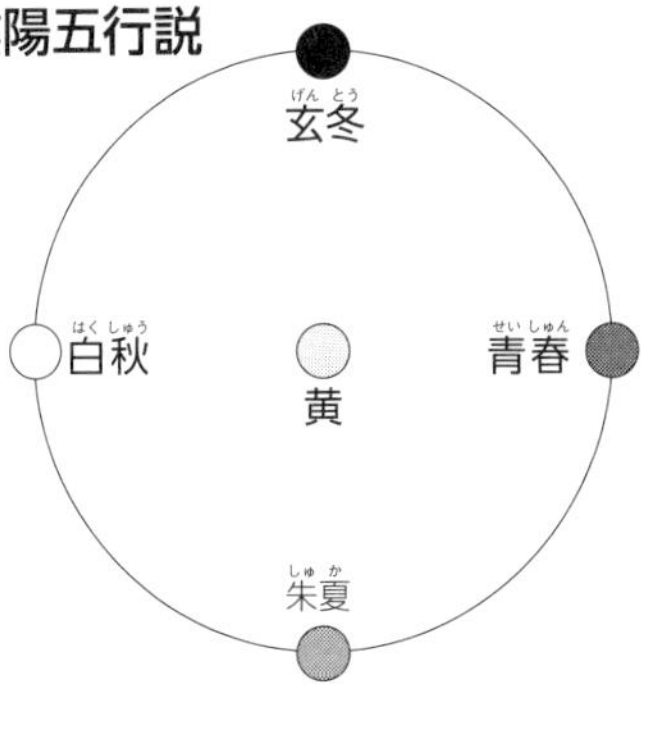

高飛車《たかびしゃ》

将棋用語が由来。**飛車を自陣の前方に高くもっていくこと。敵を威圧する攻撃的な戦法**から、高圧的、威圧するようすを表す言葉に。

成金《なりきん》

将棋で、敵陣に入ると「成る」ことが選べ、**成ると「金将」と同じ動きになる**ことから。急に金持ちになった人を指す言葉としては江戸末期ごろから用いられるようになったという。

駄目

囲碁用語から。両者の境にあり、**どちらの所有にもならない目**のこと。転じて、やっても効果のないことをいうようになった。ちなみに「駄目押し」も、囲碁でこの駄目に念のため、石を詰めるようすから生まれた。

結局

「結」は物事の終わり、「局」は対局のことで、**囲碁や将棋で一局打ち終えること**。転じて、結末という意味に。

蛇足《だそく》

中国の楚《そ》の国で、主人から召使いたちが酒をもらった。召使いたちは「蛇の絵を早く描き上げた者が、この酒を独り占めできる」という競争をした。最初に描き上げた者は、ほかの者がまだ描いているのを見て「俺なら足まで描けるぞ」と、**蛇にはない足を描き始めてしまった**ところ、次に描き上げた者が「蛇には足がないのだから、お前の負けだ」と酒を奪ってしまったという、故事からできた。

観光

中国の『易経《えききょう》』、「国の光を観る、もって王に賓《ひん》たるに利《よろ》し」から。「国が栄え続けていくためには王様が、その**国の繁栄のさまや政治、暮らし、風俗を観察すること**だ」という意味だった。

馬鹿

サンスクリット語で**無知や迷妄《めいもう》**を意味するmohaまたはbakaの音を取って「**莫《ばく》迦《か》**」「**慕《ぼ》何《か》**」から転じた。

馬鹿は当て字。秦《しん》の皇帝趙高《ちょうこう》が**鹿を馬だと言い張り**わざと献上し、**鹿だと正しく答えた者を殺した**ことからという説も。

下種《げず》

身分の高い人を「上衆《じょうず》」といったその対義語。本来は「**下衆**」と書く。

派手

三味線の弾き方で、古典的な「本手組《ほんてぐみ》」に対し、**華やかな曲風の新しい様式**を「**破手組《はでぐみ》**」と呼んだことから。

辻褄《つじつま》

縫い目が十文字に交わる場所を「辻」と呼び、「**褄**」**は着物の裾の、左右両端の部分**のこと。きちんと仕立てられた着物を、きちんと着つけ「**辻**」**と**「**褄**」**が整ったようす**からできた言葉。

例 **君の話は辻褄が合わない。**

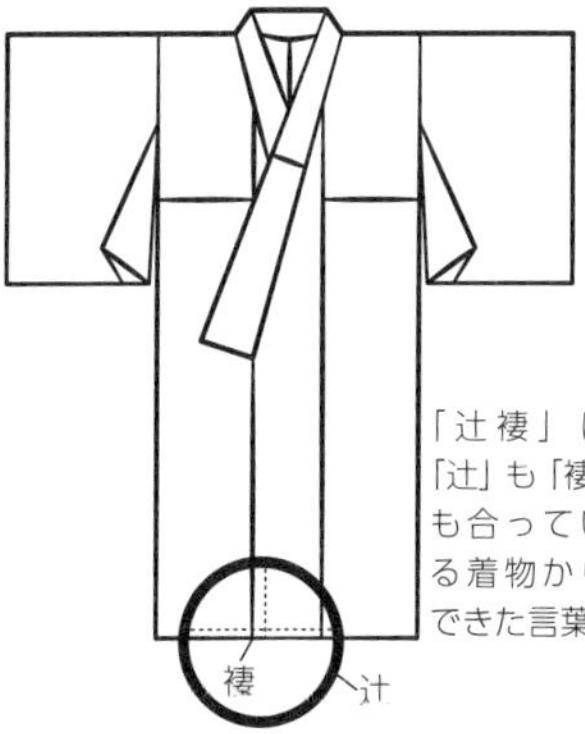

「辻褄」は「辻」も「褄」も合っている着物からできた言葉。

風呂敷

室町から江戸時代、**入浴で衣服を脱ぎ着する際、足元に敷く布**であったことから。この四角い布で衣服や入浴道具をまとめて包んでいた。本来は「平包《ひらづつみ》」という名があったが、風呂に敷く布で包むことから、風呂敷包みなどと呼ばれ、こちらが広まった。

合羽《かっぱ》

ポストガル語のcapa（マント）が語源。このcapaという語は、英語のcape（ケープ）、cap（帽子）と同じく、ラテン語のcaput（頭）に由来している。「かっぱ」の音に「合羽」を当て、江戸時代から使われた。

床屋

江戸時代、定まった場所でなく、人の多い往来などで**簡易的な「床」という店**を設け営業したことから。「髪結い」という職業名があり、「**髪結い床**」と呼ばれていたが省略され、職業を表す「屋」がついた。

藪医者

「藪」は当て字でもともとは「**野巫《やぶ》**」であったと考えられる。呪術を使って治療する者を「巫医《ふい》」と呼び、「野巫」は田舎の巫医を指す。つまり「**あやしい治療をする田舎医者**」が語源という。

土産

土地の特産物のことで、最初は「とさん」「どさん」と呼んだ。「みやげ」の呼び名になったのは、神社でもらうお札を貼る板の「**宮《みや》**

笥《け》」からや、収穫物を蓄える「**屯倉**《みやけ》」からなど諸説ある。

【蒲焼《かばやき》】

昔の蒲焼は、うなぎを開かず、**丸のまま串に刺して**焼いていた。それが**植物の蒲**《がま》**の穂に似ていた**ことから。

うなぎの丸焼きが蒲の穂に似ていることから蒲焼に。

【饅頭《まんじゅう》】

南征した際「荒れた川を鎮めるために、川の神に人の首を捧げなければならない」といわれた諸葛孔明《しょかつこうめい》が、人の頭（蛮族《ばんぞく》の頭）になぞらえて、**羊や牛の肉を小麦粉で作った生地で包み、人の形のように象って供えた**ことから。「**蛮頭**《ばんとう》」が転じて「饅頭」になったという。

【納豆】

寺院などで出納業務を行う「**納所**《なりしょ》」**で作られた豆**から。肉食が禁じられた寺院では豆は重要なたんぱく源であった。納所では金銭以外に米穀などの出納も行い、台所の会計係という意味も。

【天麩羅《てんぷら》】

ポルトガル語の調理の意のtemperoが語源という説がある。「天麩羅」の字は**天**《てん》**竺**《じく》**（天）からきた人が売る小麦粉（麩）の薄い衣（羅）のもの**という意味で、江戸時代の戯作者、山東京伝《さんとうきょうでん》が考えたといわれる。「天婦羅」は当て字。

息子

「**むす**」は「生す」「産す」と書き、**「生じる」「生まれる」という意味**。生息する、殖えるの意もある「息」に**男子の意の「子」**を組み合わせた。「め（女）」を組み合わせれば「娘」。苔が生い茂る「苔むす」の「むす」も同義で用いられている。

味方

天皇の側に立つ者を意味した、「御方《みかた》」が転じて「味方」となった。

お転《てん》婆《ば》

オランダ語で**「馴らすことができない」「負けん気が強い」**の意、**ontembaar**《オンテンバール》が由来。または、**女の子が出しゃばって足早に歩くようすを「おてば」**といったことからとも。

野《や》次《じ》馬《うま》

仕事としては使えない老馬の「親父馬《おやじうま》」が語源という説がある。転じて「自分に利害のないところで無責任に騒ぐ」という意味になった。大声で茶化したり、罵ったりする意味の「野次を飛ばす」「野次る」は、この「野次馬」を省略した語。

姥《うば》桜《ざくら》

「葉がない」と「歯がない」を引っかけた「姥桜」は、**女性の盛りといわれる時期を過ぎても、なお美しさを保つ女性**を指すほめ言葉。老いたというイメージからか、若づくりなどの揶揄《やゆ》として用いられたり、女性自身が謙遜表現に使ったり、誤用が増えている。

【虎の子】

虎は自分の子を何よりも大事にし、かわいがって育てるといわれることから、大切にもち続けている宝物や秘蔵の金品を指す言葉に。

【猫《ねこ》糞《ばば》】

猫が糞《ふん》をしたあとに、足で砂をかけて隠す習性から、「悪いことを隠す」という意味に。現在は「拾ったものをこっそり自分のものにしてしまう」という意味でおもに使われている。

【鈴《すず》生《な》り】

神楽《かぐら》を舞う際に使う「**神楽鈴**」が語源。神楽鈴の鈴のつき方が、**果実が多く群がってなるさまと似ている**ことから。物や人が群がって集まることも意味するようになった。

例 梅が鈴生りに実った。

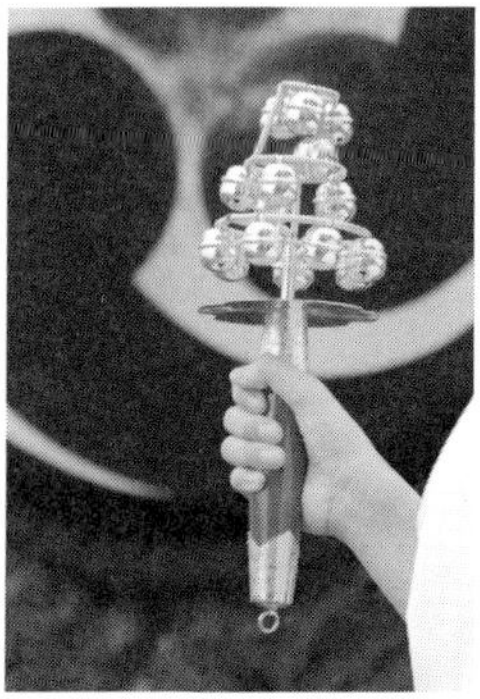

里神楽を舞う際に使う神楽鈴。十二個、または十五個の鈴を結んで柄をつけたもの。

【黄《よ》泉《み》】

中国では、死者の霊魂は「**黄《こう》泉《せん》**」という場所に行くとされた。その字に、日本で死後の世界とされた「**よみの国**」の読み方が当てられた。

【生前】

故人が存命していたころのことを「生前」という。「**前**」の字に「**過去**」**という意味**もあり「**生きていたときである過去**」を表す。ほかに「**死後**」**の対義語**として「生」と「前」が選ばれたとも。

2 おもしろい由来の言葉②ニュース・ビジネス

【大手《おおて》】

大企業などを大手というが、**お城の表にある大きな門を「大手門」**と呼ぶことから。ちなみにこの門はかつて、「追手門《おうてもん》」と書いた。敵が正面からきたときに、追撃する門であることから。また、株取引の現場で、**大口の取引が入ると、大きく手を振って知らせた**ことからという説も。

【大御所《おおごしょ》】

御所は天皇の住居で、大御所は**隠居後の住まい**のこと。武士が台頭した時代は、隠居した将軍の住まいも同様に呼んだことから。隠退しても勢力のある者、また、その道の第一人者として勢力のある者という意味になった。

例 金融業界の大御所にご挨拶をした。

【老舗《しにせ》】

「**為似《し》す**」「**仕似《しに》す**」に由来。真似てする、という意味で、**先代からのやり方を真似て、家業を絶やさずに守り継ぐ**ということから、現在は伝統や格式ある店を指す言葉になった。

【玄人《くろうと》】

その道に熟達した人という

意味だが、「素人《しろうと》」が先にあった。何にも染まっていない「白」に「人」を組み合わせ「白人《しらひと》」から「しろうと」ができた。その対義語として**「黒」+「人」で「くろうと」=玄人**が生まれた。「玄」には黒色の意もあるが、黒よりも奥深く容易ではないという意味を入れた。

秘書

秘して人に見せない書のことを「秘書」と呼んだ。そこから要職の者について助け、機密の文書や用務を担当する職を表すように。明治期、英語のsecretaryは当初「書記」と訳されたが、秘書と書記を合成した「秘書記」という訳もあった。

印税

英語の**stamp duty（印紙税）の訳**。著作権使用料（ロイヤリティー）のこと。日本でも、古くは書籍の奥付《おくづけ》に検印の紙が貼られていて、その数に応じて著者にお金が払われていた。**検印の紙が収入印紙（印紙税）に似ていた**ことからこの名に。印税とはいうが、税金ではなく収入のことである。

現《げん》生《なま》

江戸時代に給料が酒や米といった現物支給ではなく、**お金そのままでもらえたので、現金を「生《しょう》」と呼んだ。**それが訓読され「現生」に。

利《り》息《そく》

『史記』の「**息は利の如し**」が出典。**「息」は男子のこと。**女子よりも利益につながるということから。

【正念場《しょうねんば》】

仏教の「八正道《はっしょうどう》」*の一つ。**「正念」は雑念を離れ、仏道を思い念じること**。「正念場」は、正しい心が求められるような大事な場面ということ。

【横領《おうりょう》】

かつて、**兵士の監督や統率を行う「押領《おうりょう》」**という言葉があり、「押領使《おうりょうし》」という官職も存在した。それが、**武力などで他人の所領を略奪する「実力行使」の意味**に転じたものと考えられている。「略奪」「横取り」というニュアンスから、やがて「押領」が「横領」という漢字に変化した。

【八百長】

相撲の年寄、伊勢ノ海五太夫《いせのうみごだゆう》の碁仲間に**八百屋の長兵衛《ちょうべえ》**という人物がいた。長兵衛は五太夫より碁がうまかったが、**商売上の打算で、ときにわざと負けた**。ここから、相撲などの競技でわざと負けることを「八百長」と呼ぶようになった。

【死活】

生きるか死ぬかのことだが、もとは囲碁用語。**「死に石」**は相手に取られてしまう石、**「活き石《い》」**は取られることがない石、もしくは取られても新しく置ける石をいう。

例 顧客の減少はわが社にとって死活問題だ。

【下馬評《げばひょう》】

江戸時代、**城や社寺で馬から降りる場所を「下馬先《げばさき》」**と呼んだ。主人がなかで用をすませている間、**お供は**

＊仏教で説く、八つの実践徳目《とくもく》のこと。

下馬先で噂話をしていた。ここから、第三者が勝手にする噂や評判を「下馬評」というようになった。

【皮肉】

弟子の修業を見た達磨大師《だるまだいし》が**「肉と皮を得ても骨髄（本質）にはたどりついていない」と批判した**言葉の「皮《ひ》肉骨髄《にくこつずい》」が語源。

【金字塔《きんじとう》】

ピラミッドの異称。**ピラミッドが「金」の字の形に似ている**ことから。転じて、後世に残るような優れた業績という意味になった。

【鞍替《くらが》え】

もともとは**遊女がトラブルによって、ほかの店に転売される**ことを表す言葉。もとは悪いイメージだが、現在では自分の意思で職を変える意味で用いられる。

【長丁場】

「**丁場**」は江戸時代の強制労役の受けもち区のこと。転じて、**宿場と宿場の間の距離**を示した。**丁場が長いと運搬などの仕事がなかなか終わらない**ことから、長時間かかる仕事のことに。

【出世《しゅっせ》】

仏教語で仏が人を救うためにこの世に生まれ出ることをいう。また、**仏道に入ることも出世**と呼び、僧侶の別名が出世者《しゅっせしゃ》でもあった。**公卿《くぎょう》の子息で出家すると、昇進が早かった**ことから「世に出て、よい地位を得る」という意味になった。

【名刺】

古代中国で、紙が生まれる前に**竹や木を削って、これに姓名や用件を記したものを「刺《し》」**と呼んだことから。昔は訪問先が留守のときに置いていくものだった。

【肩書《かたがき》】

名刺は中央に書かれた**名前の右上に会社名や役職名**が書かれる。**名前の肩の位置に記す**ことから、地位、所属を表す言葉になった。また犯罪の前科という意味も。

【判子《はんこ》】

版木で印刷して刊行する印刷物を「**版行《はんこう》**」と呼んだ。それが転じて、印章を「判子」と呼ぶようになった。

【御中《おんちゅう》】

団体や組織の「中」の人へという意味に、**ていねい語の「御」**がついた。江戸時代、荷物を届ける際、「御中」と使い、店などに敬意を払っていた。のちに個人宛でない郵便物を出すときに宛名の下に添えるように。

【雛形《ひながた》】

鳥のひなは、親鳥の姿を象った小さな存在であるということから、実物そっくりの見本、手本、模型などを指す言葉になった。

【稟議《りんぎ》】

「稟」には「申し上げる」、「議」には「意見」「相談」の意味がある。これを組み合わせ、上の人に意見を申し上げる意から、承認を求めることになった。

例 **この契約を稟議にかけた。**

【白《はく》書《しょ》】

イギリス政府の**外交報告書は表紙が白いことから**white paperと呼ばれたことに倣った。同様に、イギリスの議会の報告書が青い表紙のbluebookであったことから、日本の外務省の報告書は「外交青書」と呼ぶ。

【気《き》付《づけ》】

care of（〜に気を付ける）の直訳。日本に郵便の仕組みが導入された際、care ofに当たる言葉がなく、直訳された。立ち寄り先に送る場合は「気付」、他人宅に送る場合は「様方」を使う。

【沽《こ》券《りん》】

江戸時代、**家や土地の売買に使う証文を「沽券」と**いった。**土地の広さや位置、値段**が書かれていた。転じて、売値を示すように。また、江戸時代、町に家屋敷をもつことは立派なことだったので、体面や品位などを表す意味にもなった。

例 **この件は、わが社の沽券に関わる問題だ。**

【打ち合わせ】

雅楽は、管楽器、弦楽器、打楽器が左右に分かれ演奏を行う。そこで楽器同士のリズムを合わせるために、**笏拍子《しゃくびょうし》などを打って拍子を合わせた**ことから。物事がうまく合うようにすることから転じて、前もって相談するという意味になった。

打ち物の笏拍子を使って拍子を合わせる。

【試金石《しきんせき》】

価値や力量などを判定するための材料として使われる言葉。試金石とは、**金や銀の純度を調べる黒い石**のこと。試金石に金をこすりつけると、金が削られて痕《あと》がつき、この色合いで純度を判別する。

例 **この政策は新政府の試金石となるだろう。**

【世論《よろん》】

「せろん」とも「よろん」とも読むが、後者は本来「**輿論**」と書く。「輿」は、神輿《みこし》にも使われるように**大勢がかついで運ぶ乗り物**のこと。転じて「大多数の意見」という意味に。「世間一般の声」という意味に。当用漢字に「輿」が含まれなかったため、似たような意味の「世論」と使い分けがなくなった。**世論の本来の意味は「世間の空気」**だった。

【互角】

もとは「**牛角**」と書いた。牛の角は、**左右で形や大きさに差がない**ことから。

【水掛論《みずかけろん》】

狂言の『**水掛聟**《みずかけむこ》』が由来。日照りのとき、隣り合わせに田をもつ舅《しゅうと》(妻の父)と婿が、**自分の田に水を引こうとして口論になり、水を掛け合う**話から。互いの理屈を言い張り、争うこと。

【口裏《くちうら》】

人の言葉を聞き、吉凶を占う「**口占**《くちうら》」が由来。転じて、真実を隠すために、複数人で発言をそろえることをいうようになった。

【指南《しなん》】

古代中国に「常に南を指す仙人の人形」が乗っている「指南車《しなんしゃ》」というものがあった。**一定の方向を指すことで、遠くに行っても道に迷うことがない**ように導いてくれることから、教え示す意味になった。

指南車は人形の手が常に南を指すようにした装置。

【野心】

狼の子が、人に飼われたとしても、**野生の心を失わない**という意味。「野生の心」とは、**人を襲う荒々しい本性**のこと。

【未曽有《みぞう》】

サンスクリット語で、**奇跡を表すadbhutaの訳**。「**未だ曽《かつ》て有らず**」の音読。本来は、よい意味をもつ言葉だったが、最近は災害など悪い意味で用いられることが多い。

【登竜門《とうりゅうもん》】

中国黄河の急流、**「竜門」をさかのぼることができる鯉は竜になる**という故事から。立身出世の関門の意。

【経済】

「**経世済民《けいせいさいみん》**」の略。**世を経《おさ》めて、民を救う**という意の四字熟語から。江戸時代の書物『経済録《けいざいろく》』がこの熟語を最初に使った。政治政策の意味も含み用いられていたが、明治になり**economyの訳語として採用**された。

2 おもしろい由来の言葉 ③四字熟語

【大山鳴動《たいざんめいどう》】

「大山鳴動して鼠一匹」の略。**大きな山が鳴り響くので何かと思えば、ネズミが一匹出ただけ**という古代ローマのことわざから。大騒ぎのわりに実際の結果が小さいこと。

【大根役者《だいこんやくしゃ》】

下手くそな役者のこと。**大根が白いから「しろうと（白人＝素人）役者」**という説や、**大根は食あたりしないことから「当たらない役者」**になった説もある。

【暗中模索《あんちゅうもさく》】

唐の政治家、許敬宗《きょけいそう》は人の名前を覚えない。そこで「もし前代の**有名な人に会ったなら暗闇を探ってでもその人を知りたい**と思うだろう」と、彼の高慢な態度を忠告したことからできた。手がかりのないままあれこれやってみるという意味。本来の漢字は「摸索」だが「摸」が常用漢字外のため「模索」が用いられている。

【以心伝心《いしんでんしん》】

仏教禅宗の真理が由来。「**心を以《も》って、心に伝える**」ということから。

【杓子定規《しゃくしじょうぎ》】

曲がった杓子の柄を、定規の代わりに使うようすから。正しくない定規で計るように、何が何でも一定の基準で、すべてを処理しようとするさまが転じ、融通《ゆうずう》の利かないことを表すように。

【白河夜船《しらかわよふね》】*

京都見物をしてきたという人に**「白河はどうだった?」とたずねると、川の名だと思い「夜船で渡ったのでわからない」と答えた**ことから。京都の白河は川の名ではなく地名である。熟睡しその間のことは知らない、見ていないのに見たふりをするという意味で使う。

【天衣無縫《てんいむほう》】

中国の古典『霊怪録《れいかいろく》』から。青年が庭で寝ていると天女が舞い降りてきた。天女の衣には縫い目がないことに気づき、尋ねると**「天衣は針や糸を用いて作らない」**と答えた。**縫い目のない自然で完璧な天衣**から、自然で美しく完成されたことを表すように。「天真爛漫」と同様に飾り気がないさまとしても使われる。

【快刀乱麻《かいとうらんま》】

さまざまな問題を鮮やかに解決すること。中国の皇帝は息子たちの判断力を試そうと、**もつれた麻糸（乱麻）**を渡した。多くの子がほどこうと必死になるなか、一人だけ、**刃物で二つに切り「秩序を乱すなら、斬らなくてはならない」**といった。この息子はのちの文宣帝《ぶんせんてい》となった。

＊吉本ばななの初期のころの短編集、『白河夜船』は1989年に刊行され、2015年には映画化もされた。

2 おもしろい由来の言葉 ④慣用句

【薹《とう》が立つ】

「薹」はフキノトウなど、花をつける茎（花茎《かけい》）のこと。**薹が伸びすぎると食べごろを過ぎて硬くなる。**転じて、年ごろを過ぎた年齢を指すようになった。

【手《て》塩《しお》に掛ける】

料理のお膳には、不浄を払うために塩が盛られていた。江戸時代になると、その**塩は料理の塩加減の調整**にも使うように。そこから、自分で直接、手を掛けることを意味するようになった。ちなみに醤油《しょうゆ》を入れる小皿を「おてしょ」と呼ぶのも手塩が盛られた皿だから。

【薫《くん》陶《とう》を受ける】

香を焚き薫りを染み込ませたり、土をこねて陶器を作ったりするように、じっくりと教育されること。とくに、徳によって人から影響を受けた場合を表し、師匠や先輩のすばらしさを称えるときに使われる。

【台無しになる】

この台は、**仏像を安置する台座。**これがないと、仏像の威厳が損なわれてしまうことから。

【世《せ》知《ち》辛《がら》い】

「世知」は、仏教語の「**世俗の知恵**」。世渡り上手などの意味に転じて「**勘定高い人**」を表すように。「辛《から》い」と組み合わせ、勘定高くせこせこしているようすになる。暮らしにくいという意味で使うのは、勘定高い人が多い世の中は暮らしにくいという理由から。

【お釈《しゃ》迦《か》になる】

お釈迦様の誕生日は四月八日。金属の溶接で火が強く

失敗したときに「**ひがつよかった**」→「**しがつようか**」と**洒落た**ことから。作り損なうことや、壊したり、欠陥が見つかって役に立たなくなったものにも使う。

【お茶を濁す】

茶道をよく知らず、茶の点て方を知らない者が、**ほどよくお茶を濁らせて、抹茶のように見せかけて場をとり繕った**ことから。または、話題が途切れたときに、**お茶の濁りを話のネタにした**からという説もある。

【遅《おそ》蒔《ま》きながら】

時期に遅れて種を蒔くことから、時期に遅れて事をすること。江戸時代の俳諧集や、人情本などでよく使われている。

【御《お》株《かぶ》を奪う】

江戸時代の商工業者の**独占的な同業組合を「株仲間」**といい、その**特権を「株」**といった。**専売特許を奪うさま**から、人が得意なことを別の人がうまくやってしまう意味に。

【啖呵《たんか》を切る】

「啖呵」は、「**痰火**」のことで、熱が出て痰が激しく出る病気。この**病気を治した（切った）**ように、胸がすっきりするさま。転じて、歯切れのよい口調で相手を圧倒し、まくし立てる意味に。

【御裾分《おすそわ》け】

裾は末端部で汚れやすく、重要でないことから、**つまらないもの（いただきもの）を分け与える**意に。この言葉はおもに目下の人に対して使う。もし目上の人に差し上げるのであれば、「御《お》福《ふく》分け」を使う。

【馬脚《ばきゃく》を現す】

芝居で**馬の脚を演じる人が、うっかり姿を現してしまう**ことから、隠していたことが露見すること。

【引導《いんどう》を渡す】

最終通告という意。これは葬儀のときに、**死者が迷わずあの世へ行けるように経文などを唱える**ことをから。

【とどの詰まり】

「トド」*は出世魚のボラが成長したときの名。**これ以上大きくならない**ことから。別の説では「**どん詰まり**」を誇張した表現という説も。

【焼きが回る】

年を取ったり、能力が衰えたりして役に立たなくなることをいう言葉。刃物は焼くことによって、堅く鍛えられるが、**火が回りすぎると逆に刃が脆くなってしまう**ことから。

＊出世魚ボラの成長の順番は、関東ではオボコ→イナッコ→スバシリ→イナ→ボラ→トド。関西ではハク→オボコ→スバシリ→イナ→ボラ→トド。

【折り紙付き】

「折り紙」は**紙を横半分に折った文書**のこと。**公用文書や贈答品の目録**に使われていた。江戸時代、美術品の鑑定書にも使われるようになり、「確かだと保証されている」という意味に。

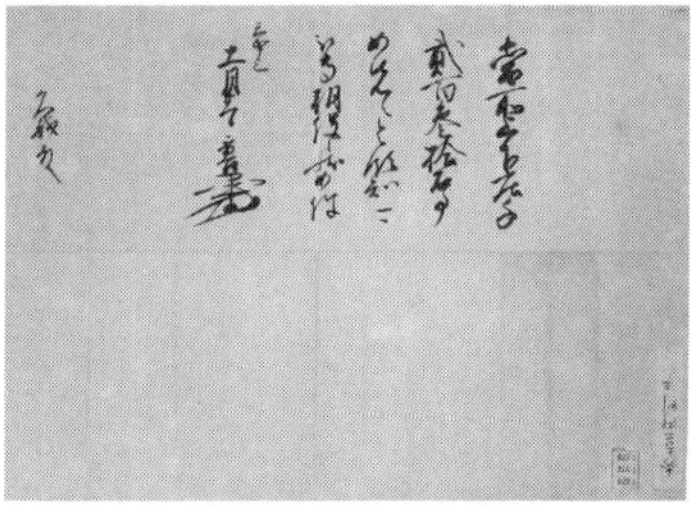

久我家文書「豊臣秀吉判物（折り紙）」。（國學院大學図書館所蔵）

【如才《じょさい》ない】

『論語』の「祭如在《さいじょざい》、祭神《さいしん》如神在《じょしんざい》」が出典。**神様が目の前にいるように、かしこまって物事を行うこと**。転じて、手抜かりがなく、気が利くという意味になった。

【図に乗る】

＊声明《しょうみょう》の楽譜のようなものを「図」と呼ぶ。声明は転調が非常に難しい。**転調が図の通りに上手にできること**を「図に乗る」といい、本来はほめ言葉だった。

【掛け値なし】

「**掛け値**」は、**普段の値段より高くつけた売値**のことなので、「**掛け値なし**」と**いえば、誇張も尾ひれもつけない、正当な評価**。江戸時代の呉服屋は、得意先に商品をもって行って販売し、支払いは盆暮れにまとめられた。そのため金利がかさみ、商品の価格が高かった。日本橋に「三井越後屋」が開業した際、**店頭の現金売りに変えたため**、「**現銀（現金）掛け値なし**」を謳《うた》い文句に繁盛したという。

＊声明とは、お経に節がついたもの。

【鮴《ごり》押しする】

川底にへばりつくように暮らす小さな淡水魚の鮴。この鮴を取るときは、川底に筵《むしろ》を敷き、その**筵に鮴を追い込む強引なやり方**を用いることから。このほかに、**五里（20㎞）の距離を一気に押すくらい、無茶**であることからという説もある。

【上前《うわまえ》を撥《は》ねる】

江戸時代、年貢を納める際に、ある神社の領地を通過すると**通行税の「上米《うわまい》」**を取られてしまった。「上米」はやがて、**仲介手数料**を指す言葉となり、転じて「上前」となった。

【手を染める】

「染める」は「初める」と同義で**何かに初めて手をつける**という意。悪事に加担するという意味で用いられるが、もとは単に**新しいことを始める**場合に用いた。

【足を洗う】

修行僧が寺に入る前に汚れた足を洗う姿から。これは俗世間の煩悩を洗い清めるための作法。もとは**悪い行いをやめる**という意味で用いられた。現在は単にある職業や行為をやめることにも使われている。

【門前払いを食う】

この「門」は、奉行所の門を指している。つまり、**奉行所の門前から追放される刑**から生まれた慣用句。江戸時代の追放刑のなかでは、もっとも軽いものであったという。

油を絞る

昔は手作業でゴマや菜種などの種子を潰し、油を採った。**「搾木《しめぎ》」という板の間に種子を入れ、ぎゅっと締めあげる**。このさまを上司や先輩から過ちを責め立てられる姿になぞらえた。

種子などを二枚の板の間に入れて、槌でくさびを打ち込み圧搾し、油を搾り取る。

板につく

「板」は**板張りの舞台で、役者が経験を積み、舞台にしっくりなじん**だ さまから。

元も子もない

元は「**元金**」、子は「**利子**」。**欲張りすぎて、元金も利子もなくなる**ようすから、何もかもなくなることの意に。

元の木《もく》阿《あ》弥《み》

戦国時代、ある武将の死を隠すためその武将に声が似ていた**「木阿弥」という人物を替え玉にした**。跡取りが成人すると武将の死を公表し、**替え玉はもとの「木阿弥」に戻った**という話から。ほかにも、妻と離縁し出家した**「木阿弥」という僧が年を取り、心細くなってしまいその妻のもとに戻った**話からなど、諸説ある。

耳を揃える

全額不足なく用意すること。耳は「端」を指す言葉。**大判や小判の端をきれいに揃える**ことを意味している。

長寿祝いの言葉の由来

長寿祝いは中国より伝来した風習で、江戸時代より還暦から始めるようになった。節目の年齢には名称がついており、由来がある。

還暦《かんれき》 61歳(満60歳)

六十年で十干《じっかん》十二支《じゅうにし》(➡P304)がひと回りして生まれ年の干支に戻るので、「暦が還る」ことから還暦という。

赤いものを贈る。赤いちゃんちゃんこは赤子に戻りもう一度生まれ変わるという意味がある。

ちゃんちゃんことは子どもの袖なしの羽織りのこと。赤色には魔除けの意味もある。

古希《こき》 70歳

中国の詩人、杜甫《とほ》の詩の一説「人生七十古来《こらい》稀《まれ》なり(七十歳まで長生きする者は昔からめったにない)」から。

高貴な色とされる紫色のものを贈る。

喜寿《きじゅ》 77歳

「喜」の草書体「㐂」が「七十七」と読めることから。

紫色、紺色のものを贈る。

傘寿《さんじゅ》 80歳

「傘」の略字「仐」が「八十」と読めることから。「八十寿《やそじゅ》」ともいう。

黄色や金色のものを贈る。

米寿《べいじゅ》　88歳

「米」の字は、分解すると「八十八」となる。末広がりで縁起がよい「八」が二つも重なり、大変めでたいとされる年齢。

黄色や金色のものを贈る。

卒寿《そつじゅ》　90歳

「卒」の略字「卆」が九十と読めることから。
白色や紫色のものを贈る。

白寿《はくじゅ》　99歳

「百」の字から「一」を引くと「白」になることから。
白色のものを贈る。

百寿《ももじゅ》　100歳

「ひゃくじゅ」とも読む。一世紀ということから「紀寿《きじゅ》」ともいう。
白色や桃色のものを贈る。

茶寿《ちゃじゅ》　108歳

「茶」の字を分解すると「十、十、八十八」で合わせて百八になることから。

皇寿《こうじゅ》　111歳

「皇」の字を分解すると「白（九十九）、一、十、一」で合わせて百十一になることから。

大還暦《だいかんれき》　120歳

２回目の還暦を迎えることから。

デザイン・DTP　高橋秀宜（Tport DESIGN）
イラスト　内山弘隆
校正　柳元順子（有限会社クレア）
執筆協力　有限会社クレア（川口裕子・田島えり子・夏見幸恵）、団 桃子、三輪佳奈
編集協力　篠原明子、永井ミカ（メディアクルー）、清水 香

語彙力《ごいりょく》が身《み》につく！
教養《きょうよう》の「漢字《かんじ》」2500

編　者　西東社編集部［せいとうしゃへんしゅうぶ］
発行者　若松和紀
発行所　株式会社 西東社
〒113-0034　東京都文京区湯島2-3-13
http://www.seitosha.co.jp/
営業　03-5800-3120
編集　03-5800-3121〔お問い合わせ用〕
※本書に記載のない内容のご質問や著者等の連絡先につきましては、お答えできかねます。

ISBN 978-4-7916-2928-2